청소년을 위한 **성서**

두리미디어는 중심이 아닌 울타리를 지향합니다.

청소년을 위한 성서

2012년 4월 2일 초판 1쇄 발행

지은이 연규홍 | **펴낸이** 최용철 | **펴낸곳** 도서출판 두리미디어
등록번호 제10-1718호 | **등록일자** 1989년 2월 10일 | **주소** 서울시 마포구 서교동 369-25 | **전화** (02)338-7733
팩스 (02)335-7849 | **Homepage** www.durimedia.co.kr | **E-mail** editor@durimedia.co.kr
ISBN 978-89-7715-262-5 (43230) | ⓒ연규홍 2012, Printed in Korea

이 책의 판권은 도서출판 두리미디어에 있습니다. 저작권법에 의해 보호를 받는 저작물이므로 무단전재와 무단복제를
금합니다. 본문에 수록된 도판의 저작권에 문제가 있을 시 저작권자와 추후 협의할 수 있습니다.

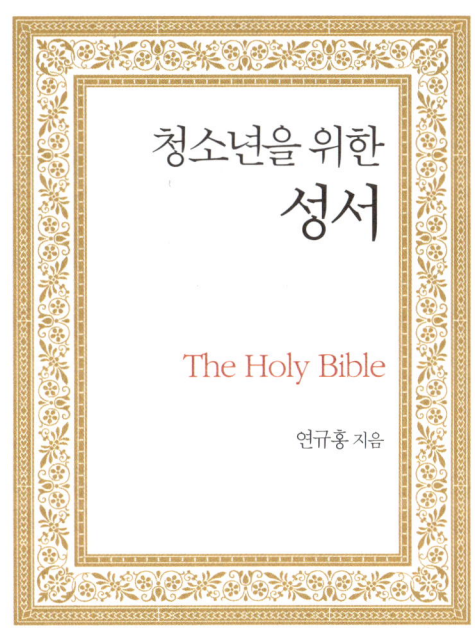

청소년을 위한
성서

The Holy Bible

연규홍 지음

두리미디어

고전은 청소년의
미래입니다

고전의 가치는 누구나 인정합니다. 오랜 세월을 거치며 수많은 이들에게 검증되고 영향력을 끼친 지식과 교양의 원천이 고전이기 때문입니다. 고전이야말로 세상 모든 책들의 중심이라 해도 좋을 것입니다.

그런 만큼 동서양의 고전에는 많은 책이 있습니다. 하지만 쉽게 읽히고 온전히 이해되는 고전이 얼마나 될까요? 책을 읽으면서 무슨 내용인지 모르고 책장을 덮은 다음에도 옛 가르침의 여운이 남지 않는다면 고전이라 한들 어떤 의미가 있을까요? 많은 책들 위에 또 한 권의 고전을 얹어야 하는 이유가 여기 있습니다.

더욱이 고전 읽기는 삶을 살찌울 사상의 체계를 내 안에 만들고 삶의 가르침을 얻는 일입니다. 청소년기에 고전을 두루 읽어야 하는 것은 바로 이 때문입니다. 그런 이유로 동서양의 고전을 청소년들에게 가장 도움이 되는 책으로 내놓는 것이 이 시리즈 기획의 취지입니다. 그 밖에도 방대한 지식과 정보, 사유의 틀을 책 속에 효과적으로 담기 위해 이 시리즈는 기존의 고전과는 차별화된 구성과 편집을 거쳤습니다.

첫째, 고전의 완전한 이해를 위해 충분한 설명을 곁들였습니다. 완역에 욕심을 내어 고전을 이해하기 어렵게 하기보다는, 중요 부분을 발췌하여 번역하고 충분한 설명과 재해석을 곁들임으로써 고전의 완전한 이해와 창조적 사유가 가능하도록 구성했습니다.

둘째, 책 읽는 즐거움을 더하고 내용의 이해를 돕는 '비주얼 클래식'을 지향합니다. 청소년이 쉽고 재미있게 고전에 다가갈 수 있도록 시각적 다양성을 고려했습니다.

셋째, 동서양에 대한 균형 잡힌 시각을 바탕으로 역사와의 관계 안에서 고전을 파악할 수 있도록 시리즈를 구성함으로써 통합적 사고력과 논술 능력 향상에 많은 도움을 얻게 됩니다.

고전은 무한한 가능성과 상상력의 보고입니다. 정통에 대한 이해, 새롭고 다양한 해석, 역사 속에 살아 숨 쉬는 고전의 향기! 청소년을 위한 동서양 고전 시리즈는 청소년들을 지식과 상상력의 도서관으로 초대합니다. 세상을 움직인 동서양의 명고전 안에서 새로운 미래로 나아갈 수 있을 것입니다.

덧붙여, 동서양 고전 시리즈 출간을 위해 험난한 여정을 마다하지 않는 두리미디어에 깊은 감사를 전합니다.

✱ 동서양 고전 시리즈 기획위원

강승호 | 과천외고 역사교사   심경호 | 고려대 한문학과 교수
고춘식 | 전 한성여중 교장   양성준 | 서울외고 한문교사
김봉주 | 영동일고 국어교사   우수근 | 상하이 동화대 교수
류대곤 | 진성고 국어교사   장석주 | 시인·문학평론가
반철진 | 청솔학원 역사강사   장 운 | EBS 논술강사
서용순 | 한국외대 외래교수   황광욱 | 홍익대부속여고 윤리교사

《성서》, 나를 찾아 주는 책

세상에서 내가 가장 사랑하는 것은? 바로 나.

세상에서 내가 가장 미워하는 것은? 바로 나.

그리고 내가 가장 원하는 것은? 바로 나를 넘어서는 일.

《성서》는 한 권의 책입니다. 그러나 열려 있는 책입니다. 여기에서 '열려 있는 책'이란 두 가지 의미를 가집니다. 남자든 여자든, 흑인이든 백인이든, 종교인이든 비종교인이든, 누구나 읽을 수 있는 책이라는 말이지요. 또한 옛 시대에 살던 사람이든, 미래의 시대를 살 사람이든, 그 누구에게나 주어진 '지혜의 책'이라는 뜻도 포함되어 있습니다.

《성서》를 열려 있는 책이라고 한 두 번째 이유는, 이 책의 주인공이 바로 '나'이기 때문입니다. 《성서》에 등장하는 아브라함도, 모세도, 예수도 아닌 바로 책을 읽는 '나'가 주인공이 됩니다. 《성서》를 읽으면서 나를 빼놓으면, 《구약성서》의 출애굽에서 시작되는 이스라엘의 역사도, 예수의 고난과 부활을 중심으로 한 《신약성서》의 사건들도 아무 의미가 없습니다. 《성서》는 나를 발견하고 나를 읽기 위한 책입니다. 내가 사랑하는 나, 그러나 때로는 스스로가 미워지기도 하는 모순을 가진 현실의 나, 껍데기를 넘어서 진실하고 참된 나를 찾을 수 있도록 내가 읽는 책이면서 동시에 나를 읽어 주는 책이 바로 《성서》입니다.

사람들은 진실로 자신이 누구인지를 알고 싶어 하고, 자신이 진정 사랑하는 것을 찾고 싶어 합니다. 내 안에서 모순을 일으키고 갈등하는 나를 넘어서 '참된 나'로서 자유를 누리고 싶어 합니다. 만일 사람이 온 세상을 얻었다 할지라도 생명을 잃으면 무슨 소용이 있을까요? 여기서 생명이란 육체의 목숨을 의미하기도 하지만, 동시에 참된 나, 곧 진실한 자아를 포함하는 말이기도 합니다. 돈이 많은 부자라도 생명을 잃거나 인생의 진실한 의미를 찾지 못한다면, 아마도 인생의 패배자가 될 것입니다. 《성서》는 돈을 주지는 않지만, 돈으로부터 진정 자유로울 수 있는 참된 나를 찾아 줍니다. 그 '참된 나'는 인생을 살아가는 데 단지 유용한 수단일 뿐인 돈에 얽매이지 않는 자유롭고 멋진 인생을 살도록 도와줄 것입니다. 그것을 《성서》에서는 진리라고 부릅니다.

너희가 진리를 알지니, 진리가 너희를 자유롭게 하리라.(요한 8:32)

《성서》 안에는 나를 나답게 하는 참된 자유의 기쁨과 행복 그리고 승리의 길이 있습니다. 여러분을 기쁜 마음으로 이 길에 초청합니다.

2012년 3월
연규홍

《성서》는 어떤 책인가

《성서》는 옛 계약인 《구약성서》 39권과 새 계약인 《신약성서》 27권을 더해서 총 66권의 각기 다른 책으로 구성되어 있습니다. 저자도 다양합니다. 여러 사람이 한 권의 책을 쓰기도 했고, 한 사람이 여러 권의 책을 쓰기도 했습니다. 또한 《성서》는 기원전 10세기경부터 기원후 1세기에 이르는 오랜 시간에 걸쳐 고대 바빌론, 이집트, 지중해를 중심으로 하는 아시아와 그리스, 로마의 광대한 공간을 배경으로 기록되었습니다. 이런 의미에서 《성서》는 한 권의 백과사전 또는 대사전이라고 할 수 있습니다. 그러나 브리태니커 백과사전이나 위키피디아처럼 단순히 세상의 지식과 정보를 모아 놓은 책과 다릅니다. 그러면 《성서》만의 특징은 무엇일까요?

《성서》의 내용

《성서》는 생동감 있고 열려 있는 책으로, 우리 각자에게 하나의 질문을 던지며 시작됩니다. 옛 계약인 '구약舊約'은 새 계약인 '신약新約'에서 이루어졌지만, 새 계약은 지금도 계속해서 진행되고 있습니다. 옛 계약은 인간이 하느님의 이름을 묻는 것에서부터 시작합니다. 왜 인간은 동물과 달리 '나'를 찾고 자유를 얻으려 할까요? 모세는 시나이 산에서 자신을 부른 절대자에게 묻습니다. "당신의 이름은 무엇입니까?" 이름은 그 존재의 정체를 드러내 주는 역할을 합니다. 이에 대해 절대자인 하느님은 "나는 곧 나다!I am who I am!"(출애 3:14)라고 응답합니다.

인간은 절대적 존재인 하느님을 온전히 다 파악할 수 없습니다. 이것이 인간의 한계입니다. 그러나 분명한 것은 절대자는 스스로 존재하는 자, 곧 자유로운 존재라는 점입니다. 누구에 의해서 만들어지거나 조정당하지 않고 자유로운 자! 이 자유로운 절대자가 인간에게 자유로운 존재가 되라고 말하는 것! 그것이 바로 하느님의 사랑입니다. 그 사랑은 십계명을 중심으로 하는 옛 계약의 말씀에 드러나 있습니다. 이것이 바로 율법입니다. 따라서 율법의 내용은 자유이고 사랑입니다. 자유와 사랑을 풀어서 말한 것이 예언입니다. 예언서는 거룩함에 관해 문학적으로 표현한 책입니다. 권력과 소유와 명예라는 억압의 요소에서 그리고 분노와 미움과 시기라는 내적 욕망의 노예 상태에서 해방되는 것, 그것이 이스라엘의 민족사를 통해 우리에게 전해 주는 옛 계약의 핵심입니다.

그러나 인간이 참다운 자신을 찾고 자유를 얻는 것은 옛 계약만으로는 불가능합니다. 예수를 통해 인간에게 주어진 새 계약에서, 하느님의 이름을 묻는 인간에게 하느님은 거꾸로 '너'의 이름이 무엇이냐고 묻습니다. 그리고 그 대답을 듣고자 하는 기다림은 지금도 계속됩니다.

《성서》의 주인공은 지체가 높고 흠이 없는 '선택받은 사람들'이 아닙니다. 예수의 족보에도 나오는 것처럼, 자신의 출신과 신분을 넘어 절대자의 존재

의미를 묻고 그를 찾고자 한 이들이 《성서》의 주인공입니다. 또한 존재를 자각하게 하는 예수와 만나고, 그 안에서 자기 존재를 찾은 이들이 주인공입니다. 그 가운데는 사회적으로 무시되고 차별받던 창녀도 있고, 이방인도 있었습니다.

우리는 《성서》를 '거룩한 책[聖書, Holy Bible]'이라고 부르지만, 《성서》에 반드시 거룩하고 아름다운 내용만 있는 것은 아닙니다. 배신과 살인, 폭력과 전쟁 등 타락하고 잔인한 인간의 모습이 많이 있습니다. 그것은 곧 인간의 삶에 절대적인 선이나 절대적인 악이 없음을 말해 주는 것입니다. 《성서》는 인간을 하느님의 형상대로 만들어진 존귀한 존재로 보면서, 동시에 죄를 지어 타락한 존재라고도 말합니다. 선한 인간에게도 악이 있고, 악한 인간 속에도 선이 있습니다. 한 예로 '자캐오'라는 사람이 있었습니다. 그는 세금을 거둬들이는 세리稅吏였는데, 이는 사람들로부터 경멸받는 직업이었습니다. 그러나 그런 자캐오라 할지라도, 자신의 현재 모습에 만족하지 않고 존재에 대한 깊은 의문을 갖고 예수께 가서 회개하자 예수는 "오늘 구원이 이 집에 이르렀다."라고 말합니다. 이렇게 흠이 많은 사람도 보란 듯이 《성서》의 주인공이 됩니다.

《성서》는 이처럼 세상에서 소외받고 차별당하는 세리나 창녀 같은 사람들이 먼저 하느님의 나라에 들어간다고 말합니다. 이것은 혁명적인 선언입니다. 마음이 깨끗한 자가 하느님의 나라를 차지합니다. 많이 소유하고 많이 배운 사람은 자신의 지식과 재물, 명예와 권력에 사로잡혀 깨끗한 마음, 즉 참된 자아를 찾기가 더 힘듭니다. 오히려 가난과 장애로 인해 억눌리거나 옥에 갇힌 사람들이 먼저 자신의 존재에 대해 의문을 갖고 고민합니다. 그러다가 《성서》의 인물들을 대함으로써 그러한 고민에서 벗어나 인격적인 만남과 대화를 나누게 됩니다. 그 만남과 대화의 궁극적 존재는 예수입니다. 특히 《성서》에서 예수의 수난과 죽음을 읽은 사람들은 자신의 모순된 실체를 넘어서 무한한 가치를 가진 새로운 존재, 즉 참된 나를 찾고 자기의 고유한 이름을 갖고자 합니다.

《성서》는 많은 인물의 이야기를 통해 참된 나를 찾고 배움을 얻는 책입니다. 다시 말해 내가 읽는 책이면서도, 예수를 통해 나의 참된 가치와 무한한 가능성을 찾을 수 있도록 '나를 읽어 주는 책'인 것입니다. 옛 계약인 《구약성서》가 이와 같이 참된 나를 찾기 위한 사람들의 열망과 삶을 다양한 형태로 기록하고 있다면, 새 계약인 《신약성서》는 예수 안에서 참된 나를 찾은 사람들의 감격과 기쁨을 여러 방식으로 기록하고 있습니다.

《성서》를 보는 다양한 시선

《성서》를 보는 시선은 매우 다양합니다. 같은 《성서》를 읽으면서도 전혀 다르게 이해하는 것은 《성서》를 보는 시각의 차이에서 비롯됩니다. 그렇다면 《성서》를 어떻게 보아야 할까요?

많은 사람이 《성서》는 종교적 경전이기 때문에 영적인 눈을 갖고 봐야 한다고 주장합니다. 옳은 말입니다. 종교를 갖고 있는 사람이 보는 《성서》는 단순한 책이 아닌 하느님의 말씀이 담긴 책입니다. 그러나 하느님의 계시가 적힌 책이라 해서 율법 강령이나 교리책처럼 읽어서는 안 됩니다.

때때로 《성서》를 종교 경전으로만 이해하는 사람들은, 이 책에 쓰인 문자 자체가 하느님의 말이라고 주장하기도 합니다. 이것을 '축자영감설逐字靈感說'이라고 부릅니다. 그러나 《성서》에는 하느님의 말뿐만 아니라, 그 말을 듣고 기록한 사람들의 경험과 삶과 인격도 담겨 있습니다. 또한 다양한 저자들이 살던 세계의 문화와 정치 상황들이 반영되어 있고, 그들이 하느님을 만나서 알게 된 진리도 포함되어 있습니다. 그렇기 때문에 《성서》가 형성된 배경과 과정을 무시하고 그것을 읽을 수는 없습니다. 하느님을 만나 새로운 자아를 찾으려고 분투한 사람들과 결국 자아를 찾은 사람들의 감격과 기쁨 그리고 통찰과 지혜가 《성서》 속에 녹아 있기 때문입니다.

이러한 주장과 달리, 어떤 사람들은 《성서》의 내용을 일반적인 역사서와 마찬가지로 철저히 비평적으로 보아야 한다고 말합니다. 따라서 《성서》가 언제, 어디서, 어떻게 쓰였고 편집되었는가를 거꾸로 추적해서 그 기원을 찾으려 합니다. 그리고 《성서》가 인간이 쓴 기록이기에 수많은 오류와 단절이 있다는 점도 지적합니다. 특히 기적과 같이 인간의 경험 세계와 이성의 범위 안에 들지 않는 내용들에 대해 비현실적이고 허구적인 이야기라고 주장합니다.

《성서》의 내용들은 비이성적인 것이 아닙니다. 그 속의 문학적 상상이나 예술적 상징은 인간의 참된 자아를 찾아가는 과정을 설명하는 한 방식입니다. 마찬가지로 기적도 인간의 경험을 넘어선 초월적 영역을 현실에서 드러내기 위한 도구일 뿐입니다. 중요한 것은 문자 속에 감춰진 의미를 찾아내는 일입니다. 얼마 전 과학자들이 노아의 방주方舟를 찾는 이야기가 신문에 실린 적이 있습니다. 《성서》에 등장하는 노아의 홍수 사건이 가진 의미는 방주가 있고 없음을 떠나서 인간이 얼마만큼 타락한 존재인가를 보여 주면서 세상이 정의의 심판 아래 있다는 것을 말해 주기 위함입니다. 따라서 《성서》를 읽을 때 어떤 고고학적인 발견을 하는 것도 중요하지만, 왜 이것을 기록했으며 무엇을 말하고자 하는지를 깨닫는 것이 더 중요합니다.

《성서》를 읽을 때는 《성서》만이 가지고 있는 눈으로 보아야 합니다. 바로 '마음'으로 읽어야 한다는 것입니다. 이 말은 "마음이 없으면 보아도 보이지 않고, 들어도 들리지 않는다."라는 오래된 격언과 같은 의미입니다. 흔히 시각장애인이 코끼리를 만진다고 비유하듯이, 우리는 자기가 만지고 경험한 것만이 전부라고 우길 때가 많습니다. 우리가 정상적인 시력을 가졌다고 해도, 자신의 관점이나 선입견이라는 안경을 쓰고 《성서》를 대한다면 보고자 하는 것만 보일 뿐입니다. 따라서 《성서》를 읽을 때는 먼저 자신을 되돌아보고 자기의 관심사가 무엇인지를 알아야 합니다.

《성서》는 '어떤 안경을 쓰고 무엇을 보고 있느냐', '그것이 옳으냐, 틀리느냐'를 묻지 않습니다. 그 안경의 다양성과 차이를 인정합니다. 사람들이 안경을 쓴 채 자기만의 세계관과 가치관 속에 갇혀 있는 스스로의 모순과 한계를 인정할 때, 비로소 마음의 눈을 뜰 수 있습니다. 그리고 참다운 나를 발견하기 위한 자세로 《성서》를 본다면, 그 안에 있는 새로운 세계가 보일 것입니다. 하나의 열쇠로 모든 자물쇠를 열 수 없듯이, 《성서》도 그것을 읽는 모든 사람이 각자 마음의 눈이라는 열쇠를 가져야만 열리는 책입니다. 그렇다면 이 열쇠는 어디에서 구할 수 있을까요? 그것은 바로 《성서》 안에 있습니다. 《성서》의 구조와 논리를 잘 이해하면, 자신이 가진 선입견과 편견 그리고 스스로의 모순에서 벗어나서 새롭고 놀라운 세계를 볼 수 있습니다.

《성서》의 구조와 논리

《성서》는 독자적인 논리와 독특한 구조를 가지고 있습니다. 먼저 《성서》는 크게 두 부분으로 나누어집니다. 첫 부분은 이스라엘의 민족사를 통해 하느님의 계획과 뜻을 밝힌 옛 계약인 《구약성서》입니다. 두 번째 부분은 예수를 통해 하느님의 계획과 뜻을 밝힌 새 계약인 《신약성서》입니다. 그러나 이 두 책은 나누어져 있는 것이 아니라, 아래 그림처럼 예수를 중심으로 연결되어 있습니다.

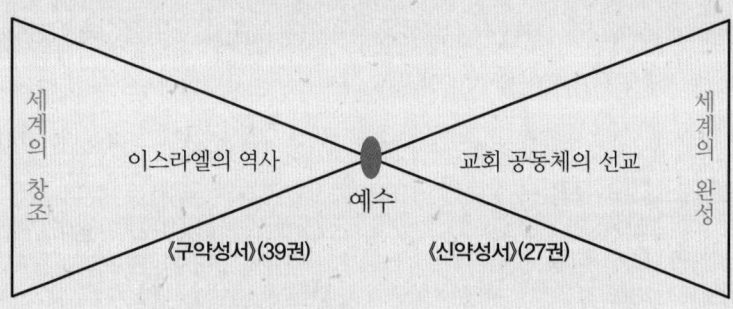

《구약성서》는, 하느님이 자기가 선택한 백성을 이집트의 노예생활에서 해방시킨 '이집트 탈출 사건'에서 출발합니다. 이집트를 탈출한 이스라엘 민족은 시나이 산에서 하느님의 백성으로 살기 위한 계약을 맺었습니다. 이것이 바로 열 가지 법을 뜻하는 '십계명'입니다. '모세 오경'이라 부르는 율법서에 이러한 과정들이 기록되어 있습니다. 그 뒤 그들은 40년간 시나이 반도를 방황하다가, 약속의 땅에 들어가서 판관시대를 거쳐 왕국을 세웠습니다. 하지만 그들은 주변 국가들과 정치적으로 갈등하고, 문화적으로도 혼란을 겪었습니다. 이런 와중에 예언자들이 나타나 하느님과 계약을 맺은 백성으로서의 정체성을 망각하는 세태를 비판하고, 다시 한 번 세상을 구원할 메시아에 대한 꿈을 심어 주었습니다. 이 무렵에 관한 내용이 전·후기 예언서에 고스란히 담겨 있습니다. 또한 이와 같은 혼돈과 변화의 상황 속에서도 진실을 추구하고 정직하게 살면서 자신을 찾으려는 사람들이 있었습니다. 그러한 지혜자(현자)들의 고백이 바로 시와 잠언 등으로 구성된 성문서입니다. 하지만 결국 실현되지 못한 옛 계약의 희망은 새 계약인 예수를 통해 성취되었습니다.

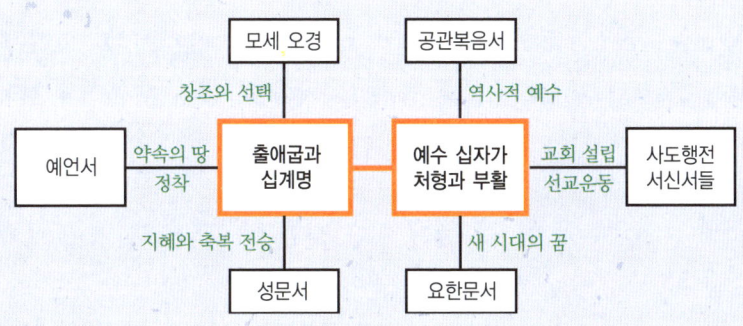

《신약성서》는 하느님이 선택한 백성뿐만 아니라 모든 사람이 자유로운 존재로 살아가도록 해방시켜 주는 예수의 십자가 처형과 부활 사건에서 출발합니다. 부활한 예수 안에서 새로운 자아를 찾은 사람들의 공동체가 곧 교회입니다. 교회는 새로운 자신을 발견하게 하고 변화할 수 있도록 도와준 예수를 기억하게 해주었습니다. 이것이 나중에 네 개의 복음서로 정리되었습니다. 예수 안에서 자기를 발견하고 변화시키는 체험은, 한순간의 신비한 경험에서 비롯되는 것이 아니라 지속적인 삶 가운데서 가능한 것이었습니다. 〈사도행전〉은 이처럼 부활 공동체인 교회가 성령의 지속적인 도움으로 변화하고 성장해 나가는 역사를 그리고 있습니다. 또한 바울로의 이름으로 되어 있는 서신들은, 잘못된 가르침과 도덕적이지 못한 윤리 의식 때문에 끝없이 내부 갈등과 분쟁을 겪는 교회 공동체에 삶의 푯대를 놓아 주는 글들입니다. 마지막으로 적대자들의 억압에도 꺾이지 않고 새 하늘과 새 땅을 향해 걸어가는 인간의 꿈을 기록한 묵시록이 《신약성서》에 들어 있습니다.

1세기경에 얌니아Jamnia에 모인 유다인들은 회의를 열어 모세 오경과 예언서 그리고 성문서를 포함한 39권을 정경正經으로 채택했습니다. 그리고 예수의 부활을 체험한 교회 공동체는 옛 계약을 정경으로 받아들이고, 이에 덧붙여 복음서와 〈사도행전〉, 서신들, 묵시록을 포함한 27권의 책을 오랜 정경화 작업을 거쳐 4세기에 정경으로 최종 결정하였습니다. 《성서》의 편집과 구성을 한눈에 볼 수 있도록 표로 나타내면, 다음과 같습니다.

옛 계 약	모세 오경		〈창세기〉, 〈출애굽기〉, 〈레위기〉, 〈민수기〉, 〈신명기〉
	예언서	전기 예언서	〈여호수아〉, 〈판관기〉, 〈사무엘 상·하〉, 〈열왕기 상·하〉
		후기 예언서	〈이사야〉, 〈예레미야〉, 〈호세아〉, 〈요엘〉, 〈아모스〉, 〈오바디야〉, 〈요나〉, 〈나훔〉, 〈하바꾹〉, 〈스바니야〉, 〈하깨〉, 〈즈가리야〉, 〈말라기〉
	성문서		〈역대기 상·하〉, 〈시편〉, 〈잠언〉, 〈전도서〉, 〈욥기〉, 〈다니엘〉, 〈룻기〉, 〈아가〉, 〈미가〉, 〈애가〉, 〈에스델〉, 〈에즈라〉, 〈에제키엘〉, 〈느헤미야〉
새 계 약	공관복음서		〈마태오의 복음서〉, 〈마르코의 복음서〉, 〈루가의 복음서〉
	〈사도행전〉과 서신들		〈사도행전〉, 〈로마인들에게 보낸 편지〉, 〈고린토인들에게 보낸 첫째·둘째 편지〉, 〈디모테오에게 보낸 첫째·둘째 편지〉, 〈디도에게 보낸 편지〉, 〈골로사이인들에게 보낸 편지〉, 〈에페소인들에게 보낸 편지〉, 〈데살로니카인들에게 보낸 첫째·둘째 편지〉, 〈갈라디아인들에게 보낸 편지〉, 〈유다의 편지〉, 〈베드로의 첫째·둘째 편지〉, 〈야고보의 편지〉, 〈히브리인들에게 보낸 편지〉, 〈필립비인들에게 보낸 편지〉, 〈필레몬에게 보낸 편지〉
	요한공동체와 계시록		〈요한복음〉, 〈요한 1서·2서·3서〉, 〈요한계시록〉

《성서》는 '무엇'에 관한 책이 아닙니다. 그것은 바로 '나'에 관한 책입니다. 이제까지 우리는 《성서》의 세계로 들어가기 위해 기초적인 안내를 받았습니다. 《성서》의 첫 장은, 세상을 창조한 하느님이 이 땅을 잘 관리하고 보존할 인간을 찾기 위해 "너 어디 있느냐?"라고 묻는 데서부터 시작합니다. 그 물음에 대답하기 위해, 《성서》라는 신비롭고 아름다운 세계로 여행을 떠나 볼까요?

일러두기

....

1. 한글로 된 《성서》 번역서로는 다양한 책들이 있으나, 이 책은 독자들의 이해를 돕기 위해 대한성서공회(http://www.
   bskorea.or.kr)에서 제공하는 원문 서비스의 《공동번역 성서》(개정판)를 기본 텍스트로 하였다. 따라서 《성서》에 등장하
   는 모든 인명과 지명의 표기도 이에 따랐다.

2. 《구약성서》와 《신약성서》의 중간기와 외경서, 위경서의 내용은 이 책에 포함하지 않았다. 이는 해당 내용이 역사적 근거
   가 부족한 이야기들로 구성되어 있어 사실성과 명확성을 밝히기 어렵기 때문이다.

3. 이 책은 일반인들에게 《성서》를 고전으로서 감상할 수 있도록 구성하였으며, 이에 따라 참고한 문헌의 내용을 따로 밝히
   지 않고 책 말미에 참고문헌 목록을 첨부하였다.

1부 천지 창조와 하느님의 뜻

● 하느님과의 옛 계약, 《구약성서》를 살펴보기 전에

4부 이스라엘의 멸망과 새 시대의 꿈

● 분열된 북이스라엘과 남유다

1_부

천지 창조와
하느님의 뜻

The Holy Bible

1부는 하느님께서 우주만물과 인간을 창조하신 것에서 시작하여 족장 시대까지를 다루고 있습니다. 하느님의 명령을 어기고 선악과를 취한 인간은 하느님과의 원만한 관계를 잃게 되었으며, 동생을 죽인 카인의 행위로 인해 인간과 인간의 관계마저 상실합니다. 그 뒤에도 인간의 죄악은 끊이지 않고 계속되었습니다. 그리하여 하느님은 인간을 창조한 것을 후회하시고, 노아를 중심으로 그의 가족과 동식물들을 방주에 싣고 물의 심판을 단행합니다. 이후 바벨탑 사건으로 인간의 죄악은 정점에 이르게 되고, 인간이 모두 흩어지게 되면서 창조 이야기는 끝납니다.

하느님과의 옛 계약, 《구약성서》를 살펴보기 전에

《구약성서》를 하느님과의 '옛 계약'이라 하고, 《신약성서》를 하느님과의 '새 계약'이라고 합니다. 어떤 학자들은 새 계약이 생겼으니 옛 계약은 이제 의미가 없다며 덮어 버리기도 합니다. 그러나 그러한 생각은 '실존'을 부정하는 것과 마찬가지입니다. 실존적인 '나'를 역사의 산물로 보지 않는다면 '나' 자신을 올바르게 이해하지 못하게 됩니다. 《구약성서》를 면밀히 살펴보지 않은 채 《신약성서》(새로운 계약)를 본다면, 《성서》의 참다운 의미를 이해하는 것이 불가능해집니다.

사본을 보면 《구약성서》는 히브리어로, 《신약성서》는 그리스어(헬라어)로 쓰여 있습니다. 《구약성서》는 처음에 그리스어로 번역되었습니다. 이스라엘 민족이 로마 제국의 지배를 받으면서, 자신들의 언어인 히브리어를 잊어 버리고 그리스어에 익숙해졌기 때문입니다. 그리하여 기원전 270년경에 유다교 학자들이 그 방대한 번역 사업을 완성했습니다. 신약시대의 초기 그리스도인들도 이 번역본을 사용하였으며, 사도 바울로 역시 이 번역본을 사용하였습니다. 이 번역본을 흔히 '셉투아진트[Septuagint, LXX]' 혹은 '70인역譯'이라고 부릅니다. 70인(또는 72인)의 학자들이 70일(또는 72일)만에 번역을 완성하였다는 데서 유래한 이름입니다. 이 70인역 《구약성서》에는 히브리어 《구약성서》에서 제외된 이른바 '외전(外典, apocrypa, 또는 '외경外經'이라고 함)'이 포함되어 있습니다.

3세기경에 라틴어가 세계적인 언어로 부상하기 시작하자, 라틴어 번역본이 요청

되었습니다. 그리하여 성 히에로니무스가 《성서》를 라틴어로 번역했습니다. 이렇게 385년에서 405년까지 번역된 라틴어 《성서》를 흔히 '불가타Vulgature', 영어로는 '벌게이트Vulgate'라고 부릅니다.

히브리어 《성서》의 순서에 따라 39권의 책을 한 줄로 늘어놓으면, 〈창세기〉부터 〈역대기〉까지 하나의 직선을 그을 수 있습니다. '모세 오경'은 일반적으로 모세가 썼다는 다섯 권의 율법서(〈창세기〉, 〈출애굽기〉, 〈레위기〉, 〈민수기〉, 〈신명기〉)를 말합니다. 다음으로 예언서는 다시 전기 예언서와 후기 예언서로 양분됩니다. 전기 예언서는 〈여호수아〉, 〈판관기〉, 〈사무엘〉, 〈열왕기〉(상하 구별 없이)의 네 권을 말합니다. 예언자들이 이 책들에서 활동하는 데다가 이 책들이 형성되는 데 큰 공헌을 했다고 해서 예언서라고 부릅니다. 그리고 후기 예언서에는 〈이사야〉, 〈예레미야〉, 〈에제키엘〉과 열두 권의 소예언서가 포함되는데, 각 예언자마다 그의 이름을 딴 책이 있기 때문에 통칭해서 '문서 예언서'라고도 부릅니다.

그리고 성문서는 〈욥기〉, 〈시편〉, 〈잠언〉, 〈다니엘〉과 다섯 개의 두루마리(〈전도서〉, 〈룻기〉, 〈에스더〉, 〈아가〉, 〈애가〉)와 〈에즈라〉, 〈느헤미야〉, 〈역대기 상·하〉로 구성되어 있습니다. 내용적으로 볼 때 〈시편〉, 〈아가〉, 〈애가〉는 시가서로, 〈욥기〉, 〈잠언〉, 〈전도서〉는 지혜서로, 그리고 〈역대기〉와 〈에즈라〉, 〈느헤미야〉는 역사서로 구분됩니다.

《구약성서》는 신화적인 이야기에서 출발하고 마지막은 이른바 암흑의 시기로 마무리되기 때문에, 시작과 끝을 분명하게 알기 어렵습니다. 하지만 이제 우리는 《구약성서》를 통해서 한 편의 파노라마 같은 인간사를 보게 될 것입니다.

01 에덴 동산과 유토피아

생명나무
하느님이 에덴 동산 한가운데 선악을 알게 하는 나무와 함께 심어 놓은 나무로, 열매는 영원한 생명의 원천을 상징한다. 《창세기》에 따르면, 최초의 인간인 아담과 하와는 금단의 열매인 선악과를 먹는 죄를 저질러 생명나무의 열매를 먹을 수 없게 된다.

● ● ● 《성서》는 끊임없이 이어지는 인간의 실패와 더불어 하느님의 심판과 회복에 대해 이야기하는 책입니다. 《구약 성서》에서 가장 앞자리를 차지하는 〈창세기〉에는 천지 창조 이야기가 잠깐 등장한 뒤 바로 실패하는 인간의 모습이 그려집니다.

인간의 영원한 이상향, 에덴 동산

생명나무●가 있는 에덴 동산은 하느님과 함께 풍요로움을 누릴 수 있는 '인간의 영원한 고향'과도 같은 장소입니다. 그렇기 때문에 사람이라면 누구나 에덴 동산과 같은 유토피아를 꿈꾸며 살아갑니다. 유토피아Utopia는 본래 그리스어 '아니다[ou]'와 '장소[topos]'를 합

성한 단어로, '아무 데도 없는[nowhere]'이
라는 의미입니다. 그러나 《성서》에서 에
덴 동산은 분명히 존재하는 어떤 장소로
그려집니다. 에덴 동산이 실존하는 장소
인가 혹은 유토피아처럼 실존하지 않는
장소인가에 관한 논쟁으로 시간을 낭비
할 필요는 없습니다. 그것은 인간 실존
에 대해 설명하는 것으로 충분하기 때문
입니다.

〈에덴 동산〉
《구약성서》의 〈창세기〉에서
태초의 하느님이 아담과 하와
를 위해 만든 낙원으로, 오늘
날 인류에게 보편적인 이상향
으로 인식되고 있다. 루카스
크라나흐, 1536, 드레스덴 올
드마스터스 미술관.

빛과 어둠 그리고 천지만물이 생겨나다

《성서》에 대해 어떤 사람들은 하느님이 인간을 찾는 기록이라고
말합니다. 그러고 보면, 때때로 하느님은 숨바꼭질을 하는 술래처
럼 애처롭기까지 합니다. 하느님의 이야기인 《성서》는 이렇게 시작
합니다.

한 처음에 하느님께서 하늘과 땅을 지어 내셨다.(창세 1:1)

이 선언은 《성서》 전체를 관통하면서, 인간이 등장하기 전 역사
의 주인이 '하느님'임을 말해 줍니다.

하느님께서 "빛이 생겨라!" 하시자, 빛이 생겨났다.(창세 1:3)

땅과 물 그리고 밤과 낮이 나눠지고, 땅에서 풀이 나고 바다에 물고기가 생겨나고 땅 위에 짐승들이 만들어집니다. 그리고 창조의 절정에 이른 여섯째 날에 아담이라는 인간을 창조합니다. 히브리어로 인간을 가리키는 '아담adam'은 흙이라는 뜻의 '아다마adama'에서 파생되어 나온 말입니다. 하느님은 아담을 흙으로 빚어 생기[生氣, ruah]를 불어넣고, 숨쉬고 걷고 달릴 수도 있는 인간으로 만들었습니다. 세상을 창조하고 또 인간을 창조한 하느님은 많은 일을 했으니 고단하셨나 봅니다.

　　　하느님은 엿샛날까지 하시던 일을 다 마치시고, 이렛날에는 모든 일에서 손을 떼고 쉬셨다.(창세 2:2)

《성서》에서는 천지와 만물을 6일 동안에 모두 창조하였다고 기록합니다. 하지만 이러한 숫자를 오늘날 우리가 생각하는 날짜의 개념으로 이해해서는 곤란합니다. 또한 〈창세기〉의 기록을 통해서 우주의 기원이나 그 성립 과정을 찾는 것은 부질없는 행동입니다.

〈천지 창조〉
미켈란젤로가 교황 율리우스 2세의 지시로 시스티나 성당에 그린 천장화다. 노아에 관한 이야기와 '아담과 이브의 원죄와 낙원 추방', '이브의 창조', '아담의 창조', '하늘과 물의 분리', '해와 달의 창조', '빛과 어둠의 창조' 등 《성서》에 나오는 '천지 창조'의 장면이 반대되는 순서로 입구에서부터 그려져 있다. 1508~1512, 바티칸, 시스티나 성당.

하느님이 창조주라는 것은, 우주관에 대한 설명이 아닌 인간 존재에 대한 신앙적인 고백입니다. 따라서 창세 신화를 진화론의 교본으로 생각해서는 안 됩니다. 그것은 진화론에 관해 증명하거나 반증反證하려는 것이 아니기 때문입니다. 인간을 하루 사이에 흙으로 빚었다는 서술이 비과학적이라고 속단하는 오류에 빠져서도 안 됩니다. 기계론적 세계관˙을 통해서 이해하려고 한다면, 《성서》에서 자기 모습을 발견하는 데 실패할 것입니다. 잠시 이성적인 판단은 보류하고, 《성서》가 보여 주려는 것을 먼저 보시기 바랍니다.

• 기계론적 세계관
우주의 모든 현상을 물질 운동의 조합으로 환원하여 기계론에 의해 설명하려는 세계관. 목적론적 세계관이 지배하던 중세를 지나 16, 17세기 들어 물리학과 천문학이 발전하면서 대두되었다.

02 선악과와 자아 상실

● ● ● 〈창세기〉 2장은 하느님이 이 땅을 가꾸기 위해 인간을 창조했다는 내용을 담고 있습니다. 하느님이 인간에게 자신이 지은 세계를 다스리게 했지만, 그러한 인간도 하느님의 피조물이면서 동시에 한계가 있는 존재임을 깨닫게 하는 장입니다. 따라서 '인간은 누구인가'라는 물음이 가능해지는 장이기도 합니다.

원죄 이전에 무한한 축복이 있었다

에덴 동산은 앞서 언급한 대로 우리들 마음의 고향입니다. 인간을 창조한 하느님은 또다시 인간을 위해 에덴 동산이라는 보금자리를 만들어 줍니다. 이곳의 모든 것은 아담, 즉 인간을 위해 갖춰져 있습니다. 그리고 하느님은 인간에게 무엇이든지 마음대로 할 수 있는 권한을 주셨지만, 선과 악을 알게 하는 나무의 열매만큼은 마음대로 따 먹지 말도록 이릅니다.

한편 하느님은 아담이 혼자 있는 것이 좋아 보이지 않았습니다. 그래서 여자를 만들어 둘이 한 가정을 이뤄 살아가도록 했습니다. 그러나 간교한 뱀이 그 가정에 분란을 가져왔습니다. 하느님의 명령을 어기고 선과 악을 알게 하는 나무의 열매를 따 먹게 꼬드긴 것입니다. 《성서》에서는 인간이 최초로 저지른 범죄에 대해 다음과 같이 기록합니다.

〈아담과 하와〉
선악과를 따 먹는 아담과 하와의 모습. 페테르 파울 루벤스, 1628~1629, 마드리드 프라도 미술관.

> 여자가 그 나무를 쳐다보니 과연 먹음직스럽고 보기에 탐스러울뿐더러 사람을 영리하게 해줄 것 같아서, 그 열매를 따 먹고 같이 사는 남편에게도 따다 주었다.(창세 3:6)

죄의 유혹은 이처럼 인간의 내면에 있는 욕심을 자극하면서 탐스럽게 다가옵니다. 어떤 사람은 하느님이 선악을 알게 하는 나무를 에덴 동산의 중앙에 두어 사람이 죄를 짓도록 만들었다며, 인류 최초의 범죄에 대해 하느님의 책임론을 제기하기도 합니다. 그러나 이것은 결과의 한 측면만을 보기 때문에 제기되는 의문입니다.

히브리 전통에서 선악의 구별은, 윤리적 식별만이 아닌 '모든 비밀을 알게 되다'라는 뜻으로도 쓰입니다. 그런데 선악을 구분하는 나무의 열매를 따 먹지 말라는 것은, 곧 그것을 금지한 하느님의 뜻을 거부할 수 있는 자유마저도 부여했음을 전제합니다. 인간이 자

〈하늘에서 쫓겨난 루시퍼〉
존 밀턴의 대서사시 《실낙원》
을 묘사한 구스타브 도레의 삽
화. 《실낙원》은 〈창세기〉의 이
야기를 모티브로 한다. 지옥에
서 탈출한 루시퍼가 아담과 하
와를 유혹하는 장면을 통해 인
류의 원죄와 고난 그리고 구원
을 다루고 있다.

● 야훼
이스라엘 사람들에게 계시된
하느님의 이름.

신의 의지대로 하느님의 뜻을 거부할 수 있다는 것은, 저주가 아닌 하느님이 무한한 축복을 주신 것으로 받아들일 수도 있습니다. 다시 말해, 태초에 하느님이 인간을 창조할 때부터 자신의 뜻일지라도 인간이 거부할 수 있는 권한을 주었음을 의미합니다. 이러한 관점에서 《성서》를 본다면, 선악과는 하느님의 사랑에 대한 상징이라고 할 수 있습니다. 한편 하지 말라고 금지한 것을 행하고 죄책감을 느낀 아담은, 그만 하느님을 피해 숨어 버렸습니다. 그러자 하느님이 아담을 찾아 나섭니다.

야훼* 하느님께서 아담을 부르셨다. "너 어디 있느냐?"(창세 3:9)

이 질문은 공간적 위치를 묻는 것이라기보다 하느님과 어떤 관계에 있느냐고 묻는 것입니다. 이 글을 읽는 사람들에게도 똑같이 물을 수 있습니다. "여러분은 지금 어디에 있습니까?" 이 질문이 엉뚱하게 느껴지나요? 하지만 《성서》는 이렇게 누구에게나 던질 수 있는 질문을 담고 있습니다. 과연 당신은 어디에 서 있나요? 이 물음은 '존재'에 대한 위치를 묻는 것입니다. 인간이라는 존재는 이제 더 이상 자명한 것이 아니라, 잃을 수도 있고 얻을 수도 있는 것이 되었습니다. 인간은 타락하여 영원한 생명을 잃었고, 삶의 터전조차 황폐해졌습니다. 그리고 흙을 통해 먹고 자라고 흙으로 돌아가는 존재가 되었습니다.

너는 흙에서 난 몸이니, 흙으로 돌아가기까지 이마에 땀을 흘려야

낟알을 얻어먹으리라. 너는 먼지이니, 먼지로 돌아가리라.(창세 3:19)

이것은 삶이 곧 투쟁이며 인간이 죽음에 이르는 존재가 되었다는 하느님의 선언입니다. 이 선언은 인간에게 실존적인 자각을 일깨워 줍니다. 그리고 인간이 자주적인 존재라는 것을 알려 주기도 합니다. 〈창세기〉는, 인간이 창조된 이래 잘못된 역사로부터 출발하여 자신들의 한계를 계속해서 어떻게 드러내고 있는지를 극명하게 보여 줍니다.

카인의 후예와 자아 상실

에덴 동산에서 추방된 아담과 하와에게는 카인과 아벨이라는 아들들이 태어났습니다. 그들은 최초 인간의 또 다른 분신으로, 카인은 농부였고 아벨은 목자였습니다. 어떤 학자들은 농사를 짓던 부족과 목축을 하던 부족의 이야기라고 해석하기도 합니다. 하지만 일단 《성서》에서는 한 개인으로 말하고 있으니, 확대해서 해석할 이유는 없을 것 같습니다. 두 사람은 하느님에게 제물을 바치면서 생활하는데, 하느님은 카인의 제물은 받지 않고 아벨의 제물만 받습니다. 이 때문에 카인은 아벨을 시기하고 질투합니다. 어떠한 이유에서 제물을 받지 않는지에 대해서는 《성서》에 언급되어 있지 않습니다. 결국 카인은 질투심 때문에 동생 아벨을 돌로 때려서 죽입니다. 하느님은 카인에게 묻습니다.

〈아벨을 살해하는 카인〉
카인이 아벨을 죽인 것은 역사상 첫 번째 살인 사건으로서, 카인은 인류 최초의 살인자, 아벨은 인류 최초의 순교자라 불린다. 다니엘레 크레스피, 1618~1620.

〈카인의 도주〉
카인은 아벨을 죽인 뒤 이마에
범죄자의 낙인이 찍힌 채 쫓겨
나 에덴의 동쪽 노드 땅에 정
착하게 된다. 이 그림은 영원
히 헤매는 벌을 받게 된 카인
의 저주받은 운명을 표현하고
있다. 페르낭 코르몽, 1880, 파
리 오르세 미술관.

네 아우 아벨이 어디 있느냐?(창세 4:9)

아벨은 카인을 죽이고서도 이렇게 대답합니다.

제가 아우를 지키는 사람입니까?(창세 4:9)

그야말로 실존적인 자신의 자리를 모두 잃어 버리는 순간입니다.
이 사건으로 모든 관계가 무너지고, 인간은 하느님이 처음 만든 모
습으로부터 멀어지게 되었습니다. 이 사실은 인간이면 누구나 거부
할 수 없는 현실입니다. 《성서》에서 말하는 원죄에 대해서 "나는 아
니야, 그런 적 없어."라고 말하는 사람들도 있을 수 있습니다. 그것
을 인정하든 인정하지 않든, 《성서》는 인간이 에덴 동산을 잃어 버
리고 유리되어 세상을 방황하는 존재가 되었다고 기록합니다. 아담
으로 인해 하느님과 인간의 수직적인 관계를 잃어 버렸다면, 카인
으로 인해서는 이웃 간의 수평적인 관계를 모두 잃어 버렸습니다.

노아의 홍수와 선택된 공동체

03

● ● ● 홍수 이야기는 고대 여러 민족의 신화에 흔하게 나타납니다. 이 장에서는 《성서》에 등장하는 노아의 홍수 이야기를 소개하면서, 고대 문명을 배경으로 전해 내려오는 각 국의 홍수 신화와 어떤 차이가 있는지도 살펴보겠습니다.

노아의 홍수 이야기

노아의 홍수에 관한 이야기의 주인공인 '노아'는 의로운 사람이었습니다. 노아는 '하느님과 동행한' 사람이라고 소개되며, 당대의 의인義人이라고 일컬어집니다. 여기에서 '의인'이라는 말은 윤리적으로 완전하다는 뜻이 아니라, 하느님과 바른 관계를 맺고 있었음

을 의미합니다. 그러나 당시의 모든 사람은 하느님을 배반하고 부패에 빠져 있었습니다.(창세 6:12)

세상 사람들이 타락하자, 하느님은 한탄하면서 홍수를 내려 모두 쓸어 버리겠다고 합니다.

내가 이제 땅 위에 폭우를 쏟으리라. 홍수를 내어 하늘 아래 숨 쉬는 동물은 다 쓸어 버리리라. 땅 위에 사는 것은 하나도 살아남지 못할 것이다.(창세 6:17)

하느님은 노아에게 배를 만들라고 지시하면서, 그 배에 부정한 짐승은 두 쌍씩, 깨끗한 짐승은 일곱 쌍씩 태우라고 명령했습니다. 그러고는 모든 땅의 생명들을 쓸어 버렸습니다. 그 뒤에 이어진 새 시대는 하느님과 바른 관계를 가진 사람들과 다시 시작됩니다. 노아에게 준 축복은 아담에게 준 축복과 크게 다르지 않습니다. 그러나 노아에게는 짐승을 다스리게 한 것만이 아니라, 그것들을 먹을 거리로 주셨습니다.(창세 9:2-4)

고대 수메르를 배경으로 하는 홍수 설화의 주인공은 지우수드라입니다. 그가 신의 명령을 받고 방주를 짓자, 7일간 밤낮으로 폭우가 쏟아져 내렸습니다. 비가 그친 뒤에 지우수드라는 방주에서 나와 태양신 우투에게 경배를 드립니다.

홍수에 관한 또 다른 기록인 고대 바빌론 문서의 주인공은 아트라하시스입니다. 신들은 자신들의 노동을 덜기 위해 인간을 창조했는데, 그 숫자가 늘어나면서 시끄러운 소리 때문에 괴로워졌습니

• 지우수드라 Ziusudra
고대 메소포타미아 홍수 설화의 영웅으로, 슈루파크라는 도시의 왕이자 제사장이었다. 인간을 창조한 신들이 대홍수를 일으켜 인간 세상을 쓸어 버리기로 결심하자, 지혜의 신 엔키가 지우수드라에게 그 사실을 알려준다. 방주를 만들어 홍수에서 살아남은 지우수드라는 신들로부터 영원한 생명을 얻는다.

• 우투 Utu
고대 수메르 신화의 태양신으로, 매일 전차를 타고 동쪽에서 떠올라 서쪽으로 사라진다. 태양이 진 뒤에는 지하 세계로 가서 죽은 자의 운명을 결정하며, 정의의 신으로서 재판권을 행사한다.

• 바빌론 Babylon
서남아시아 바빌로니아 왕국의 수도였던 고대 도시. 메소포타미아 문명의 중심지였으나, 알렉산드로스 대왕에게 정복되었다.

• 아트라하시스 Atrahasis
바빌로니아 홍수 신화의 주인공. 인구의 수를 줄이기 위해 신들이 일으킨 대홍수에서 에아 신의 조언으로 방주를 만들어 살아남았다. 그 안에 온갖 짐승과 식물의 씨앗을 실어 인류와 지상의 동식물을 보존한 것으로 전한다.

다. 이에 신들은 역병과 가뭄을 통해 인간의 숫자를 줄이려 하지만 실패합니다. 그래서 홍수를 일으켜 인간들을 없애고자 한 것입니다.

아카드어로 쓰인 《길가메시 서사시》*에서 〈대홍수 이야기〉의 주인공은 우트나피시팀*입니다. 이 작품이 기록된 토판土版이 1845년에 고대 아시리아의 수도 니느웨*에서 발견되었는데, 홍수에 관한 이야기는 열한 번째 판에 수록되어 있습니다. 우트나피시팀은 그의 가족과 동물 그리고 노동자까지 구원해 줍니다. 물이 가라앉은 다음에 그는 맨 먼저 까마귀를 내보내고, 그 다음에는 참새, 끝으로 비둘기를 내보냅니다.

노아의 홍수에 관한 이야기와 이 이야기들의 뚜렷한 차이점은, 홍수가 일어난 원인에 있습니다. 고대 신화에서 홍수가 신들의 변덕 때문에 일어났다면, 노아의 이야기에서 홍수는 하느님이 인간의 죄를 심판한 결과로 나타납니다. 그리고 결말에서도 두드러진 차이가 드러납니다. 고대 신화에서는 홍수가 끝난 뒤 인간이 드리는 제사에 신들이 파리 떼처럼 서로 다투어 달려들었다고 기록되어 있습니다. 바빌론의 신들은 인간을 노예로 부려먹고 그들에게서 공경받기를 원한 것입니다. 그러나 《구약성서》에서 하느님은 무지개를 통해 인간과 영원한 계약을 맺습니다. 무지개는 곧 하느님과 온 인류가 맺은 계약의 표시입니다.

무지개가 구름 사이에 나타나면, 나는 그것을 보고 하느님과 땅에 살고 있는 모든 동물 사이에 세워진 영원한 계약을 기억할 것이다.(창세 9:16)

• 《길가메시 서사시 Gilga-mesh Epic》
고대 메소포타미아의 서사시. 수메르 남부 도시국가 우루크의 전설적인 왕 길가메시를 노래했다. 19세기 서남아시아를 발굴하던 고고학자들에 의해 발굴되었으며, 호메로스의 서사시보다 1500년 앞선다.

• 우트나피시팀 Utnapish-tim
《길가메시 서사시》에 등장하는 슈루파크의 왕으로, 대홍수에 대한 에아 신의 경고를 듣고 방주를 만들어 살아남는다. 홍수가 그치고 새를 하나씩 날려보내다가, 세 번째 새가 돌아오지 않자 쉴 곳이 있다는 증거로 알고 방주에서 빠져 나온다. 새를 세 번 날려 보내는 것은 노아의 홍수와 같은 내용이며, 학계에서는 우트나피시팀과 고대 바빌론 신화의 아트라하시스, 지우수드라를 모두 동일 인물로 보고 있다.

• 니느웨
아시리아 제국의 수도 유적. 지금의 이라크 모술 지방이다. 티그리스 강 지류가 흘러들어 기름진 농토와 목초지로서 가치가 높았다. '니네베(Nineveh)'의 《성서》 속 이름이다.

'하느님과 동행한' 노아에게 준 축복

노아의 홍수에 관한 이야기는 민담이나 동화적인 요소가 담겨 있기 때문에, 이성적인 현대인들은 대체로 무시해 버리는 경우가 많습니다. 한편 고고학적인 발굴 작업을 하는 사람들은 방주의 파편을 찾아 나서거나 최종 목적지를 알기 위해 부심하기도 합니다. 어떤 학자는 갈대아 우르° 지역을 조사한 뒤, 유프라테스 강과 티그리스 강 유역에서 홍수로 인해 수많은 생물이 몰살한 흔적을 발굴해서 발표하기도 했습니다. 그러나 노아의 홍수에 관한 이야기는 역사적 사실에 초점을 맞추기보다 그 내부에 숨어 있는 인간을 향한 메시지가 무엇인지에 관심을 갖는 것이 올바른 접근 방법입니다.

하느님은 노아를 통해 새로운 세계를 이루고자 꿈꾸었습니다. 이것은 '새로운 창조'를 의미하며, 새로운 창조는 곧 하느님의 속성을 의미합니다. 세계에 대해 그렇듯이 한 개인에 대해서도 하느님은 이와 같이 새로운 창조를 원합니다.

사람들은 〈창세기〉의 기록들을 그리스도교의 '원죄설'과 결부시켜 생각하는 경우가 많습니다. 사실 인간이 죄를 짓는 모습을 여러 군데에서 보여 주고 있기 때문에 자연스러운 결과인지도 모르겠습니다. 그러나 《성서》를 각자 내면에 있는 죄책감이라는 시각에서 보기보다 인간의 '한계성'에 대한 자각으로 보면 어떨까요? 인간이 죄를 저지를 수 있었다는 것은, 하느님이 인간을 자신의 뜻대로 조종할 수 있

• 갈대아 우르
현재 이라크의 바빌론 유적으로부터 약 224킬로미터 지점의 남쪽에 위치해 있으며, 현재 지명은 '석수장이의 언덕'이라는 뜻의 '텔 무가이어'다. 〈창세기〉에 기원전 2166년경에 아브라함이 태어난 곳으로 기록되어 있다.

〈노아의 방주로 들어가는 동물들〉
자코포 바사노, 1579, 파리 루브르 박물관.

는 존재로 만든 것이 아니라, 무한한 가능성을 가진 생명체로 만들었다는 증거입니다. 그것은 인간에게 하느님마저도 거부할 수 있는 '자유'가 있음을 의미합니다. 그러므로 하느님의 인간에 대한 축복이 되는 것입니다.

자연에 대한 생태적 입장

《성서》에 의하면 하느님께서는 세상의 모든 피조물을 창조하시고, '야훼 하느님께서 진흙으로 사람을 빚어 만드시고 코에 입김을 불어넣으시니, 사람이 되어 숨을 쉬었다.'(창세 2:7)라고 하셨습니다. 그리고 그들에게 '하느님께서는 그들에게 복을 내려주시며 말씀하셨다. "자식을 낳고 번성하여 온 땅에 퍼져서 땅을 정복하여라. 바다의 고기와 공중의 새와 땅 위를 돌아다니는 모든 짐승을 부려라!"(창세 1:28)라고 말씀하십니다. 그러나 인간은 선악과를 따서 먹었습니다. 이 사건은 인류 최초의 죄악으로 기록되지만, 엄밀히 따져 보면 자연에 대한 훼손을 상징하기도 합니다. 선악과는 자연 상태 그대로 보존되었어야 하는 것입니다. 이로 인해 땅에서는 '가시덤불과 엉겅퀴'(창세 3:18)가 자라나고, 인간의 몸은 본래 난 대로 흙의 상태로 돌아가게 되었습니다. 《창세기》에 등장하는 일련의 이야기들은 하느님과 인간 그리고 자연에 대한 관계를 잘 보여 주고 있습니다.

《성서》에서 보는 바와 같이 인간은 자연의 일부일뿐만 아니라 자연 그 자체라고 말할 수 있습니다. 그러나 전통적인 그리스도교의 세계관에서는 자연을 인간의 적대적인 관계 또는 정복의 대상으로 이해하곤 했습니다. 그리하여 현대에 이르기까지 인간은 끊임없이 자연을 자원으로 삼아 자신들의 편리를 추구하면서 발전해 왔습니다. 그 결과로 수많은 동식물이 멸종 위기에 놓이게 되었으며, 대지진과 쓰나미(지진해일) 같은 '자연의 역습'을 맞기에 이르렀습니다. 지질학자들은 온난화로 인하여 해수면의 온도가 올라가 해양 생태계가 파괴될 것이고, 지구촌의 사막화가 급속히 진행될 것이라고 예견하기도 합니다. 이러한 현상들은 인류의 무분별한 자연 파괴와 연관이 있는데, 서구 그리스도교는 이에 대한 책임이 있습니다. 문명의 발전을 위한 자연 훼손을 어느 정도 용인하였기 때문입니다. 최근 학계에서는 이러한 지구촌의 총체적인 문제에 대해 연구하고 있는데, 그것을 '생태학ecology'이라고 합니다. 그리스도교 내부에서도 이러한 자성의 목소리가 모여서 '생태신학eco-theology'을 이루었습니다. 이들은 대체로 자연의 문제를 정치·경제를 비롯한 세계적 차원에서 해결하려고 노력하고 있습니다.

현대인들은 과학문명을 통하여 20세기에 이르러 눈부신 문명을 이룩하였으며, 좀 더 윤택하고 편리한 삶을 영위할 수 있게 된 것이 사실입니다. 그러나 지금까지의 문명은 인간을 중심에 두고 발전했기 때문에 자연을 배제시켜 왔습니다. 우리는 자연을 '환경'으로 인식하였습니다. 즉 인간을 중심에 두고 자연경관은 인간을 위해 존재하는 '배경'으로 밖에 생각하지 않았던 것입니다.

이제 문명의 발전은 자연을 빼고 이야기되어서는 안 됩니다. 그렇게 해서는 인류의 미래에 아무런 도움이 되지 않을 것입니다. 본래 《성서》에서 말하고 있는 대로, 하느님의 생기가 인간의 몸에 존재하고 있으며 인간은 자연과 더불어 존재함에 주목해야 합니다. 하느님이 인간에게 자연을 '다스리게' 하신 것은 보존에 대한 책무를 의미하는 것입니다. 멋대로 개발하여 인간의 편의대로 사용하는 것이 아니라, 공존을 위해 위임한 것입니다. 자연을 보존하기 위한 노력만이 자연과 인간이 영원히 공존할 수 있는 길이며, 이것이 바로 하느님이 인간에게 부여한 창조 질서를 유지하고 보존하는 자기 의무를 충실히 하는 것이 될 것입니다.

2부

이집트 탈출 사건과
십계명

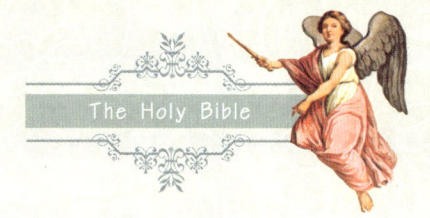

The Holy Bible

2부는 노예로 살던 이스라엘 민족이 이집트에서 탈출하는 내용을 담고 있습니다. 당시 이스라엘 민족의 지도자는 모세였습니다. 그는 이집트의 왕자로 왕궁에서 40년 그리고 광야에서 목동으로 40년을 살았던 80세의 노인으로, 하느님으로부터 소명을 받은 인물입니다. 위대한 지도자인 모세의 노력에도 불구하고 이스라엘 민족은 광야에서 40년을 방황해야만 했습니다. 그 기간을 통하여 이스라엘 민족은 하느님의 놀라운 섭리를 깨닫게 되었으며, 비로소 젖과 꿀이 흐르는 약속의 땅인 가나안에 이르게 됩니다. 그들의 여정 속에서 저주의 하느님, 심판의 하느님, 사랑의 하느님을 체험하게 될 것입니다.

이스라엘에 관한 '하느님의 이야기' 〈출애굽기〉

《성서》에 등장하는 '애굽'은 지금의 '이집트'입니다. 따라서 《성서》의 '출애굽기'는 '이집트 탈출 이야기'입니다. 본격적으로 이스라엘 민족이 이집트를 탈출한 이야기를 살펴보기 전에, 우리가 간과해서는 안 되는 용어들을 짚고 넘어가도록 하겠습니다. 먼저 '히브리', '이스라엘', '유다'라는 용어에 대해서 그 개념상의 차이를 구별해야 합니다.

당시 이집트를 탈출한 사람들은 이스라엘Israel 민족이 아닌 히브리인Hebrew들이었습니다. 이스라엘은 히브리인의 일부분에 속합니다. 이스라엘은, 하느님이 자신과 씨름하여 승리한 야곱에게 친히 붙여 준 이름입니다.(창세 35:10) 야곱이 아브라함의 손자이니, 이스라엘이라는 이름은 아브라함 이후에 등장했다고 볼 수 있습니다. 그리고 아브라함을 가리켜 '히브리인'이라고 부른 것으로 볼 때,(창세 14:13) 이스라엘 민족이 형성되기 훨씬 전부터 '히브리인'이라고 불리는 사람들이 있었음을 짐작할 수 있습니다. 히브리인 중에는 에돔, 모압, 암몬 사람들도 포함되어 있었습니다. 에돔(에사오)은 이스라엘(야곱)의 형이고, 모압과 암몬은 아브라함의 사촌인 롯의 딸들에게서 태어난 자식들의 후손이니 이스라엘과 친척이 됩니다.

이리하여 롯의 두 딸은 아버지의 아이를 가지게 되었다. 큰딸은 아들을 낳고 이름을 모압이라 하였는데, (그의 후손이) 오늘날의 모압인이다. 둘째 딸도 아기를 낳

고는 이름을 벤암미라고 하였는데, 그의 후손이 오늘날의 암몬인이다.(창세 19:36-
38)

히브리인에 대해서 학자들 사이에 통일된 견해는 없지만, 국가나 소수 부족을 지
칭하는 개념 또는 사회적 계층을 나타내는 개념이라는 견해가 지배적입니다. 히브
리와 달리 '이스라엘'은 민족의 개념입니다.

유다Jew는 이스라엘 민족의 열두 지파 가운데 하나입니다. 후대에 와서는 이것이
이스라엘을 대체하는 국가의 개념이 되었습니다. 이스라엘의 열두 지파는 야곱이
낳은 열두 명의 아들들로부터 비롯되었습니다.

기원전 922년에 솔로몬 왕이 죽은 뒤 이스라엘이 남북으로 분열되면서, 열두 지
파 가운데 열 지파가 북왕국 이스라엘이 되고, 나머지 두 지파인 유다와 베냐민 지
파가 남왕국을 이룹니다. 남왕국에서 역대 왕족을 배출해 낸 지파가 유다 지파였기
때문에 남왕국을 '유다'로 부르게 된 것이지요. 이때부터 '유다인' 또는 '유대인'이
라는 개념이 생겨났습니다. 그리고 북왕국 이스라엘이 기원전 721년에 이르러 아
시리아라는 강대국에 패해 사라지고 남왕국인 유다만 남았기 때문에, 이때부터 '이
스라엘'보다 '유다'가 이스라엘 민족의 정통성을 계승하는 국가명이 되었습니다.
이스라엘의 이름은 야곱에게서 비롯되었고, 유다의 이름은 그의 아들에게서 비롯
되었습니다. 그러나 후대에 와서는 유다인과 이스라엘인 역시 거의 구별 없이 사용
되고 있습니다.

《성서》에 나타나는 이스라엘 민족들은 이집트와 매우 밀접한 관계를 가집니다.
때로는 친구가 되었다가 때로는 원수가 되기도 합니다. 그렇다면 이스라엘 민족은
어떻게 해서 이집트에 들어가서 정착하게 되었으며, 어떠한 이유로 그곳에서 탈출
하게 되었을까요? 그리고 그들의 이야기는 이 책을 펼쳐보는 우리들에게 무엇을
말하고자 하는 것일까요?

01

모세의 탄생과
이집트 탈출 사건

《성서》의 주요 배경은 나일 강 유역의 이집트
(애굽), 그리고 유프라테스 강과 티그리스 강을 중심으로 하는 메소
포타미아 평원입니다. 메소포타미아 평원에서 가장 비옥한 지대가
반달 모양으로 되어 있어서, 이 지역을 '반월형 옥토지대'라고 부

릅니다. 기원전 3500년부터 수
메르인들이 이곳에 정착하였습
니다.

반달의 왼편은 '팔레스타인'
지역이고, 오른편은 페르시아
만으로 들어가는 '우르' 지역입
니다. 《성서》에서 아브람*은 하

● 아브람(아브라함)
〈창세기〉에 기록된 이스라엘
민족의 조상으로, 노아의 10대
손에 해당한다. 원래 이름은
'큰아버지'라는 뜻의 아브람이
었으나, 하느님의 계시로 '열국
(列國)의 아버지'라는 뜻의 '아
브라함'이 되었다.(창세 17:5)
유다교, 그리스도교, 천주교,
이슬람교 등 유일신 종교의 공
통 조상이다.

**반월형 옥토지대인 메소포타
미아 평원**

느님의 지시대로 자신의 고향인 갈대아 우르 지역을 떠나 팔레스타인 지역의 세겜* 땅으로 이주합니다.

이집트 땅의 히브리인들

아브람은 가나안* 땅을 거쳐 모레*의 상수리나무가 있는 세겜 성소에 이르게 되었다. 그때 그 땅에는 가나안 사람들이 살고 있었다.(창세 12:6)

이때 하느님은 아브람에게 그 땅을 그의 자손에게 주겠다고 약속했습니다.(창세 12:7) 지금도 팔레스타인 지역의 이스라엘인들은 이 《성서》의 약속을 굳게 믿고 있습니다. 〈출애굽기〉에서 모세는 하느님의 부름을 받아 이스라엘 민족을 이집트 땅에서 탈출시키는데, 《성서》의 내용으로 보자면, 이미 아브람과 약속되어 있던 일이라고 하겠습니다.

기원전 30세기에서 17세기경까지 반월형 옥토지대에는 수많은 민족과 왕국이 생겨나 흥하거나 망하면서 뒤섞여 살고 있었습니다. 아모리인*은 기원전 1750년까지 메소포타미아 평원을 모두 점령하였으며, 그 세력을 시리아에까지 뻗어 나갔습니다.

1935년과 1936년에 이 지역을 발굴한 결과, 기원전 18세기 후반에 기록된 2만여 개의 토판 문서가 고대 도시 마리Mari에서 발견되었습니다. 주로 마리 국왕과 아모리 왕조의 함무라비* 사이에 교환된 외교 문서들로, 학계에서는 이것을 '마리 문서'라고 부릅니다.

• 세겜
예루살렘에서 북쪽으로 49킬로미터가량 떨어진, 그리심 산과 에발 산 사이에 있는 도시. 예로부터 종교적·정치적 중심지였으며, 오늘날 이스라엘의 점령지로서 유다인과 아랍인의 갈등이 가장 첨예한 지역이기도 하다.

• 가나안
팔레스타인 및 남시리아의 고대 명칭으로, 《구약성서》에서는 요르단 서쪽을 가리킨다. 기원전 3000년경부터 셈족이 거주하였으며, 기원전 2200부터 2000년까지 이집트의 지배를 받다가 기원전 11세기경에 이스라엘 민족이 들어왔다.

• 모레
종교적인 의미에서 '가르치는 자'를 뜻하는데, '예언자'로 번역된다. 따라서 많은 학자들이 '모레의 상수리나무'를 '예언자의 나무'로 본다.

• 아모리인
시리아 지중해 연안의 가나안 주변에서 유목생활을 하던 민족으로, 기원전 3000년경부터 유프라테스 강 중류 지역에 정착했다. 기원전 2100년에 바빌로니아에 아모리 왕조를 세웠다.

• 함무라비(기원전 1810?~1750?)
바빌론 제왕조인 아모리 왕조의 6대 왕. 정복전쟁을 통해 영토를 확장하고 통일제국을 형성하여 전성기를 이끌었으며, 가장 오래된 성문법 중 하나인 함무라비법을 제정한 통치자로 잘 알려져 있다.

고대 외교 문서가 발견된 마리 유적

시리아의 유프라테스 강 중류에 있는 고대 도시 유적으로, 1933년에 파로가 이끈 프랑스 조사단이 발굴하였다. 신전과 왕궁, 지구라트, 벽화, 신상 등과 함께 기원전 18세기의 짐릴림 왕의 왕궁에서 점토판으로 이루어진 2만 장 이상의 '마리 문서'가 발견되었다.

● **셈족**
〈창세기〉에서 노아의 장남인 셈의 이름에서 따왔으며, 티그리스 강과 유프라테스 강을 중심으로 중동 지역에서 발원한 어족을 묶어서 지칭하는 말로 사용된다.

● **근동 Near East**
파키스탄에서 서쪽으로 지중해 해안에 이르는 아시아 서부 지역을 통칭해서 부르는 말. 동양과 서양의 중간에 위치하며, 파키스탄, 아프가니스탄, 이란, 이라크, 시리아, 레바논, 터키, 요르단, 사우디아라비아, 쿠웨이트, 이스라엘 등이 속한다.

이 문서들에는 '베냐민, 다윗, 야곱-엘, 아브람' 등 《성서》에 나타나는 히브리식 이름들이 나타나며, 그 근방 도시의 이름 가운데는 《성서》에서 아브람의 친척들로 전해지는 '벨렉, 스룩, 나홀, 데라, 하란'(창세 11:10-26) 등이 있습니다. 또한 '하비루'라는 부족 이름도 나오는데, 마리에서 발견된 토판 문서로 미루어 볼 때 '하비루'는 소아시아, 메소포타미아, 시리아, 가나안, 이집트 등지에 흩어져 살던 사회 집단을 가리키는 말입니다. 그들은 대부분 셈족으로, 양떼와 가족을 데리고 유랑하면서 때때로 주변 국가의 용병으로 전장에 나가 싸우기도 했습니다. 《성서》에서 아브람을 '나그네'로 표현한 것은, 그가 이러한 '하비루'였기 때문입니다. 그것이 후대에 불리는 '히브리'와 동일한 의미임을 많은 학자가 인정하고 있습니다. 이상에서 살펴본 바와 같이, 기원전 30세기에서 17세기 사이에 반월형 옥토지대에는 수많은 민족과 다양한 혈통이 뒤섞여 살고 있었습니다.

그렇다면 이러한 히브리 민족은 어떻게 해서 기원전 13세기에 이집트 땅에 들어가서 살게 되었을까요? 그 기원을 언급하기 위해서는 '믿음의 조상'이라고 부르는 아브람의 가족사에서부터 시작해야 할 것입니다. 아브람은 오늘날 인류에게 큰 의미를 주는 인물입니다. 어떤 사람은 아브람이 가공된 인물이라고 생각하기도 했습니다. 예컨대 신의 이름이거나 의인화된 신이라고 생각한 것이지요. 그러나 고대 근동近東에 대한 연구가 활발해짐에 따라, 《성서》에 등장하는 아브람에 관한 기록이 역사적 신빙성을 담보하고 있다는 연구 결과들이 나오게 되었습니다.

티그리스 강 중류의 동편에 있는 누지라는 곳에서 발견된 2만여 개의 토사판土沙板은 당시의 사회관습과 법률 체제를 보여 줍니다. 토사판에 적힌, 아들이 없을 때 노예를 상속자로 임명하는 것과 그 후에 아들을 낳으면 다시 노예로 사용할 수 있다는 조항은, 《성서》에 기록된 아브람과 이스마엘의 관계나 하갈의 예와 유사합니다.(창세 16장) 아브람은 나이 100세에 이사악을 낳았습니다. 이사악은 쌍둥이 아들 에사오와 야곱을 낳았습니다. 그리하여 《성서》에 적힌 이집트에 정착하게 된 히브리 민족 이야기는 쌍둥이 아들 중 야곱의 열두 아들에 대해 이야기하는 것으로부터 시작됩니다.

야곱은 이스라엘의 시조입니다. 이스라엘 열두 지파의 근원을 야곱의 열두 아들에게서 찾고 있기 때문입니다. 하느님과 겨루어 이겼다는 뜻의 이스라엘이라는 이름 역시, 《성서》에서는 하느님이 친히 야곱에게 지어 준 이름이라고 기록하고 있습니다.

누지에서 발견된 토사판
누지(Nuzi)는 고대 메소포타미아의 도시로, 후르족이 기원전 1500년까지 통치하면서 번영을 이루었다. 현재 이라크 북동부이자 키르쿠크 남서쪽으로 13킬로미터 떨어진 곳으로, 후르리, 미탄니의 도시 유적이 남아 있으며, 이곳에서 《창세기》의 이야기가 포함된 아카드어로 된 토사판이 발견되었다.

　　　너는 하느님과 겨뤄 냈고 사람과도 겨루어 이긴 사람이다. 그러니 　　　다시는 너를 야곱이라 하지 말고 이스라엘이라 하여라.(창세 32:29)

야곱의 삶은 고난과 투쟁의 연속이었습니다. 그에 대한 이야기를 여기에서 간략하게 소개하고 넘어가야 할 것 같습니다. 야곱은 태중에서부터 쌍둥이 형 에사오와 싸워 어머니 리브가가 하느님께 고통을 호소하게 만들었습니다. 이에 하느님께서는 태중에 있는 아이들로부터 두 민족이 생겨날 것이라고 예언하고,(창세 26장) 그녀는

〈야곱과 라반의 동맹〉
피에트로 다 코르토나, 17세기
경, 파리 루브르 박물관.

● 얍복 강 Jabbok
암만에서 85킬로미터 정도 떨
어진 북쪽 지역을 동서로 가로
지르는 개울처럼 작은 하천.
고대 팔레스타인의 영토인 길
르앗을 상부와 하부로 나눈다.

두 아들을 낳게 됩니다. 야곱은 태어난 다음에도 형 에사
오와의 싸움을 계속합니다. 결국 야곱은 형 에사오에게
팥죽 한 그릇을 주고 장자권과 축복권을 빼앗습니다. 그
리고 형 에사오의 복수를 피해 외삼촌 라반의 집으로 가
게 됩니다.

야곱은 낯선 땅에서 가족과 재산을 얻기 위해 끊임없이
싸워야 했습니다. 흔히 야곱은 거짓말쟁이에다가 마치 사
기꾼과 같은 존재로 그려집니다. 그러나 약자의 입장에서
본다면, 야곱은 속임수를 일삼은 거짓말쟁이가 아니라 생존을 위해
지혜를 발휘한 재간꾼으로 평가할 수도 있습니다.

야곱은 라반의 집에 21년간 살면서 네 명의 아내로부터 자식들을
낳고 양과 소와 낙타를 얻어 고향으로 돌아옵니다. 그러나 형 에사
오와의 갈등은 아직 풀리지 않은 상태였습니다. 야곱은 에사오가
400명을 거느리고 마중 나온다는 소식을 듣고, 가족과 양떼들만 얍
복 강˙을 건너게 하고 자신은 강나루에 홀로 남습니다. 두려움 때
문이었습니다. 여기에서 그가 꿈속에서 만난 천사와 씨름하고 '이
스라엘'이라는 이름을 얻게 된 것입니다. 이 이야기에는 이스라엘
공동체는 하느님이 통치해야지 다른 어떤 인간이 밖에서든 안에서
든 통치해서는 안 된다는 의미가 반영되어 있습니다.

《성서》에서 이름은 단순히 누군가를 부르기 위한 호칭의 기능을
넘어 그 사람의 운명이나 속성을 설명해 줍니다. 야곱은 아들이 열
두 명이었는데, 그의 첫 번째 아내인 레아는 첫 아들을 낳고 하느님
이 자신의 괴로움을 돌보아 아들을 주셨음에 감탄하면서 이름을 르

우벤(보라, 아들이라)이라고 지었습니다. 그리고 둘째인 시므온(들으심)은 하느님께서 자신이 사랑받지 못함을 들어주어 아들을 주셨음에 감사하면서 지은 이름입니다. 셋째 레위(연합함)의 이름에는 세 아들을 낳았으니 이제 남편이 자신과 연합하리라는 소망이 담겨 있으며, 넷째 아들을 낳고는 하느님을 찬송하여 유다(찬송함)라고 지었습니다. 이렇게 《성서》의 인물들의 이름을 살펴보면, 그 역사적 이야기가 잘 나타나 있습니다.

〈천사와 싸우는 야곱〉
하느님이 야곱을 시험하기 위해 천사를 사탄의 입장에 세워서 야곱과 밤새 겨루게 하였다. 렘브란트, 1659, 베를린 국립회화관.

야곱도 그렇지만, 《성서》 속에 등장한 인물들에게는 공통적인 요소가 있습니다. 그들이 인생에서 고난에 맞닥뜨렸을 때 하느님을 만나게 된다는 것입니다. 아브람은 아버지의 죽음 앞에서 어떻게 해야 할지 모르고 방황하던 시기에, 하갈은 주인의 집에서 쫓겨나 광야를 헤매던 절망의 시기에, 야곱은 형의 장자권과 축복권을 빼앗고 죽음을 피해 도망 다니던 시기에 하느님을 만납니다. 어려움에 처했을 때 자살을 생각하는 사람들이 많습니다. 죽음에 대한 공포는 결국 스스로를 먼저 파멸시켜 버리겠다는 생각으로 이어집니다. 그러나 《성서》는, 고난이 인생의 끝이 아니라 새로운 전환점을 마련해 주는 중요한 이정표라는 가르침을 줍니다.

이집트에 정착하게 된 이스라엘 민족의 이야기를 하려다 보니, 야곱의 이야기를 너무 장황하게 늘어놓은 것 같습니다. 이집트에 정착한 히브리 민족의 이야기를 하기 위해서는, 그 전에 먼저 야곱의 열두 아들 가운데 다른 형제들의 미움을 산 요셉°의 이야기부터 해야 합니다.

● 요셉
야곱의 열한 번째 아들로, 아버지의 편애를 받아 형제들로부터 시기를 받았다. 이집트 대상에게 팔려 갔다가, 파라오의 꿈을 해몽하면서 신임을 얻어 총리대신이 되었다. 진실과 순종, 인내, 지혜 등을 갖춘 명재상으로 알려졌다.

이집트에 오신 걸 환영합니다!

우리 아들이 이렇게 성공하다니!

요셉

야곱

● 미디안
《구약성서》에 등장하는 고대 민족. 현재 이스라엘 동남쪽 아라비아 반도 지방에 살았으며, 오랫동안 이스라엘 민족을 괴롭혔다.

● 홍해 紅海
아프리카 대륙과 아라비아 반도 사이의 바다. 인도양과 바브엘만데브 해협으로, 지중해와 수에즈 운하로 이어진다.

람세스 2세
고대 이집트 19왕조의 3대 왕으로, 전쟁을 통해 영토를 크게 확장했으며 히타이트와 우호조약을 맺고 평화를 구축하는 등 뛰어난 전략을 펼쳤다. 아부심벨 신전, 카르나크 신전 등 위대한 건축물들을 세운 것으로도 유명하다. 《구약성서》에는 모세와 파라오 자리를 놓고 경쟁하는 인물로 그려진다.

《성서》에서 요셉의 이야기만큼 실감나게 표현되는 서사도 없습니다. 이 이야기는 야곱의 집이라는 조그만 부족 안에서 발생한 형제간의 분쟁에서 시작합니다. 그 결과 요셉은 이집트로 가는 미디안˚ 상인들에게 은 스무 냥에 팔려갑니다. 이렇게 모험이 시작되고, 결국 그는 이집트의 총리대신 자리에까지 오르게 됩니다. 요셉은 성공한 뒤 기근으로 고생하던 야곱의 모든 식구를 불러들입니다. 그리하여 그의 가족들은 요셉의 지혜로운 정치로 풍족해진 이집트 땅에 정착하게 됩니다. 〈출애굽기〉 1장은 야곱의 죽음으로 끝을 맺는 〈창세기〉와 밀접한 관계가 있음을 보여 주면서 시작합니다.

얼마 뒤에 요셉이 죽고 그의 동기들과 그 시대 사람들도 다 죽었으나, 이스라엘 백성은 자식을 많이 낳고 번성하여 온 땅에 가득 찰 만큼 무섭게 불어났다. 그런데 요셉의 사적을 모르는 왕이 새로 이집트의 왕이 되어…….(출애 1:6-8)

이들이 《구약성서》에서 이집트를 탈출하여 홍해˚를 건너 가나안 땅을 찾아 나서는 '히브리 민족'의 뿌리가 됩니다. 이집트 문헌의 기록에 따르면, 고대 이집트에서 국토를 재건하는 데 하비루를 징용한 첫 번째 왕은 람세스 2세입니다. 람세스 2세가 왕으로 즉위한 때는 기원전 1290년입니다. 아브람의 시대를 기원전 1800년경이라고 볼 때, 람세스 2세가 등장하기 전까지 약 500년이라는 시간이 있었습니다. 그렇다면 이 기간 동안에 아브람의 후손들에게는 어떠한 일들이 벌어졌을까요? 《성서》에 구체적인 기록은 나와 있지 않습니다. 그러나 람세스 2세와 람세스 4세 때의 자료에는 히브리인에 대한 언급이 있습니다. 그들은 성을 건축하기 위해 돌을 실어 나르는 노동에 강제로 동원되었는데, 이 사실은 《성서》의 내용과도 일치합니다. 《성서》는 다음과 같이 기록하고 있습니다.

> 그리하여 그들은 공사 감독들을 두어 이스라엘 백성에게 강제 노동을 시켜 파라오＊의 곡식을 저장해 둘 도성都城 비돔＊과 라므세스＊를 세웠다.(출애 1:11)

이 사실은 히브리인들이 이집트의 노예 계층이었음을 증언해 줍니다. 《구약성서》에는 히브리인들이 이집트 땅에 거주한 지 430년 만에 탈출했다고 기록되어 있습니다.(출애 20:40) 그러나 이집트의 문헌에는 이스라엘 사람인 요셉이 총리대신이 되었다거나, 탈출한 이스라엘 백성들이 파라오 기병대의 추격으로 홍해에서 몰살되었다는 기록은 없습니다. 예수 그리스도＊의 죽음에 대한 내용마저도 로마 정부의 공식적인 기록에서는 찾아보기 어렵습니다. 이집트에서 탈출한 히브리인들의 기록은 이집트인들에게, 또 갈릴래아＊ 지역에서 일어난 히브리 청년 예수 이야기는 로마인들에게 큰 흥밋거리를 제공하지 못한 것으로 보입니다. 그렇기 때문에 《성서》에 나오는 이스라엘의 역사를 객관적인 역사적 기록과 연관 지어 파악하려 한다면 크게 실망하게 될 뿐만 아니라, 《성서》의 본질을 꿰뚫어 보는 데도 실패하게 될 것입니다.

● 파라오
고대 이집트의 통치자의 명칭으로, '성스러운 권좌'를 의미한다. 이집트 전역에 대한 소유권, 법률 집행권, 조세권과 함께 외부로부터 보호할 의무와 제사의식을 주관하고 신전을 건설하는 책임까지 지닌 종교적·정치적 지도자였다.

● 비돔
고대 이집트의 도시. 현재의 텔엘마스쿠타로 추정된다. 비돔은 《성서》의 지명이고, 본래 이름은 피톰(Pithom)이다.

● 라므세스
현재 이집트 수도인 카이로에서 북쪽으로 약 250킬로미터 떨어진 지역으로, 출애굽의 출발지다. 이 도성을 세운 람세스 2세의 이름에서 명칭이 유래하였으며, 히브리어로 라암세스(Rameses)라고 한다.

● 예수 그리스도
그리스도의 창시자인 예수를 하느님의 메시아로 인정한다는 의미를 담고 있으며 그 자체가 예수를 지칭하는 말로도 쓰인다.

● 갈릴래아
서아시아, 팔레스타인의 북부 지방. 갈릴리라고도 한다. 중심지는 나자렛. 《성서》에 나오는 지방으로, 현재 이스라엘의 행정구로서 지중해 연안에서 갈릴래아 호까지가 포함된다.

이집트 왕자 모세의 탄생과 소명

이스라엘 백성들의 이집트 탈출은 모세로부터 출발합니다. 하느님은 그를 통해 이집트 땅에서 히브리인들을 탈출시켜 광야로 가게하여 젖과 꿀이 흐르는 가나안 땅으로 인도하겠다는 자신의 의지를 연속적으로 보여 줍니다.

앞서 설명한 대로 가나안 땅에서 이집트로 이주한 야곱의 후손들이 계속 세력을 키워 나가자, 이를 염려한 이집트의 왕은 그들을 강제 노역에 동원했습니다. 중노동으로도 이스라엘 민족의 힘이 줄어들지 않자, 이집트 왕은 히브리 가문에서 태어나는 남자아이들을 죽이도록 명령했습니다. 그렇게 되면 자연스럽게 히브리인이 소멸될 것이라고 생각했습니다. 그러나 하느님을 두려워한 산파 시브라와 부아는 왕을 지혜롭게 속여 가면서 히브리인 남자아이들을 살려주었습니다.

> 그러나 산파들은 하느님을 두려워하여 이집트 왕이 하라는 대로 하지 않고 사내아이들을 살려 주었다.(출애 1:17)

그러나 마음이 더욱 강퍅해진 파라오는 히브리인에게서 태어난 남자아이들을 모두 강물에 던져 죽이도록 명령했습니다.

여기까지가 모세가 탄생하기 전의 상황을 간략하게 정리한 것입니다. 그렇다면 이때 히브리 남자로 태어난 모세는 어떻게 되었을까요? 이처럼 살벌한 사회 분위기 속에서 모세가 태어나자, 그의 부모는 그를 석 달 동안 집안에 숨겨서 기릅니다. 그런데 갈수록 모세의 울음소리가 커지면서 더는 숨길 수가 없게 됩니다. 어머니는 그런 모세를 갈대 상자에 싸서 강물에 띄워 보냅니다. 이제 모든 것이 하느님께 맡겨진 것입니다. 그런데 다행스럽게도 모세는 이집트 공주에게 발견되어 왕궁에서 '이집트 왕자'로 자라게 됩니다. 그리하여 공주는 아이에게 젖을 먹이기 위해 유모를 구하게 되는데, 공교롭게도 유모는 모세의 친어머니였습니다.

〈물에서 구해지는 모세〉
니콜라 푸생, 1651, 영국 국립 미술관.

공주의 양자가 되어 왕궁에서 성장한 모세는 커 가면서 자신의 출생 신분을 알게 됩니다. 그 뒤 갈등과 고뇌의 시간을 보내다가, 자신의 동족인 히브리인이 이집트인에게 맞고 있는 것을 목격합니다. 분노한 모세는 이집트인을 죽이고 맙니다.

세월이 지나 모세는 성년이 되었다. 그는 어느 날 밖에 나갔다가 동족이 고생하는 모습을 보게 되었다. 그때 마침 이집트인 하나가 동족인 히브리인을 때리는 것을 보고, 그는 이리저리 살펴 사람이 없는 것을 알고 그 이집트인을 쳐죽여 모래 속에 묻어 버렸다.(출애 2:11-12)

이 사건으로 살인자가 된 모세는 40년간의 왕궁 생활을 마감하고 미디안 땅으로 도망칩니다. 그는 그곳에서 이드로라는 제사장의 딸

● 호렙 산 Horeb
이집트 시나이 반도에 위치한
산. 모세가 십계명을 받은 시
나이 산과 동일한 곳으로 보는
견해가 일반적이다.

● 떨기나무
사해 근방 광야지대에서 발견
되는 가시나무. 밑둥이나 땅속
부분에서부터 줄기가 갈라져
나온다. 보통 사람의 키보다
낮은 2미터 이내이며, 가지가
우거져 덤불을 이루기도 한다.
히브리어로 '스네'라고 부른다.

과 결혼하여 평범한 목동으로 40년을 살아갑니다. 《성서》에서 40
이라는 숫자는 중요한 순간에 자주 등장합니다. 모세가 나중에 이
스라엘 민족을 가나안 땅으로 인도하기 위해 이끄는 기간도 40년
입니다. 80세 노인이 된 모세는 양떼를 몰고 성산聖山으로 알려진
호렙 산˙에 올랐다가 이상한 현상을 발견합니다. 떨기나무˙에 불이
붙어 있는데도 타지 않는 신비한 현상을 목격한 것입니다. 하느님
은 불타는 떨기나무 사이에 나타나서 모세에게 말씀하십니다.

> 이리로 가까이 오지 마라. 네가 서 있는 곳은 거룩한 땅이니, 네 발
> 에서 신을 벗어라.(출애 3:5)

떨기나무는 사막 주변에서 발견되는 관목류의 하나로, 일부러 불
을 놓지 않아도 쉽게 불이 났다가 소멸될 정도로 매우 연약합니다.
그런데 불에 타는 떨기나무 가운데서 하느님의 음성을 들었다는 것
은, 자연 현상 속에서도 하느님의 뜻을 발견할 수 있다는 의미를 내

〈불타는 가시덤불 앞에 선 모
세〉
시나이 산 카타리나 수도원 성
당의 벽화, 6세기경.

포하고 있습니다. 모세가 발견한 것은 그의 삶 가운데서
쉽게 발견할 수 있는 일상적인 현상이었지만, 어느 날 그
것이 특별한 하느님의 음성으로 다가온 것입니다. 이때
모세가 만난 하느님은 추상적인 모습이 아닙니다. 자신
이 구체적으로 과거, 현재, 미래에 역동적으로 활동하고
있는 하느님임을 밝히고 있습니다.

> 나는 네 선조들의 하느님이다. 아브라함의 하느님, 이사악

의 하느님, 야곱의 하느님이다. (출애 3:6)

이것은 모세가 지금 만나고 있는 하느님이 과거의 역사 속에서 활동해 온 하느님임을 의미합니다. 더불어 모세의 이야기가 〈창세기〉와 긴밀한 관계를 맺고 있음을 천명하는 구절이기도 합니다. 나아가 분명 현재와도 긴밀한 관계를 맺고 있다는 것을 다음의 말씀 속에서 발견할 수 있습니다.

나는 내 백성이 이집트에서 고생하는 것을 똑똑히 보았고, 억압을 받으며 괴로워 울부짖는 소리를 들었다. 그들이 얼마나 고생하는지 나는 잘 알고 있다. (출애 3:7)

여기에서 하느님이 현재적으로 활동하고 있음을 보여 줍니다. 게다가 다음 구절에서 볼 수 있듯이, 이스라엘을 이집트에서 해방시키고 젖과 꿀이 흐르는 가나안 땅으로 인도하려고 합니다.

나 이제 내려가서 그들을 이집트인들의 손아귀에서 빼내어 그 땅에서 이끌어서, 젖과 꿀이 흐르는 아름답고 넓은 땅, 가나안족과 헷족*과 아모리족과 브리즈족과 히위족과 여부스족이 사는 땅으로 데려가고자 한다. (출애 3:8)

모세가 신의 현현을 체험한 것을 두고, 보통 종교적 용어로는 '누미노제*'라고 표현합니다. 누미노제는 종교적 황홀경에 빠지는

● **헷족**
기원전 2000년경에 터키 반도에 정착한 민족으로, 아나톨리아 지방을 중심으로 영토를 확장했다. 역사상 처음으로 전차와 철을 무기로 사용할 만큼 호전적인 데다 과학기술도 발달한 것으로 알려졌다.

● **누미노제 Numinose**
독일의 철학자 루돌프 오토가 그의 저서 《성스러운 것》에서 주장한 철학적 개념.
사람에게 피조물이라는 느낌을 불러일으키는 '무서운 신비'를 뜻하는 말로, 이를 다시 분석하면 외경심을 불러일으키는 전율적인 무서움, 압도적인 권위, 세력 있는 것, '절대타자'로서의 신비를 의미한다.

것을 가리킵니다. 어떻게 이러한 체험에 이르게 되는지 문자로 설명하기에는 무리가 있습니다. 무속적인 개념으로 이해하려는 경우도 종종 있는데, 그러한 체험과 《성서》에서 말하는 체험이 크게 다른 점은 그 안에 '사명'이 있느냐 혹은 없느냐입니다. 사명이란 하느님이 주는 목적의식입니다. 모세는 하느님의 현현으로 구체적인 자신의 사명을 인식하게 됩니다. 모세의 사명은 곧 '하느님의 의지'인 것입니다.

모세는 자신 앞에 나타난 하느님의 정체를 알기 위해 "당신의 이름이 무엇이냐?"라고 묻습니다. 그러자 하느님은 "나는 곧 나다![I am who I am. 또는 I will be who I will be.]"라고 대답합니다. 《성서》마다 이것을 서로 다르게 번역하고 있는데요, 표준새번역 《성서》는 "나는 스스로 있는 나다!"로, 공동번역 《성서》는 "나는 곧 나다!"로 표기합니다.

이러한 하느님의 자기 표명에서 확정적이고 고유한 의미를 찾아내기는 어렵습니다. 이것은 하느님에게는 이름이 없다는 뜻일 수도 있습니다. 모세도 자신 앞에 있는 하느님을 손으로 잡을 수 있는 존재라고 생각했는지도 모릅니다. 그러나 하느님은 그러한 존재[being], 즉 손에 잡히고 인간의 언어로 설명될 수 있는 존재가 아니라고 거부한 것입니다. 결국 하느님은 우리가 상상할 수 있는 어떠한 형태를 갖추고 있는(물질적인 차원을 넘어서 정신적인 차원까지도 포괄하여) 존재[being]가 아니라는 의미가 됩니다. 그래서 사상가 유영모는 '없이 계신 하느님'이라는 표현을 쓰기도 했습니다.

이쯤에서 신의 이름에 대해 언급해야 할 것 같습니다. 학자들은

• 유영모(1890~1981)
교육자이자 종교인. 호는 다석. 동서의 사상을 융합하여 '영성(靈性)의 철학'을 탐구했다.

그가 아브람이 메소포타미아에서 모시던 신인 엘 샤다이[El Shaddai](창세 17:1)였다고 말합니다. 엘 샤다이의 원래 의미는 '산山의 신'이며, 우리말로 표현하면 '전능하신 하느님'입니다. 엘 샤다이 신은 고대 근동 사회의 전 지역에서 최고신으로 숭상된 엘[El]이라는 신의 다른 이름입니다. 그런데 엘 샤다이는 가나안 땅에 고정된 특정 성소를 가지지 않는 신으로, 아브람과 함께 동행하는 신이었을 것입니다. 그리고 이 신은 가나안의 바알 신과 달리 고상하고 전능하고 윤리적이면서 자비로운 신이었는데, 뒤로 가면 아브람의 신과 동일시된다는 것을 확인할 수 있습니다.

'야훼'니 '여호와'니 또는 '하나님'이니 '하느님'이니 하는 이름들은 어떻게 만들어졌을까요? 하느님은 자신의 이름을 직접 가르쳐 주신 적이 없지만, 사람들은 예배하기 위해 그분의 이름이 필요했습니다. 그래서 편의상 그분을 '야훼[Jahweh]'로 불렀는데, 사실은 야훼라는 이름 자체도 그 뜻이 분명하지는 않습니다. 학자들은 '야훼'를 〈출애굽기〉 3장 14절에 나오는 '나는 곧 나다'라는 뜻의 히브리어를 조합한 이름으로 봅니다. 그러니까 '야훼'라는 이름에는 '스스로 있는 자'라는 뜻이 담겨 있습니다. 그리고 포로 후기에 랍비들은 유다교 회당에서 '야훼'라는 이름 대신 '아도나이(주님)'라는 호칭을 사용했습니다. 그것은 십계명에서 '하느님의 이름을 함부로 부르지 말라'(출애 20:7)라는 조항 때문이었습니다. 그러한 이유 때문에 국역본 《성서》의 표준새번역에서는 야훼를 모두 '주主' 또는 '주님'으로 표기했습니다.

랍비
유다교의 율법교사를 가리키며, 히브리어로 '나의 주인님'을 의미하지만 실제로는 서기관을 존경하는 뜻으로 부를 때 썼다. 종교행사와 각종 의식을 주재하고 교육에 폭넓게 참여하며, 오늘날에는 이스라엘의 권위 있는 종교 지도자를 부르는 말로 쓰인다.

이집트를 탈출하다

이스라엘 민족은 이집트에서 탈출한 시점을 그 민족사의 기원으로 삼고 있습니다. 그렇기 때문에 그들은 이 사실을 기념하여 해마다 그날의 감격을 되새기고 있습니다. 이스라엘 민족은 이 일을 영원히 기억하게 될 것입니다.

하느님의 소명을 받은 모세는 형 아론●과 함께 이집트의 왕에게 찾아가, 히브리인을 놓아 주고 그들이 광야에서 예배할 수 있게 해 달라고 요구합니다. 이집트의 왕인 람세스 2세가 그런 터무니없는 제안을 받아들일 리 없습니다. 히브리인은 당시 이집트의 노예였으므로, 그들은 국가적으로 아주 커다란 재산이었습니다. 이집트 왕은 이 일로 히브리인에게 더욱 가혹하게 노역을 시킵니다. 히브리인을 보내주지 않는다면 하느님께서 벌을 내리실 거라고 모세가 경고하지만, 이 역시 파라오에게는 통하지 않습니다. 모세는 하느님의 힘을 빌려 이집트에 열 가지 재앙을 내립니다.

첫 번째 재앙은 모세가 지팡이로 이집트인들의 젖줄인 나일 강을 쳐서 피로 변하게 한 사건입니다. 이 일로 나일 강의 물고기가 죽고, 물에서 악취가 나서 이집트 사람들은 7일 동안 물을 마실 수 없었습니다.

두 번째 재앙으로 개구리가 땅 위로 올라와서 온 이집트 땅에 가득 찼습니다. 이 일로 파라오는 히브리인을 보내 주겠다고 약속했지만, 결국 약속을 어기고 보내지 않았습니다.

이어서 세 번째 재앙은 아론이 지팡이로 땅을 치자 온 땅에 이가

● 아론 Aaron
이스라엘 최초의 대사제로, 모세의 형이다. 말을 더듬는 모세 대신 하느님의 명령을 전한 것으로 알려지며, 모세를 도와 노예 상태에 있던 이스라엘 민족을 탈출시켰다. 가나안 땅에 들어가기 전에 죽었으며, 이후 그의 자손인 레위족들이 대대로 이스라엘의 사제직을 맡았다.

가득찬 사건입니다. 그러나 파라오는 하느님이 예견한 대로 꿈쩍도 하지 않았습니다. 그러자 네 번째 재앙으로 온 이집트 땅에 파리가 가득 차 땅이 황폐해졌고, 다섯 번째 재앙으로 이집트의 가축들이 모두 죽었습니다. 그러나 이때 이스라엘 자손의 가축은 죽지 않았습니다.

〈아론의 지팡이를 뱀으로 바꾸는 모세〉
아론의 지팡이를 뱀으로 바꾸는 것은 하느님의 뜻이다. 즉 만물의 본질을 마음대로 창조하는 모습을 통해 하느님이 우주의 창조주이며 다스리는 자임을 보여 주는 것이다. 니콜라 푸생, 1647, 파리 루브르 박물관.

여섯 번째 재앙은 이집트에 살던 사람들과 짐승들에게 악성 종기가 생긴 사건입니다. 그리고 일곱 번째 재앙은 모세가 하늘을 향해 지팡이를 들자 우박과 불덩이가 함께 섞여 내린 사건으로, 이스라엘 민족이 있던 땅에는 내리지 않았습니다. 하지만 파라오의 마음은 여전히 변함이 없었습니다.

여덟 번째 재앙은 메뚜기 떼가 동풍을 타고 이집트 땅에 들어와 우박에 상하지 않은 나무 열매와 채소를 다 먹어 치운 사건입니다. 파라오는 모세와 아론에게 목숨만은 살려 달라고 애원했지만, 메뚜기 떼가 떠나자 다시 마음이 완악°해졌습니다.

● **완악 頑惡**
성질이 억세게 고집스럽고 사나움을 일컫는 말.

아홉 번째 재앙은 온 이집트 땅에 3일 동안 어둠이 계속된 사건입니다. 그러나 이스라엘인이 살던 땅만은 빛이 남아 있었습니다.

《구약성서》를 보면, 아홉 가지 재앙이 일어나는 동안 파라오의 마음이 완악해진 것은 하느님이 그렇게 만들었기 때문이라고 되어 있습니다. 다시 말해, 하느님이 자신의 뜻을 드러내기 위해 처음부터 모든 일을 혼자 꾸민 것처럼 기록하고 있습니다.

● 무교병 無酵餠
누룩을 넣지 않고 구운 빵이나 과자를 말한다. 유다인들이 이집트의 억압에서 벗어난 것을 기념하여 먹는 음식으로, 예배 의식에 의무적으로 사용된다.

● 과월절 過越節
이스라엘의 3대 절기 가운데 하나로, 이스라엘 백성들의 이집트 탈출을 기념하기 위한 것이다. 이 절기는 이집트를 탈출한 달을 첫 달(종교력으로는 니산월)로 삼아 그 달 14일 저녁부터 지켰다. 이집트를 탈출한 달은 당시 이스라엘 백성이 사용해 온 민간력으로 7월(아빕월)에 해당하며, 태양력으로는 3월이나 4월에 해당한다. 과월절을 무교절이라고도 하는 이유는 유월절 시작부터 7일 동안 누룩을 넣지 않은 무교병을 먹어야 했기 때문이다. 그러나 엄격히 구분하자면 과월절은 이집트 탈출 때 장자 죽음의 재앙에서 이스라엘의 장자들을 살려준 것에 감사하는 마음으로 지키는 절기이고, 무교절은 그 재앙의 근원지인 이집트에서 급히 탈출한 이스라엘 백성이 겪은 고난을 기억하기 위해 과월절 다음 날인 15일부터 21일까지 누룩을 넣지 않은 떡을 먹는 절기이다.

까닭이 있어 너를 남겨 두리라. 그것은 너에게 나의 힘을 나타내어 이 땅 위에서 나의 이름을 두루 떨치려는 것이다.(출애 9:16)

결국 모세를 세워 지시한 것도, 재앙을 내린 것도, 파라오를 이집트의 왕으로 세운 것도, 그의 마음을 굳고 고집스럽게 만든 것도 모두 하느님 자신이었음을 알 수 있습니다. 하늘 아래 그 무엇도 하느님의 뜻에서 벗어나지 못한다는 것입니다. 이것은 우리가 인생을 살아가는 동안 수많은 희로애락喜怒哀樂을 겪게 되는데, 그 모든 것이 하느님의 뜻 안에 있다는 의미인지도 모릅니다.

마지막으로 열 번째 재앙은 이집트 땅에 사는 사람들의 장자長子와 그들이 키우는 가축 가운데 처음 태어난 것을 모두 죽이겠다는 하느님의 약속입니다. 그러나 이스라엘인에게는 가족 수에 따라 태어난 지 1년 된 어린 숫양을 잡아 그 피를 문설주에 바르고 고기를 무교병*과 쓴 나물과 함께 먹으라고 명령합니다.

그리고 그 피를 받아, 그것을 먹을 집의 좌우 문설주와 문 상인방에 바르라고 하여라. 그날 밤에 고기를 불에 구워 누룩 없는 빵과 쓴 나물을 곁들여 먹도록 하는데, 날로 먹거나 삶아 먹어서는 안 된다. 머리와 다리와 내장도 반드시 불에 구워 먹어야 한다. 그것을 아침까지 남겨 두어서도 안 된다. 아침까지 남은 것은 불에 살라 버려야 한다. 그것을 먹을 때는 허리에 띠를 띠고 발에는 신은 신고 손에는 지팡이를 잡고 서둘러 먹어야 한다. 이것이 나 야훼에게 드리는 과월절*이

다.(출애 12:7-11)

이것이 지금까지 유다인들이 중요한 민속 절기로 지켜 오는 '과월절'의 유래입니다. 이러한 전통은 신약시대의 예수 그리스도를 '어린양의 피'로 상징하는 계기가 되므로, 그리스도교*에서도 매우 중요한 사건으로 기억합니다. 그리스도교인들은 《구약성서》에 등장하는 역사적 사건을 오늘날과 깊이 연관 지어 생각하고, 예수 그리스도가 겪은 고난의 의미로 재해석하고 있습니다.

히브리인은 이렇게 함으로써 온 이집트 땅을 뒤덮은 사건인 장자의 죽음을 면했습니다. 그러나 이집트인은 왕의 장자에서부터 옥에 갇힌 장자까지, 그리고 처음 태어난 가축들까지 모두 죽임을 당하게 됩니다. 이 사건을 계기로 이집트 왕은 모세와 아론에게 히브리인과 가축을 데리고 하느님을 예배하러 떠나도록 허락합니다.

드디어 이스라엘인들은 모세와 아론의 영도 아래 이집트를 탈출하는 머나먼 대장정에 오르게 됩니다. 히브리인이 이집트 땅에서 나올 때 모세의 손에는 요셉의 유골이 들려 있었습니다. 요셉은 하느님이 이스라엘 민족을 찾아오리라는 것을 알았고, 그때가 되면 자신의 유골을 들고 나가라는 유언을 남겼기 때문입니다.(출애 13:19) 이스라엘 자손이 이집트 땅에 몸 붙이고 산 지 430년 만이었으니,(출애 12:37) 요셉이 총리대신으로 있을 당시로부터 그만큼 많은 시간이 흐른 뒤였습니다.

이제 그들은 '젖과 꿀이 흐르는 약속의 땅', 즉 아브람에게 약속한 가나안 땅을 향하여 하느님의 구름기둥과 불기둥의 인도를 받으

● 그리스도교
예수 그리스도의 인격과 교훈을 중심으로 하는 종교. 천지만물을 창조한 유일신을 섬기고, 그 독생자 예수 그리스도를 구세주로 믿는다.

면서 이집트를 떠났습니다. 그때 함께 떠난 이스라엘인의 수를 '장정만 60만 가량'(출애 12:37)이라고 기록한 것으로 볼 때, 여자와 어린아이까지 합하면 300만 명 이상이었을 것으로 추정됩니다. 물론 이것은 신앙 고백적으로 과장된 수라고 할 수 있지만, 적지 않은 수의 이스라엘 백성이 하느님이 인도하는 자유의 땅을 향해 출발한 것은 분명한 사실입니다. 그 뒤 이스라엘 민족은 길고 긴 여정을 계속합니다. 하느님의 수많은 기적을 체험하면서 떠난 히브리인의 여정에 함께 동참해 볼까요?

히브리인과 광야의 삶

02

● ● ● 이스라엘 민족이 가고자 한 가나안 땅은 그들이 탈출한 이집트 땅으로부터 그렇게 멀리 떨어져 있지 않았습니다. 지중해 해변을 따라 난 불레셋˙ 길은 장정이 걸어서 3일에서 5일 정도 걸리는 거리였으며, 약 300만 명에 이르는 거대한 무리를 끌고 간다 해도 일주일 정도면 갈 수 있는 거리였습니다. 그러나 그들은 불행하게도 무려 40년이나 걸려서 가나안 땅에 이르게 됩니다. 《성서》에서는 이스라엘 민족이 광야를 돌아서 가야 했던 이유에 대해 다음과 같이 기록합니다.

파라오는 마침내 이스라엘 백성을 내보내게 되었다. 그러나 하느님께서는 그들을 곧장 불레셋 땅으로 가는 길로 인도하지 않으셨다. 하

˙ 불레셋
지중해 동부의 해안 평야 지역. 또는 이곳에 거주한 민족. 불레셋에 해당하는 라틴어 '필리스티아'에서 현대의 이름 '팔레스타인'이 유래했다. 이스라엘 민족이 이집트를 탈출할 때 강한 불레셋 때문에 길을 멀리 돌아가기도 했으며, 이스라엘 민족이 다윗 왕의 지도 아래 이 지역의 가나안을 정복한 이래 적대적 관계가 되었다.

이집트 탈출 경로 →　이스라엘의 정복·점령지

헷 제국

키프로스　신다·　·살라미스
두르도 산　·기디온
바포

대　해
(지중해)

나일 삼각주

수메르

그발　레바논 산

다마스쿠스·

시돈·
띠로·　·게데스
　·하솔　에드
아꼬·　실로·　·아인　레이
돌·　므기또·　·벳산
헤벨·　세겜·
아벡·　실로·
요빠·　게젤 베델·　아이 여리고
아스돗·　가드·　예루살렘　리빠·
애그론·　라기스　　·헤스본
가자 그랍·　헤브론·　디본·
　　·드빗　요르단 강
　　루마·　소압　·아르
　브엘세바·
　　　다말·　살모나·
이집트 강
수르 광야
　　길갈·　부논 돔
카데스바르네아·　에
에담 광야　바란 광야
에돔

부도·
소안·
바알스본·
비돔·　실루·
수꼿·
에담·

온·
멤피스·

이집트

시나이 반도
찐 광야
마라·　돕가·
엘림·
알루스·　다베라·　키브롯하따아와
르비딤·　하세롯·
시나이 산

엘랏·
에시온게벨·

미디안

홍　해

**모세의 영도 아래 이집트를
탈출한 이스라엘인의 경로**

느님께서는 이 백성이 닥쳐올 전쟁을 내다보고는 후회가 되어 이집트
로 되돌아가지나 않을까 염려하신 것이다.(출애 13:17)

　노예로 살던 사람들이 약속의 땅인 가나안에 들어가기 위해서는
준비되어야 할 것이 너무나 많았습니다. 하느님은 부득이하게 그들
을 홍해가 있는 광야 길로 가도록 해야 했습니다. 행진은 밤낮을 쉬
지 않고 계속되었습니다.
　이스라엘 민족이 홍해를 건넌 이야기는 오랫동안 많은 사람의 입

에서 회자되었고, 홍해를 건너는 장면은 수많은 영화에서 다채롭게 묘사되었습니다. 그러나 홍해의 기적은 사실이 아니라는 주장도 있습니다. 본래 홍해의 히브리어 이름인 '얌 숩yam suph'이라는 말은 '갈대 바다'라는 뜻인데, 이집트 탈출 당시 이스라엘 민족이 건넌 강은 바다가 아니라 갈대가 무성한 늪지대나 민물 호수였다는 주장입니다. 하지만 그러한 주장이 무색하게도, 《성서》에서는 이스라엘 민족이 그들을 뒤쫓아 오던 파라오의 군대와 병거˙와 기병을 뒤로 하고 갈라진 바다를 건너는 장면을 장엄하게 묘사합니다. 《성서》의 기록은 다음과 같습니다.

> 모세가 팔을 바다로 뻗치자, 야훼께서는 밤새도록 거센 바람을 일으켜 바닷물을 뒤로 밀어붙여 바다를 말리셨다. 바다가 갈라지자 이스라엘 백성은 바다 가운데로 마른 땅을 밟고 걸어갔다. 물은 그들 좌우에서 벽이 되어 주었다. 이집트인들이 뒤쫓아왔다. 파라오의 말과 병거와 기병이 모두 그들을 따라 바다로 들어섰다. (출애 14:21-23)

이스라엘 민족이 모두 바다 가운데로 난 길을 지나자, 하느님은 모세에게 명령합니다.

> 이집트인들과 그들의 병거와 기병들 위에 물이 도로 덮이게 네 팔을 바다 위로 뻗쳐라. (출애 14:26)

• 병거 兵車
전쟁 때 사용된 수레로, 군사를 싣고 다니는 데 주로 이용되었다. 두 개의 큰 바퀴를 달고, 나무로 된 몸체의 네 귀퉁이에 기둥을 세워 뒤쪽만 트이게 하고 삼면을 가렸다.

〈홍해의 기적〉
아그놀로 브론치노, 1540, 피렌체 베키오 궁전.

그러자 바닷물이 그들의 위를 덮기 시작하여 이집트 군대를 하나도 남기지 않고 모두 물로 쓸어 버립니다. 이 순간을 기념하기 위해 이스라엘 민족은 노래를 만들어 불렀습니다. 〈출애굽기〉 15장에 나오는 '모세의 노래'가 당시의 상황을 구체적으로 묘사합니다. 아론의 누이인 미리암은 소고를 쥐고 다음과 같이 노래했습니다.

> 야훼를 찬양하여라. 그지없이 높으신 분, 기마와 기병을 바다에 처넣으셨다.(출애 15:21)

• 미리암 Miriam
아론과 모세의 누이. 버려진 모세를 공주가 데려가자, 어머니를 유모로 천거하여 모세를 살려 냈다. 모세가 에티오피아 여인을 아내로 맞은 것을 비난하다가 하느님의 노여움을 사서 문둥병에 걸리지만, 모세의 기도로 살아난다.

이스라엘 민족은 이 장면을 두 눈으로 똑똑히 보았고, 오늘날까지도 그 사실을 믿고 있습니다. 그러나 사람들은 모세가 80세의 나이에 어떻게 이스라엘 민족 300만 명을 광야 길로 40년 동안 인도할 수 있었는지 의아할 수도 있습니다. 아마도 그는 히브리인으로서 40년 동안 이집트 왕자로 지내면서 그 문화에 정통했을 것입니다. 또 40년 동안은 목동으로 지내면서 광야의 생리를 누구보다 잘 알고 있었을 것입니다. 따라서 모세의 지도력은 하늘에서 뚝 떨어진 것이 아니라, 오랫동안 훈련되어 온 것이라는 사실을 기억해야 합니다. 하느님은 그를 세워 자신의 의지대로 이스라엘 민족의 '이집트 탈출'을 치밀하게 준비했습니다.

모세는 그들을 영도하여 시나이 산에 이르러 하느님으로부터 약속을 받아내게 됩니다. 그렇게 되기까지의 과정은 쉽지 않았습니다. 마라에서 이스라엘 자손이 모세에게 물이 쓰다고 불평했을 때, 하느님은 쓴 물을 단물로 바꿔 주었습니다.(출애 15:22-27) 씬 광야에서는 음식이 없다고 불평했습니다. 그때 하느님은 메추라기와 만나*를 내려주었습니다.(출애 16장) 르비딤에 이르러서는 먹을 물이 없어 백성들이 불평했는데, 하느님이 모세에게 지팡이로 바위를 치게 하자 물이 솟아났습니다.(출애 17:1-7) 아말렉*과의 전투에서도 하느님은 이스라엘 민족을 지켜 주었습니다.(출애 17:8-16)

시나이 산으로 가는 길에서 이스라엘 백성들이 내뱉은 원망은, 그들을 위해 하느님이 보여 준 위대한 권능의 역사에 비추어 볼 때 이해할 수 없는 것이었습니다. 이 이야기들은 하느님의 구원 능력과 자신의 백성들을 위한 그분의 섭리와 보살핌을 이스라엘 민족이 너무 쉽게 잊었다는 사실을 보여 줍니다. 이스라엘 민족의 이러한 반응을 통해 인간의 모습이 적나라하게 드러납니다. 《성서》는 수천 년 전에 일어난 이스라엘 민족의 이야기를 들어 인간사의 보편적 본질을 꿰뚫어 말합니다. 우리가 《성서》에서 이러한 사실을 읽어 낼 수 있다면 더없이 보람 있는 일이 될 것입니다.

이스라엘 민족은 이집트를 떠난 지 석 달째 될 무렵에 시나이 산에 도착했습니다.(출애 19:1-2) 그리고 그들은 시나이 반도에 진출한 다음 40년간 나그네 생활을 견뎌 냈습니다. 그들의 목표는 '젖과 꿀이 흐르는 가나안 땅', 즉 팔레스타인 지역에 정착하는 것이었습니다. 그러나 이집트에서부터 오랫동안 찌든 노예 근성을 버리지 않고서는 새로운 약속의 땅에 정착할 수 없었습니다. 결국 나그네로 떠돈 40년 세월 동안 이집트를 탈출할 당시의 세대는 다 죽

· 만나

모세가 이스라엘 민족을 이끌고 광야를 방황할 때, 하느님이 내려준 음식이다. 모세가 하느님의 지시를 받은 다음날, 이스라엘 민족의 야영지 한쪽에 밤새 싸락눈 같은 것이 내려 있어서 그것을 솥에 쪄서 떡을 만들어 먹었는데, 이것이 곧 만나다. 그 뒤로 40년 동안 날마다 하루 먹을 만큼씩 만나가 내렸다고 한다.

· 아말렉

현재의 이스라엘 남쪽 주변 국가에 살던 민족으로, 야곱의 형인 에사오가 시조라고 알려져 있다. 이스라엘 백성들이 가나안에 들어가는 것을 방해하면서 적대 관계가 되었고, 훗날 유다 왕국의 히즈키야 시대에 사무엘의 저주를 받아 멸망했다.

〈약속의 땅에서 돌아온 정탐꾼들〉

40일 동안 약속의 땅을 탐지하고 돌아온 정탐꾼들이 모세에게 가나안 땅에 대해 보고하고 있다. 요제프 안톤 코흐, 1816, 빌라프 리하르츠 미술관.

● 여호수아 Joshua
에브라임 지파 눈의 아들로, 본명은 호세아이다. 모세가 죽기 전에 그의 승계자로 지명되어 이스라엘 민족을 이끌고 가나안으로 들어갔다.

● 갈렙 Caleb
유다 지파 여분네의 아들. 다른 사람들이 가나안 정복이 불가능하다고 할 때, 하느님의 권능으로 성공할 수 있다고 주장했다. 이를 계기로 여호수아와 함께 가나안으로 들어갔다.

고, 낡은 세대의 인물이면서도 '새로운 꿈'에 불타던 두 인물, 여호수아°와 갈렙°이 광야 생활 중에 태어난 세 세대를 이끌고 가나안 땅으로 들어갑니다. 정작 하느님으로부터 약속을 받은 세대는 그 성취를 경험하지 못하고 길 위의 나그네로 끝을 맺은 것입니다.

이스라엘 민족이 이집트를 탈출한 이야기는 오늘날 우리에게 다각적인 측면에서 시사해 주는 바가 큽니다. 개인에게는 삶의 새로운 전환을 의미하는가 하면, 어떤 공동체에게는 새 비전을 제시함으로써 구습舊習을 버리고 새로운 길을 모색할 수 있게 해줍니다. 일제 식민통치 아래 있던 조선교회의 신도들에게 《구약성서》의 〈출애굽기〉를 읽지 못하도록 금지한 사례는, 그 영향력이 어떠했는지를 알 수 있게 합니다. 그리스도교인들은 이집트 탈출 사건이 오늘날의 상황 속에서 어떤 의미를 갖는지를 재해석하기도 합니다. 인간은 누구나 '구습'으로부터 '탈출'해야 하는 존재라는 의미에서, '이집트 탈출' 이야기는 개인이나 공동체에 새로운 전환에 대한 인식을 불러일으킵니다. 그 길은 쉽게 주어지지 않습니다. 이스라엘 민족과 하느님 사이에 맺은 계약을 통해 그 길을 찾아가 보도록 하겠습니다.

시나이 산에서 맺은 계약과 법

03

이스라엘 민족은 하느님의 인도를 받으면서 시나이 산에 이르러 처음으로 그에게서 율법律法을 받습니다.

> 이제 너희가 나의 말을 듣고 내가 세워 준 계약을 지킨다면, 너희야말로 뭇 민족 가운데서 내 것이 되리라. 온 세계가 나의 것이 아니냐? 너희야말로 사제의 직책을 맡은 내 나라, 거룩한 내 백성이 되리라. 이것이 네가 이스라엘 자손에게 일러 줄 말이다.(출애 19:5-6)

시나이 산에서 하느님과 계약을 맺다

모세는 이 말씀을 이스라엘의 장로°들에게 전달합니다. 그들은

° **장로 長老**
고대 이스라엘에서 히브리인 부족이나 가족의 수장을 가리키는 말로 쓰였으며, 이후 유다회당에서 민중의 대표를 장로로 일컬으면서 종교 용어로 사용하게 되었다. 교회에서 평신도 중 최고의 직급을 일컫는다.

일제히 응답하여 하느님이 명한 대로 따를 것을 맹세하고, 모세는 이 사실을 다시 하느님께 전달합니다. 하느님은 마침내 율법을 선포합니다. 모세는 하느님과 이스라엘을 중재하는 역할을 한 것입니다. 율법이란 다음과 같은 장엄한 의미를 지닙니다.

첫 번째로, 주종의 종속관계가 아닌 쌍방의 주권이 인정되는 '나'와 '너'의 관계로 동등하다는 중요한 의미를 가집니다. 이것은 이스라엘 민족에게 거부권이 함께 주어진 것에서 알 수 있습니다.

두 번째로, 율법의 내용을 보면 자연법이나 관습법이 포함되어 있기는 하지만 그 자체는 아닙니다. 율법의 관계는 약속된 것이기 때문에 한쪽에서 일방적으로 폐기 처분할 수 없습니다. 그러나 영원한 법이 아니므로, 쌍방의 합의에 따라 언제든지 조정할 수 있습니다.

세 번째로, 이 율법은 그 자체로 종착적인 것이 아닌 역사의 성취를 위한 약속입니다. 따라서 그것은 정착한 자가 아니라, 도상途上에 서 있는 존재에게 주어진 계율입니다. 인간은 누구나 약속의 성취를 향해 나아가고 있다는 점에서, 이것은 삶을 여행하는 우리에게 시사해 주는 바가 큽니다.

네 번째로, 이스라엘 민족이 선택되었다는 선민사상이 중요합니다. 이러한 사실은, 하느님이 인간 역사의 뜻을 성취하기 위해서 그들을 동반자로 선택했다는 절대적인 신앙을 표현합니다. 이것은 하느님의 능동적인 선택으로 이루어진 것입니다. 시나이 산 계약의 핵심은 바로 이러한 것들입니다. 이것으로 이스라엘 민족은 '하느님의 백성', 즉 선택받은 민족이 되었습니다.

● 신이 특정한 민족이나 사람을 구원하기 위해 선택했다고 보는 사상을 선민 사상(選民思想)이라고 한다. 이스라엘 민족이 하느님의 선택을 받았다고 믿는 데서 시작되었다. 이러한 사상은 뒤에 가서 다른 민족에 비해 자신들의 민족이 우월한 지위를 가진다는 생각을 바탕으로 다른 민족을 배척하는 형태로 나타나기도 했다.

하느님과 이스라엘의 계약은, 억압으로부터의 해방이 무조건적인 자유를 보장하는 것이 아니라 계약 준수라는 책임이 뒤따름을 보여 줍니다. 하느님의 계명은 '모세 오경'의 전반에 걸쳐 나타나는데, 특히 〈출애굽기〉부터 〈신명기〉까지 집중적으로 나옵니다. 하느님이 이스라엘 민족에게 주신 율법(토라)에는 '계약 법전'(출애 20:22–23:33), '신명기 법전'(신명 12–26), '성결 법전'(레위 17–26) 등이 대표적입니다. 이 율법들 가운데 계약 법전과 신명기 법전에는 많은 법 조항을 압축해서 표현한 십계명이 나옵니다. 이 십계명은 뒤이어 나오는 법들의 근간이 되는 것으로, 핵심 계명이라 할 수 있습니다.

계약 법전에 암시되어 있는 사회적·문화적 환경을 살펴보면, 사람들이 이동이 쉬운 천막이 아닌 정착된 집에서 살고 있다는 것을 전제로 하고 있습니다. 정착된 공동체지만 도시화의 흔적은 아직 없으며, 도시국가나 군주체제를 갖추지 못한 단계에 있는 사회입니다. 가령 〈출애굽기〉 22장 27절은 백성들의 지도자를 아직 '왕'이라고 부르지 않습니다. 경제체제는 작은 규모의 농경과 가축을 기르는 것으로 묘사됩니다. 이러한 요소들을 감안하면, 계약 법전이 기록된 시기는 이스라엘 민족이 가나안에 정착한 직후이며, 농경사회를 배경으로 한다고 볼 수 있습니다. 이러한 사실들을 볼 때, 〈출애굽기〉 자체는 광야의 시기에 쓰인 것이 아니라 그보다 훨씬 이후에 이스라엘 민족이 정착하고 나서

시나이 산
'야훼의 산'으로 불린 신성한 산으로, 모세가 이스라엘 민족을 해방시키라는 야훼의 음성을 듣고 십계명을 받은 곳이다. 아시아와 아프리카를 잇는 시나이 반도의 중앙 남부에 위치한다.

쓰였음을 알 수 있습니다.

몇 가지 구체적인 법률 조항을 통해 계약 법전의 특성을 살펴보면, 이 법의 목적이 평등사회를 지향하고 약자를 보호하려는 것임을 알 수 있습니다. 〈출애굽기〉 21장에 나오는 노예법에서는 노예의 해방을 선포하고 있습니다. 이 법에 따르면, 히브리 남자 노예는 6년이 지나면 몸값을 내지 않아도 해방됩니다. 이와 달리 여자 노예의 경우에는 주인의 집에 남아 있게 되는데, 이러한 차이가 나타나는 이유는 남자는 인격체로 인정받고 여자는 소유물로 간주하였기 때문입니다. 그러나 신명기 법전의 노예법에서는 여자 노예도 하나의 독립된 계층으로 간주할 만큼 사회가 분화되는데, 이것은 신명기 법전이 완성될 시기에 인권에 대한 관심이 컸음을 의미합니다. 이러한 노예법은 평등사회의 이념을 실천하려는 사회 개혁 의지의 산물이자, 약자보호법의 중요한 실례로 이해됩니다.

다음으로 계약 법전에 나오는 사형법(출애 21:12-17)을 살펴보겠습니다. 사형법에 해당하는 죄목으로는 사람을 죽인 자, 부모를 때린 자, 유괴범, 부모를 저주한 자 등이 있습니다. 이들은 '반드시 죽여야 한다(히브리어로 '모트 유마트'라고 함).'라는 단언적 양식을 취합니다. 사형법은 계약 공동체의 질서를 전제로 하며, 이를 위해 고의적 살인과 우발적 사고를 구분하려고 노력하면서 피의 보복을 막기 위한 법을 마련합니다. 더욱이 부모를 때린 자나 저주하는 자를 살인과 동일한 범주로 간주하는 것은, 부모는 생명을 주는 자로서 생명의 주인인 하느님의 대리인이라는 인식에서 비롯된 것으로 보입니다. 12절에서 단언적 양식으로 열거되는 사형에 해당하는 조항들은, 대부분의 학자들이 후대에 첨가한 것으로 간주합니다. 조건적 양식으로 설명되는 13절과 14절에서는 하느님이 일인칭으로 등장하고 이스라엘이 그 청중으로 언급되는데, 이러한 표현 양식은 하느님께서 의도한 공동체 질서를 근본적으로 위협하는 위반 행위에 대한 원칙적인 금지를 나타내기 위한 것입니다.

《구약성서》의 법들 중에서 유명한 조항 가운데 하나로 〈출애굽기〉 21장 18절에서 36절에 나오는 신체 상해에 관한 법이 있습니다. 신체에 해를 가했을 때, 그 피해자가 받은 만큼 가해자에게 앙갚음을 해주는 동태복수법* 혹은 동등처벌법을 적용합니다. '눈에는 눈으로, 이에는 이로'라는 표현은 사람들이 복수를 하려고 할 때 주로 이용하는 《성서》 구절입니다. 그렇다면 이 법은 응당한 복수를 해서 피해자의 속을 시원하게 해주려고 만들어진 것일까요?

고대 법전(고대 우르남무 법전,* 에슈눈나 법전, 히타이트법 등)에서는 신체 상해에 대해 금전적 보상으로 만족하고 신체상의 형벌을 규정하지 않지만, 고대 바빌로니아의 함무라비 법전에 와서 동태복수법이 신체 상해에 관한 규정으로 언급됩니다. 이 법은 상류 계층에게 적용되었습니다. 본래 부자들에게는 신체적인 상해에 대해 돈으로 배상하는 것은 어려운 일이 아니었기에, 개인 간의 단순한 민사 사건 정도로 취급되었을 것입니다. 그러나 형벌을 부과하는 판결 과정을 거쳤다면, 이것은 공공 형사 사건으로 간주했음을 뜻합니다. 이러한 점을 미루어 볼 때 동태복수법은 반드시 복수해야 한다는 취지의 '앙갚음'이나 '형벌'이 아니라, 유전무죄가 적용되지 못하도록 신체 상해에 관한 약자의 폐해를 막고 인권을 보호하고 보상

동태복수법을 적용한 〈함무라비 법전〉이 새겨진 석주(石柱)

● 동태복수법 同態復讐法
어떤 사람에게 상해나 손해를 입혔을 때 피해자가 당한 것과 동일한 고통을 가하는 형벌로, 신체 상해의 경우에 가장 많이 적용되었다. 원시 사회나 고대 사회에서 행해졌으며, 뒤로 가면 금전적 보상이라는 형태로 바뀐다.

● 우르남무 법전
수메르의 도시국가인 우르 3왕조의 우르남무 왕이 제정한 것으로, 함무라비 법전보다 300년가량 앞서 만들어졌다. 강간, 상해, 노비관계, 결혼 등 다양한 영역을 다루고 있으며, 〈함무라비 법전〉이 전반적으로 '눈에는 눈, 이에는 이' 식의 형벌 체계를 따르고 있는 데 반해 우르남무 법전은 가급적 금전적으로 배상하도록 한다.

해 주려는 의도의 법으로 파악됩니다.

끝으로 계약 법전은 이민자 또는 나그네, 과부, 고아 그리고 채무자를 사회의 약자로 분류하고, 이들을 보호할 것을 법으로 규정하고 있습니다. 정의로운 재판에 관한 법을 다루는 23장 1절에서 9절까지는, 힘이 있는 악한 자나 다수의 편을 드는 편파적인 재판을 금지하고 가난한 자, 죄 없고 올바른 자, 그리고 이민자를 변호하라는 명령을 내립니다. 평등하고 열린 사회를 위한 이 계명들은 공동체가 경험한 고난에 대한 성찰에서 나온 것입니다. 동시에 그들의 신인 야훼 하느님을 고통 속에 놓인 약자의 소리에 응답하고 구원의 은총을 베푸는, 약자와 함께하는 분으로 여긴 결과입니다.

시나이 산에서 맺은 계약은 이집트에서 탈출한 사람들에게 말할 수 없을 만큼 감격스러운 체험이었을 것입니다. 그들이 시나이 산에서 만난 하느님이, 홍해를 기적적으로 건너도록 도와준 바로 그 하느님이기 때문입니다.

바로 내가 너희를 이집트 땅의 종살이하던 집에서 이끌어낸 하느님이다. (출애 20:2)

《성서》를 읽는 많은 사람은, 이집트 탈출은 구원이자 해방인 동시에 자유인 반면, 시나이 산의 계약은 구속이자 억압이라고 생각합니다. 따라서 홍해에서 나타난 구원의 이미지를 《신약성서》의 예수 그리스도에게 소급시킴으로써 그 역시 해방과 자유를 주는 분으로 여깁니다. 하지만 모세는 율법을 받아 이스라엘 백성들에게 전

해주면서 그들을 구속했다는 이미지를 갖게 되었습니다. 이러한 왜곡된 이미지는, 《구약성서》는 율법이고 《신약성서》는 복음이라는 극단적인 이원론에 빠지게 만듭니다. 그러나 율법은 하느님의 사랑을 위한 전제로 해석되어야 합니다. 하느님은 율법을 통해서 인간에게 자유를 주고 싶어 했습니다. 그러나 인간들은 율법을 오용하기에 이르렀고, 이기적인 마음 때문에 약자를 억압하는 도구로 악용하게 된 것입니다. 역사의 연속선상에서 본다면, 율법은 하느님의 '사랑'을 위한 과정 속에 있습니다.

이스라엘 민족의 기본 강령, 십계명

십계명은 이스라엘 민족을 지탱해 온 강력한 기둥입니다. 제5계명에서 제10계명까지는 사람과 사람 사이의 관계, 즉 수평적 관계를 나타내는 것으로서, 이것은 앞서 언급한 대로 바빌로니아의 함무라비 시대에도 있었습니다. 그런데 제1계명에서 제4계명까지는 신과 인간의 관계, 즉 수직적인 관계를 보여 주는 것으로, 이스라엘 민족에게서만 찾아볼 수 있는 독특한 내용입니다. 더군다나 이 둘은 서로 유리되지 않고 밀접하게 연관되어 있음을 확인할 수 있습니다. 다시 말해, '사람은 하느님 앞에서 이웃과 더불어 사는 존재'임을 전제하고 있습니다. 이것은 예수의 가르침인 황금률* 과 유기적인 관계를 맺습니다. 예수는 자신을 찾아와 가장 중요한 율법이 무엇이냐고 묻는 율법학자에게, 다음과 같이 대답합니다.

• 그리스도교 윤리의 기본 원리로, 《신약성서》의 〈마태오의 복음서〉 7장 12절에 나오는 "너희는 남에게서 바라는 대로 남에게 해주어라. 이것이 율법과 예언서의 정신이다."라는 구절과 〈루가의 복음서〉 6장 31절 "너희는 남에게서 바라는 대로 남에게 해주어라."라는 가르침을 말한다.

〈십계명과 모세〉
필리프 드 샹파뉴, 1648, 상트
페테르부르크 에르미타주 미
술관.

첫째가는 계명은 이것이다. '이스라엘아, 들어라. 우리 하느님
은 유일한 주님이시다. 네 마음을 다하고 목숨을 다하고 생각을
다하고 힘을 다하여 주님이신 너의 하느님을 사랑하여라.' 또 둘
째가는 계명은 '네 이웃을 네 몸같이 사랑하여라.' 한 것이다. 이
두 계명보다 더 큰 계명은 없다.(마르 12:29-31)

예수의 대답은 곧 십계명에 있는 계명들이 모두 버릴 것
없이 중요하다는 의미를 담고 있습니다. 따라서 하느님은 인
간의 역사에서 유리되지 않으며, 하느님을 믿는 행위도 역사적 행
위일 수밖에 없게 됩니다.

우리가 흔히 십계명이라고 부르긴 하지만, 《구약성서》에는 십계
명이라는 용어 대신 '열 개의 말씀들(아세레트 하드바림)'이라는 표현
만 나옵니다.(출애 34:28; 신명 4:13, 10:4) 그리스어로 된 《성서》에서
이 말을 '열 개의 계명(데카 로고)'으로 번역하고, 라틴어로 된 《성
서》가 이를 그대로 쓰면서 이후 '십계명[The Decalogue]'이라는 말이
생겨난 것입니다.

《성서》에서 십계명은 두 군데에 등장합니다. 첫 번째로 〈출애굽
기〉 20장에 등장하고, 두 번째는 〈신명기〉 5장에 기록되어 있습니
다. 십계명은 이스라엘 백성이 하느님과 계약을 맺은 백성으로서
마땅히 지켜야 할 기본적인 율법입니다. 따라서 십계명은 율법의
대표가 됩니다. 십계명의 주요 골자는 다음과 같습니다.

제1계명은 '너희는 내 앞에서 다른 신을 모시지 못한다'입니다.
여기에서 지칭하는 '다른 신'이란, 바알이나 아세라, 다곤, ˙아낫˙

● **다곤 Dagon**
바알 신의 아버지. 풍작의 신
으로 근동 지방에서 널리 숭배
했다.

● **아낫 Anat**
우가리트 신화의 사랑과 싸움
의 여신. 바알 신의 여동생 또
는 아내라고도 한다.

등을 비롯한 가나안 땅의 여러 신들을 의미합니다. 이 말의 깊은 뜻은, 신은 많더라도 참다운 신은 한 분뿐이라는 것입니다.

제2계명은 '너희는 위로 하늘에 있는 것이나 아래로 땅 위에 있는 것이나, 땅 아래 물속에 있는 어떤 것이든지 그 모양을 본떠 새긴 우상을 섬기지 못한다. 그 앞에 절하며 섬기지 못한다. 나 야훼 너희의 하느님은 질투하는 신이다'입니다. 여기에서는, 신의 형상을 만드는 것을 금지하고 있습니다. 고대인들에게 신들은 제각각 형상을 가지고 있었습니다. 바알 신은 황소 모양이고, 다곤 신은 괴상한 독수리 모양이었습니다. 제아무리 '이것이 하느님의 모습이다'라고 생각하여 형상을 만들지라도, 그것은 하느님을 우상화하는 행위가 됩니다. 여기에는 하느님은 사람들이 생각해 낼 수 있는 어떠한 아름다운 형태보다도 순결한 존재라는 의미가 있습니다. 그리고 마지막에 자신을 '질투하는 하느님'이라고 지칭합니다. 질투는 관심과 사랑에서 나오는 것으로, 그렇지 않다면 '무관심'하게 될 것입니다. 따라서 이 말은 '사랑의 하느님'임을 강조하는 역설로 받아들일 수 있습니다.

제3계명은 '너희는 너희 하느님의 이름 야훼를 함부로 부르지 못한다'입니다. 이 말에는, 하느님에 대한 경배의 마음이 담겨 있습니다. 예수는 제자들에게 기도를 가르쳐 주면서, "온 세상이 아버지를 하느님으로 받들게 하시며"라는 말로 시작하였습니다. 이것은 하느님에 대해 지극히 경배하는 마음을 표현하는 것이라 하겠습니다.

제4계명은 '안식일*을 기억하여 거룩하게 지켜라'입니다. 이 가

바알과 아세라
바알은 고대 팔레스타인 지역의 주신(主神)으로 '주' 또는 '소유자'라는 의미를 가지며, 아세라는 바알의 아내로서 풍요를 상징한다. 왼쪽은 기원전 12~13세기로 추정되는 시기에 만들어진 바알 신의 청동 모형으로, 루브르 박물관에 소장되어 있다. 오른쪽은 점토로 만든 아세라 신의 모형이다.

● **안식일 安息日**
유다교에서 일주일의 제7일인 성일(聖日). 금요일 일몰 때부터 토요일 일몰 때까지를 가리키며, 이날은 일하지 않고 쉰다.

르침은, 인간에게 '쉼'이란 일하는 것 못지않게 중요한 요소임을 말해 줍니다. 쉼은 노동의 연장선상에 있습니다. 그것은 '엿새 동안 힘써 네 모든 생업에 종사하고'(출애 20:9)라는 말과 깊은 연관성을 지니고 있습니다. 안식일은 노예나 짐승 같은 약한 존재를 위한 것이기도 합니다. 하느님이 쉬신 것처럼, 모든 만물이 노동을 한 다음에 쉬는 것은 자연의 법칙입니다.

제5계명인 '너희는 부모를 공경하여라'라는 가르침은, 동서고금을 막론하고 더 이상 부연 설명이 필요 없는 말입니다. 그러나 예수는 새로운 가르침을 말합니다. 그는 하느님의 뜻을 행하는 사람이 곧 부모이자 형제라고 말합니다.(마르 3:35) 이것은 가족관의 혁명입니다. 혈육적인 가족관을 넘어선 관계적인 가족관으로서, 세상의 모든 사람이 부모형제임을 선언하는 것이라 할 수 있습니다. 예수에게 사랑의 대상은 혈육이라는 경계를 넘어 온 인류인 것입니다.

제6계명인 '살인하지 못한다'라는 것은 생명의 존엄성을 지키고 약자를 보호하기 위한 규정입니다. 공동체의 법이 성문화되지 않았기 때문에 약한 자들이 강한 자들의 손에 쉽게 살해될 우려가 있던 고대 상황에서, 이 가르침은 인권 보호에 대한 강력한 선언이었습니다.

제7계명인 '간음하지 못한다'라는 것은, 여성에 대한 보호와 더불어 결혼에 대한 신성함을 선언하는 것입니다. 일부다처제의 고대 사회에서도, 남의 아내를 범할 때는 매우 엄격하게 다스렸습니다.

제8계명인 '도둑질하지 못한다'라는 것은, 힘으로 남의 것을 가로채는 행위에 대한 경고입니다. 도둑질은 남의 것을 빼앗는 행위로, 힘으로 빼앗거나 속여서 빼앗거나 때로는 불법적인 방법으로 약탈하는 경우도 포함됩니다.

제9계명인 '이웃에게 불리한 거짓 증언을 하지 못한다'라는 것은, 사회정의를 세우기 위한 가르침입니다. 당시에는 물증이 없어도 한두 사람의 증언만으로 사람의 생명까지 좌우될 수 있었습니다. 따라서 이 계명은 가난하고 힘없는 사람들을 보호하기 위한 규정이라고 할 수 있습니다.

제10계명은 '네 이웃의 집을 탐내지 못한다. 네 이웃의 아내나 남종이나 여종이나 소나 나귀 할 것 없이 네 이웃의 소유는 무엇이든지 탐내지 못한다'입니다. 제10계명이 말하는 죄의 첫걸음은 마음의 문제, 즉 탐심貪心입니다. 그런데 〈출애굽기〉에 나오는 제10계명(20장)과 〈신명기〉에 나오는 제10계명(5장)은 대체로 같아 보이지만, 탐심의 대상과 나열해 놓은 순서가 조금 다릅니다. 〈출애굽기〉에서는 이웃의 '집'이 먼저 나오고 '아내', '남종과 여종', '소와 나귀'가 뒤따라 나옵니다. 〈신명기〉에서는 이웃의 '아내'가 먼저 기록되고 '집', '밭', '남종과 여종', '소와 나귀'가 뒤이어 나옵니다. 어느 것을 따라야 할까요? 〈로마인들에게 보낸 편지〉 13장 9절에 보면, 그리스도교 최초의 전도자 바울로는 십계명 가운데 몇 가지 계명들을 열거하다가, 제10계명을 지칭할 때는 '탐내지 말라'라고 새깁니다. 다시 말해 〈출애굽기〉와 〈신명기〉, 〈로마서〉에 기록된 제10계명의 내용은 모두 조금씩 다르지만, 탐심의 대상이나 순서에 상관없이 제10계명의 마지막 문장인 '네 이웃의 소유는 무엇이든지 탐내지 못한다'라는 말씀이 중심이 되는 것입니다.

그러나 십계명은 구체적인 지침이나 벌칙을 담은 법률이라기보다 인간이 이 땅에 살면서 지켜야 할 정신적 버팀목으로 이해하는 것이 바람직합니다.

십계명은 《성서》에서 하느님이 광야에 선 이스라엘 백성들에게 준 법률입니다. 그렇게 이해한다면 인생을 살아가는 우리들에게 더없이 큰 의미를 줄 것입니다. 우리가 스스로를 한곳에 멈춰서 사는 사람이 아닌, 영원히 인생의 도상에 있는 나그네라고 생각한다면 말입니다.

바빌론의 창조 신화, 에누마 엘리쉬

바빌론의 창조 신화인 〈에누마 엘리시Enûma Eliš 〉는 19세기 중반 영국의 고고학자 오스틴 헨리 레이어드Austin Henry Layard가 아시리아 제국 수도였던 니네베(Nineveh, 현재 이라크 모술 지방으로 《성서》에는 '니느웨'로 나옴) 유적 발굴 도중에 발견하였습니다. 바빌로니아에서 가장 오래된 창조 서사시로 꼽히는 〈에누마 엘리시〉는, 기원전 1700여 년 전 고대 바빌로니아의 함무라비 대왕이 자기 나라와 자기들의 신인 마르둑Marduk을 높이기 위하여 전부터 아시리아 등 여러 곳에 있던 기록을 개편하여 토판에 남긴 것입니다. 그 뒤 아슈르바니팔 왕이 이것을 자신의 도서관에 보관해 둔 것입니다. 이 서사시는 '에누마 엘리시'라는 말로 시작됩니다. 그것은 '태초에[When above]'라는 뜻으로, 일곱 개의 점토판에 기록되어 있는 창조의 7일을 나타냅니다. 그 내용은 원초적인 바닷물의 신인 티아마트Tiamat와 그녀의 남편인 강물 압주Apsu가 안면安眠과 정적과 고요를 방해하는 자녀를 죽이기로 결심하면서 시작됩니다. 이 사실을 알게 된 현명한 신 에아Ea가 주문을 외워 압주를 잠들게 한 다음 그를 죽여 버립니다. 에아는 그러나 혼자서는 티아마트를 당해 내지 못합니다. 티아마트는 킹구Kingu라는 새로운 남편을 맞아 신들과의 전쟁을 준비합니다. 그때 에아의 아들인, 젊은 신 마르둑이 신들의 의회에서 차기 왕이 되리라는 보장을 받고, 티아마트와 대결을 벌이기 위해 나섭니다. 마르둑은 태풍의 신답게 구름 수레와 번개 알, 활, 그리고 마술 방망이 등의 무기를 가지고 티아마트와 맞서 그녀를 살해합니다. 마르둑은 티아마트의 커다란 시체를 찢어 우주를 창조합니다. 시체의 나머지 한 쪽은 땅 밑의 물이 되었으며, 그 물 위에 땅이 놓였습니다. 그리하여 마르둑은 물을 갈라 위의 하늘과 물과 땅 밑의 물을 구분하였습니다. 마르둑은 해와 달과 별들을 지어 시간과 계절을 구분하였습니다. 그리고 자신의 신전을 짓고, 그곳에서 일을 시키기 위해 인간을 만들기로 결심합니다. 그리하여 마르둑은 적장 킹구를 붙잡아 살해한 다음, 그의 피를 진흙과 섞어서 인간을 만들었습니다.

〈에누마 엘리시〉에 나오는 천지창조 내용은 기본 골격이 《구약성서》 〈창세기〉의 내용과 유사하다는 평가를 받습니다. 신이 천지를 창조한 뒤 휴식을 취했다는 것이나 빛에서 시작해서 인간으로 끝나는 창조의 순서 등이 유사점으로 거론됩니다. 학자들은 《구약성서》 〈창세기〉가 〈에누마 엘리시〉에서 변형된 것이거나, 두 이야기가 모두 동일한 제3의 원전(수메르 신화일 것으로 추측됨)에서 파생된 것으로 추정하고 있습니다.

3^부

약속의 땅과
왕국 건설

• • •

The Holy Bible

3부는 하느님이 약속한 땅인 가나안에 도착한 이스라엘 민족이 자신들의 왕국을 이루고, 분열되는 과정을 담고 있습니다. 약속의 땅에 도착한 이스라엘 민족은 초기에 그 땅에 살기 위해 많은 노력이 필요했습니다. 그곳에는 이미 강력한 군대가 정착하고 있었을 뿐만 아니라, 주변의 나라들이 계속 이스라엘 민족을 위협했기 때문에 그들을 대적해야만 그 땅에서 살 수 있었습니다. 이런 과정을 거쳐 가나안 땅에 정착한 이스라엘 민족은 자신들도 다른 나라들처럼 왕의 통치를 받기를 원했습니다. 그래서 그들은 사울을 최초의 왕으로 세우고 왕조의 역사를 시작하게 됩니다. 사울의 뒤를 이어 다윗과 솔로몬이 이스라엘을 다스립니다. 그러나 그들은 하느님에 대한 불신앙으로 번번이 실패하고, 결국 이스라엘 왕조는 분열됩니다.

약속의 땅에 정착하여 왕국을 이루기까지

가나안이 하느님과 약속된 땅이라고 해서, 모든 게 갖춰진 살기 좋고 비옥한 땅이라고 생각해서는 곤란합니다. 그곳은 이집트를 탈출한 이스라엘 민족이 상상하던 것만큼 비옥하지 않았습니다. 가나안이 '약속된 땅[the Promised Land]'임을 다시 한번 상기해 보세요. 이 말은 모든 조건이 갖춰진 땅이 아니라 땀을 흘려 노력하고 수고해야만 얻을 수 있는 땅이라는 의미입니다. 예수님의 제자들도 그와 같은 사람들입니다. 그들은 많이 배운 것도 아니고, 재능이 뛰어나지도 않았습니다. 예수님은 그들의 가능성을 보신 것이지, 그들이 갖춘 조건을 보고서 제자로 삼은 것이 아닙니다. 제자들은 그 직업을 봐도 알 수 있듯이, 어부나 세리 같은 내세울 것 없고 보잘것 없는 사람들이었습니다. 이와 마찬가지로, 하느님은 이스라엘 민족을 '젖과 꿀이 흐르는 땅'을 만들도록 가나안에 보낸 것이지, 이미 마련된 것을 누리도록 허락한 것은 아니었습니다. 이것은 책임인 동시에 은총이었습니다. 그렇다 하더라도 약속의 땅인 가나안은 떠돌이 생활을 하던 이스라엘 민족에게는 꿈과 같은 곳이었을 것입니다.

반월형 옥토지대는 《구약성서》에서 자주 언급되는 지역입니다. 이 지역에는 오늘날 이스라엘, 레바논, 시리아, 요르단 등의 나라들이 위치하고 있습니다. 당시 지중해의 동쪽 해안에는 불레셋인, 가나안인, 페니키아인들이 살고 있었습니다. 이 지역에 위치한 또 다른 나라들로는 시리아, 암몬, 모압, 에돔, 미디안이 있었습니다. 남쪽 네게브 지역은 고대 아말렉족이 거주하던 곳입니다. 불레셋은 지중해의 동쪽 해안, 곧 가나안의 서남쪽에 해당하는 해변 지역에 살던 사람들입니다. 그들은 기원전 1200년경 크레타 섬 또는 지중해의 다른 섬들로부터 이 지역으로 이주해 왔습니다. 아스클론, 아스돗, 가자, 에크론, 갓은 불레셋 민족이 이 지역에 세운 다섯 개의 중심 도시들입니다. 《성서》에 따르면, 이스라엘 민족에게는 이 불레셋이 가장 큰 위협이었습니다. 그러나 그들의 위협은 다윗이 왕위에 오르면서 종식되었습니다. 이스라엘이 가나안 땅에 들어오기 전에 살던 사람들은, 여러 문화와 인종이 혼합된 집단으로서 노아의 손자인 가나안의 후예들인 것으로 알려져 있습니다.

'가나안'은 팔레스타인Palestine의 옛 이름 가운데 하나로, 현재의 이스라엘 지역에 속합니다. 가나안은 하나의 통일된 국가를 이루기보다는 다양한 부족이 각각의 도시국가 형태로 공존하고 있었습니다. 그 부족들은 대부분 농사와 목축을 하기에 적당한 서부 해안 지역의 평지와 골짜기에 살고 있었으며, 여부스, 헤브론, 세겜 등 몇몇 부족만이 중앙 산악지대에 자리 잡고 있었습니다. 그러한 부족들은 대부분 봉건왕조 체제를 유지하고 있었습니다.

이스라엘 민족은 가나안 땅에 정착하면서 다른 부족들처럼 왕정王政을 세우지 않고, 하느님이 직접 다스리는 신정정치를 구현합니다. 이 시기를 판관判官시대라고 하는데, 여기서 판관이란 군사, 정치, 종교 등 모든 면에서 하느님의 카리스마(신이 사랑으로 베푸는 은총)를 받은 사람들을 이릅니다. 그러나 이스라엘 민족은 주변 강대국들의 지속적인 위협 속에서 왕정체제의 필요성을 느끼게 되고, 마침내 판관 사무엘에 의해 왕정체제를 수립합니다. 이스라엘 민족의 왕정국가는 다윗 왕조에 가서야 비로소 그 틀이 마련되고 완성됩니다. 다윗 왕은 뛰어난 군사 전략가로서 수많은 전투에서 승리합니다. 당시 유프라테스 강까지 영토가 확장되면서 이스라엘 역사상 가장 강력한 나라를 이루어 냅니다. 그렇다면 지금부터 이스라엘 민족이 가나안 땅에 정착한 이후 어떻게 왕조를 이루어 가는지 알아보도록 하겠습니다.

01 가나안 정착과 거룩한 전쟁

　　　　　● ● ● 여호수아는 모세의 뒤를 이어 이스라엘 민족을 이끌고 가나안 땅을 정복한 위대한 지도자로 추앙받는 인물입니다. 그의 히브리어 이름은 '야훼는 구원이시다' 라는 뜻이고, 그리스어 표기는 《신약성서》의 '예수' 와 동일합니다. 《성서》의 증언대로 여호수아의 인도 아래 이스라엘 민족이 전쟁에서 승리하여 가나안 땅을 정복했는지에 대해서는 분명하지 않습니다. 《성서》의 내용 또한 동일하지 않습니다. 〈판관기〉에 나오는 것처럼 점진적이고 개별적이며 불완전한 형태의 정복이었는지에 관해서도 논란이 있습니다.

가나안 땅에 정착하다

이집트 탈출 사건이 기원전 1250년경에 일어났다고 본다면, 40여 년간의 광야 생활이 지나고 가나안 땅에 정착한 시기는 기원전 1211년경이 됩니다. 그 땅에 입성한 방법에 대해서는 군사 정복설, 평화적 이주설, 농노 봉기설 등 학자들마다 의견이 다양합니다.

먼저 군사 정복설은 《성서》의 기록에 근거하고 있습니다. 이 학설을 주장하는 사람들은, 여호수아가 이끄는 베냐민° 지파가 중심이 되어, 광야에서 지낸 40년 동안 잘 훈련된 군사력을 바탕으로 예리고 성에 이어 기브온°까지 팔레스타인 남부 지역을 정복했다고 해석합니다. 그러나 이 견해는 여호수아라는 영웅에 초점을 맞춤으로써 가나안 입주를 지나치게 군사적 정복에 의한 결과로만 보는 데 집중하고 있다는 비판을 받습니다.

두 번째로 평화적 이주설이 있습니다. 이것은 〈판관기〉 1장 27절에서 2장 5절까지 나오는 내용에 근거를 두는 학설입니다. 이에 따르면 이스라엘 지파별로 가나안 원주민들과 평화적인 협상을 하면서 점진적으로 이주해 들어가서 본토민과 어울려 살았다고 합니다.

므나쎄 지파는 벳스안과 거기 딸린 촌락들, 다아낙과 거기 딸린 촌락들을 차지하지 못하였다. 또 도르와 거기 딸린 촌락의 주민, 이블르암과 거기 딸린 촌락의 주민, 므기또와 거기 딸린 촌락의 주민도 몰아내지 못하여 그 땅에 온 가나안족이 그대

- **베냐민 Benjamin**
라헬이 낳은 야곱의 열두 아들 중 막내 아들이며, 이스라엘 민족의 열두 지파 중 한 지파의 족장이다. 막내로서 아버지에게 각별한 총애를 받았고, 유일한 친형 요셉에게도 사랑을 많이 받았다.

- **기브온 Gibeon**
고대 예루살렘 북서쪽에 있던 팔레스타인의 도시. 가베온이라고도 한다.

예리고 Jericho
요르단 강 서안에 있는 도시로, 기원전 14세기경 여호수아가 이끄는 이스라엘군의 공격으로 함락되었다. 현재의 예리고는 비잔틴 시대의 터 위에 재건된 것이며, 옛 예리고는 20세기 초에 텔에스술탄에서 발굴되었다.

로 살고 있었다. 그러나 이스라엘은 강력해지면서 가나안족을 아주 몰아내지 않고 부역을 시켰다. 에브라임 지파는 게젤에 자리 잡고 사는 가나안족을 몰아내지 못하였다. 그래서 그 가나안족이 그들과 섞여 살게 되었다.(판관 1:27-29)

작은 전투는 있었겠지만, 〈여호수아〉*에 기록되어 있는 것처럼 대규모 전투가 발생하지는 않았다는 것입니다. 이러한 입장에서는 '이스라엘'이라고 불리는 공동체가 평화롭게 정착하면서 자기 정체성을 확립해 나갔다고 봅니다.

세 번째는 농민 봉기설입니다. 이는 가나안 지역에 거주하던 농노와 도시 하층민이 이스라엘인과 연합하여 해방 투쟁을 벌였다고 보는 견해입니다. 이 학설에 따르면, 기원전 13세기에서 14세기 사이에 팔레스타인에서 봉건제도가 유지되고 있었으며, 30여 명의 봉건영주들이 그 땅을 나누어 다스리고 있었다고 합니다. 그러다가 이 봉건영주들로부터 억압과 착취를 당하던 농민들이 이스라엘 민족과 내통하여 힘을 합해 봉건영주 세력을 무너뜨리고, 새로운 국가를 건설했다는 것입니다.

학문적으로 이처럼 다양한 견해가 있다는 사실은 참고할 만합니다. 그러나 우리는 《성서》의 기록대로 '군사 정복설'에 초점을 맞춰서 볼 필요가 있습니다. 《성서》의 내용에서 지나치게 벗어난다면, 《성서》가 증언하고자 하는 본래의 의미가 퇴색될 우려가 있기 때문입니다. 그러나 군사 정복설을 믿는다면, 한편으로 전쟁이 과연 하느님이 뜻인지 의아해지기도 합니다. 다시 말해 '거룩한 전쟁'이 있

하느님
파워!

여호수아

• 〈여호수아〉
《구약성서》의 12역사서 가운데 첫 번째의 책. 민족의 지도자 모세가 죽은 뒤에 그 후계자인 여호수아의 지휘 아래 이스라엘 백성이 요르단 강을 건너 가나안을 공략하여, 열두 부족(지파)들이 각 지역을 차지하고 정착해 가는 과정을 기록하고 있다.

을 수 있는 일인가에 대해 고민하게 됩니다. 이에 대한 이야기는 다음 장에서 구체적으로 거론할 예정입니다.

예리고 성과 그 주민들의 완전한 멸망을 강조하는 것을 이해하기 위해서는, 예리고 점령이 제의적祭儀的 행위라는 특징을 가지고 있음을 기억해야 합니다. 그리고 아이 성*을 점령하는 데 실패한 것은, 예리고 성의 점령에 관한 이야기와 직접적인 대조를 이룹니다. 하느님은 여호수아에게, 이스라엘 민족이 '하느님께 바쳐진 것들'의 일부를 훔쳤기 때문에 전투에 실패했음을 알려 줍니다. 그러자 여호수아는 제비뽑기를 통해 아간*이 죄를 지었다는 사실을 알게 됩니다. 이스라엘은 아간과 그의 가족과 그의 모든 소유물을 없앱니다. 그런 다음에 이스라엘은 다시 한 번 아이 성을 공격하여 승리합니다. 이러한 사실은 하느님 앞에 거룩함을 유지하라는 가르침으로 해석할 수 있습니다.

마지막 전투는 북부 지역에서 벌어졌습니다. 매우 강력한 도시국가인 하솔*의 왕이 지휘하는 북부 도시국가 연합군이 이스라엘에 대항하여 싸웠습니다. 그러나 승리는 이스라엘의 것이 분명했습니다. 중부, 남부, 북부에서 벌인 전투로 이스라엘은 약속의 땅을 소유할 수 있게 되었습니다. 정복에 대한 이야기는 다음과 같은 구절로 끝을 맺습니다.

여호수아는 야훼께서 모세에게 약속해 주신 대로 전 지역을 정복하고는 그 땅을 이스라엘에게 나누어 주었다. 그리하여 지파마다 제 몫을 받게 되었다. 이로써 전국에서 전란이 멎었다. (여호 11:23)

● 아이 성
고대 가나안의 작은 성읍. 예리고 성을 점령한 여호수아가 규모가 이곳을 쉽게 생각하고 적은 군사를 보냈다가 크게 참패했다. 그 뒤 여호수아는 2차 공격에서 도주하는 척하면서 성 밖으로 적군을 유인한 다음, 매복한 군사와 협공하는 작전으로 성을 함락시켰다.

● 아간 Achan
유다 지파로 여호수아가 예리고 성을 점령할 당시 전리품을 훔친다. 그 결과 돌에 맞아 죽게 된다.

● 하솔
갈릴래아 호와 이스라엘 북부 국경지대의 중간에 위치하고 있는 고대 도시이다. 기원전 19~18세기에 이집트의 지배를 받았던 흔적이 남아 있으며, 그 후 솔로몬 시대에 군사요새로 사용된 것으로 추정된다.

• 진멸 盡滅
모조리 멸망하거나 죽어 없어
짐.

어떤 학자들은, 당시 이스라엘 민족이 팔레스타인 지역을 점령한 것은 이집트의 통치력이 약해진 덕분이었다고 보기도 합니다. 그 틈을 이용해 짧은 기간에 토착세력을 진멸˙하고, 확보한 토지를 열두 지파에게 나누어 주면서 안전하게 차지했다는 것입니다. 하지만 〈신명기〉는 그와 반대되는 내용을 전해 줍니다. 이스라엘 민족이 토착민 틈에 끼어 살게 되었다는 것이지요. 그러나 고고학적으로 전자가 사실임이 드러났습니다. 그렇더라도 이스라엘인이 문화적으로 훨씬 우월한 가나안 땅의 토착민과 경쟁하며 생활하는 데 있어 여러 가지 곤경에 봉착했을 것으로 추측해 볼 때, 〈신명기〉의 기록도 어느 정도 사실일 것으로 보입니다.

〈여호수아〉의 12장부터 21장까지는, 가나안에 정착하기 전에 이스라엘 각 지파에게 땅을 분배하는 경위가 적혀 있습니다. 이러한 자료들은 《성서》를 읽는 데 지루함을 주기도 하지만, 매우 가치 있는 부분이기 때문에 알아 두어야 합니다.

《성서》의 관점에서 볼 때, 땅의 주인은 어떤 개인도 민족도 왕도 아닙니다. 궁극적으로 땅은 하느님의 것이며, 하느님은 각 지파에게 땅의 일부를 유산으로 주어 각 가족 단위 안에서 항구적으로 보존되도록 했습니다. '희년˙ 제도'는 이스라엘 민족의 땅에 대한 이해를 보여 주는 좋은 사례입니다. 희년 제도란 50년마다 모든 소유를 원점으로 돌려놓는 것으로, 땅도 예외가 아니었습니다. 엘리야, 아모스, 미가, 이사야˙와 같은 예언자들은 이스라엘 백성이 물려받은 땅을 빼앗아 사취詐取하는 행위를 준엄하게 비판했습니다.(1열왕 21장; 아모 8:4-6; 미가 2:1-9; 이사 5:8)

• 희년 禧年
이스라엘 민족에게 50년마다 돌아 오는 안식의 해를 말한다. 이 해에 모든 토지는 그 원주인에게 되돌려지고, 모든 이스라엘의 노예는 풀려난다.

• 이사야
히브리어로 '야훼는 구원이다'라는 뜻으로, 기원전 8세기에 활동한 이스라엘 예언자의 이름. 민족의 멸망과 이스라엘 종교의 파멸을 경고하고, 메시아의 시대가 도래할 것을 예언했다.

일단 땅을 각 지파에 분배한 다음, 여호수아는 모세의 지시대로(신명 18:1-8; 19:1-10) 6개의 도피성과 48개의 레위 지파[*] 성읍을 세웠습니다. 도피성은 사형에 처할 만큼 중대한 죄인으로 고발된 사람들이 공정한 재판을 받을 수 있도록 마련한 장소입니다. 레위인은 장소를 옮겨 다니면서 일을 해야 하는 제사 직분자였기 때문에 그들에게는 땅이 분배되지 않았습니다. 따라서 그들이 거주할 수 있도록 레위 성읍을 세운 것입니다.

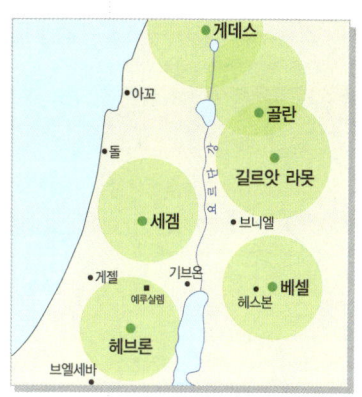

〈여호수아〉의 기록과 달리, 이스라엘 민족은 가나안 땅을 점령했으나 그곳에 살고 있던 원주민들을 모두 쫓아내지는 못했습니다. 이에 대해 〈판관기〉에 이렇게 기록되어 있습니다.

야훼께서 함께 하시어 유다 지파는 산악 지대를 차지하였다. 그러나 평지에 자리 잡은 사람들은 아직 몰아내지 못했는데, 그들에게 철병거鐵兵車가 있기 때문이었다.(판관 1:19)

이스라엘 민족은 유목민으로 사막을 방황하며 살아왔기에, 영구적인 가옥을 갖추고 농경생활을 영위하기에는 부족한 점이 많았습니다. 가나안 땅의 원주민은 이미 월등한 문명을 지니고 있었기에, 그들에 맞서 이스라엘 열두 지파가 연합하여 힘을 모아야만 했습니다.(여호 24장) 아마도 그것은 하느님에 대한 신앙이 없었다면 불가능했을 것입니다. 그들은 비록 문화적인 측면에서 뒤떨어졌지만, 세계에서 유례를 찾아볼 수 없는 계시 종교[*]를 갖고 있었기 때문에

도피성 逃避城
실수로 살인한 사람을 보호하기 위해 특별히 설치한 성읍. 레위 지파의 감독 아래 있었으며, 모세와 여호수아는 요르단 강 동서쪽에 6곳을 두었다. 6곳의 성읍은 요르단 강 서부에 게데스, 세겜, 헤브론, 요르단 강 동부에 골란, 길르앗 라못, 베셀이다. 이들 성읍의 위치는 도망자가 어느 도피성이 되었든 하룻길에 도달할 수 있는 길이었다(48킬로미터).

● **레위 지파**
이스라엘 열두 지파 가운데 하나로, 호전적이고 폭력적이었다고 알려져 있다. 유다교에서는 레위 지파에 대해 제사장과 예언자의 역할뿐 아니라 왕의 지위까지도 부여하고 있다.

● **계시 종교 啓示宗教**
계시에 근거하는 종교를 가리키며, 그리스도교, 유다교, 이슬람교 등이 대표적이다. 《성서》와 《꾸란》 등은 계시를 담은 책으로, 이 계시를 받은 사람이 교조·예언자이다.

스스로 보전할 수 있었을 것입니다.

이스라엘 민족은 때때로 가나안 땅의 수준 높은 문화에 매혹된 나머지 그들의 신앙인 '바알' 종교에 미혹되기까지 했습니다. 이때 이스라엘 민족에게는 판관의 역할이 매우 중요했습니다. 각 지파는 지방자치를 실시하여 지방의 유력자인 판관의 영도 아래 외적을 막고 질서를 유지했습니다. 기원전 10세기경의 역사적 정황을 볼 때, 이러한 통일성과 조직조차 없었다면 가나안의 원주민 세력이 강력하게 팽창하는 상황에서 생존 자체가 불가능했을 것입니다. 가나안을 정복할 때부터 국가를 형성하기 전까지 일어난 사건들이 〈신명기〉, 〈여호수아〉, 〈판관기〉 등에 기록되어 있습니다.

이스라엘 군대의 거룩한 전쟁

과연 '거룩한 전쟁'이 있을 수 있을까요? 군인은 전장에 나가 무기를 들고 싸우다가 죽는 것이니 그럴 수 있다고 하더라도, 일체의 발언권도 주어지지 않는 여자와 어린아이까지 하느님의 진두지휘 아래 살해되는 것을 어떻게 이해해야 할까요?

이러한 점에서 〈여호수아〉는 난해한 책입니다. 이스라엘 민족의 입장에서 본다면 통쾌한 승리를 담은 정복기지만, 다른 편에서 보자면 도시 전체가 치밀하고 조직적으로 도륙된 뼈아픈 패배의 기록이 아닐 수 없습니다. 그들은 깨끗하게 인종청소를 당하면서 역사에서 지워졌습니다.

〈여호수아〉에 기술된 다양한 전투에서, 하느님은 가나안 사람들

• 도륙 屠戮
사람이나 짐승을 함부로 참혹하게 죽이는 행위.

• 인종청소
어느 한 민족 집단이 다른 민족 집단의 구성원을 강제로 제거하는 정책을 말한다. 강제 이민과 인구 이동 정책 같은 상대적으로 가벼운 정책부터 강제 이주와 대량 학살에 이르는 정책까지 포괄한다.

을 하나도 남기지 말고 다 죽이라는 명령을 내립니다. 원래 가나안 땅에 자리 잡고 살아가던 원주민들을 진멸시키는 과정을, 끊임없이 전쟁이 벌어지는 오늘날의 상황에서 어떻게 설득력 있게 해석할 수 있을까요? 비록 그것이 이스라엘 백성에게 야훼 하느님의 성전[Holy War, 헤렘]*으로 이해되었지만, 오늘날 그것을 읽는 사람들에게는 해석학적 과제를 안겨 주는 것이 당연합니다.

어떤 학자들은 〈여호수아〉에 대해, 한 나라의 군사적인 성공을 기록한 것이 아니라 세상을 위한 하느님의 목적을 담은 책이라고 소개합니다. 다시 말해, 이스라엘의 역할은 하느님의 권능과 거룩함, 자비를 드러내는 것이라는 주장입니다. 거룩한 전쟁을 통해 하느님이 어떤 분인지를 보여 준다는 것이지요. 따라서 《성서》는 지상의 나라들 사이에 세워질 하느님 나라에 관해 이야기하고 있다는 것입니다. 세상에 대한 주권이 하느님에게 있는 것이며, 세상의 모든 존재를 있게도 하고, 없게도 하는 유일한 분이라는 뜻이지요. 그러나 이러한 주장도 우리의 불편한 마음을 시원스럽게 만들어 주지는 못합니다. 〈사무엘〉의 다윗과 골리앗 이야기*는 또 어떤가요? 여기에서 다윗은 하느님에 대해 '이스라엘 군대의 하느님'이라고 부르면서 창조주를 독점하려고 시도합니다.

> 그러나 다윗은 불레셋 장수에게 이렇게 응수하였다. "네가 칼을 차고 창과 표창을 잡고 나왔다만, 나는 만군의 야훼의 이름을 믿고 나왔다. 네가 욕지거리를 퍼붓는 이스라엘 군대의 하느님의 이름을 믿고 나왔다.(1사무 17:45)

● 성전 聖戰
종교적 이념에 따라 수행하는 전쟁으로, 《성서》에는 하느님이 개입한다.

● 골리앗은 《구약성서》의 〈사무엘〉에 등장하는 불레셋의 장군이다. 강국 불레셋은 거대한 골리앗을 앞세워 이스라엘을 침공하였다. 이때 이스라엘의 양치기 소년 다윗이 돌을 던져 골리앗을 쓰러뜨리고 전투를 승리로 이끈다.

〈다윗과 골리앗〉
베첼리오 티치아노, 1542~1544, 베네치아 산타마리아 델라 살루테 교회.

이렇게 되면, 이스라엘의 적인 불레셋 군대는 도륙되어야 할 대상에 불과해집니다. 때때로 하느님은 이스라엘 민족이 언제 누구와 싸워야 하는지를 구체적으로 말해 주는가 하면, 자연의 힘을 지원해 주기도 합니다.

야훼께서 시스라가 거느린 그의 전 병거대와 군대를 바락 앞에서 혼란에 빠뜨리셨다. 그러자 시스라는 병거에서 내려 도보로 도망쳤다.(판관 4:15)

이스라엘 군대는 마을과 성읍을 탈취하면 반드시 그것을 진멸시켰습니다. 그러나 '거룩한 전쟁'에 관한 이야기를 하느님 나라를 건설하기 위한 모델로 삼아서는 곤란합니다. 그리스도의 십자가는, 하느님이 백성들을 정복하는 능력이 적들을 죽이는 데 있는 것이 아니라 오히려 우리의 생명을 다른 사람들을 위한 제물로 내주는 데 있음을 보여 주는 것입니다.

사실 《성서》에 '거룩한 전쟁'에 대해 시원스럽게 이해시켜 줄 만한 구절은 없습니다. 그것은 우리 모두의 과제로 남겨 두어야 합니다. 다만 하느님은 전쟁을 원하지 않으며, 궁극적으로 평화로운 세상을 꿈꾸고 있다는 것은 확실합니다. 예언자 미가*는 다음과 같이 하느님 나라를 선언합니다.

하느님께서 민족 사이의 분쟁을 판가름해 주시고 강대국 사이의 시비를 가려 주시리라. 그리 되면 나라마다 칼을 쳐서 보습을 만들고 창

• 미가
주로 남왕국 유다에서 활동한 예언자로, 이사야와 같은 시대의 사람이다. 이스라엘 왕국의 수도 사마리아의 멸망에 대해 예언했고, 유다의 이스라엘 부자들을 몹시 꾸짖고 가난한 자들과 어울리며 지냈다. 《구약성경》〈미가〉의 저자이며, 하느님의 뜻을 과감하게 선포하고 전달했다.

을 쳐서 낫을 만들리라. 나라와 나라 사이에 칼을 빼어드는 일이 없어 다시는 군사를 훈련하지 아니하리라. (미가 4:3)

20년간 판관으로서 이스라엘을 다스린 삼손

앞서 언급한 대로, 이스라엘 민족은 가나안에 정착하고 바로 왕을 세우고 국가체제를 만들지 않았습니다. 왕을 옹립하는 것은 하느님에 대한 불신이라고 여겼습니다. 《성서》에서는 이러한 족장들에 관한 이야기를 다루면서, 국가를 형성하기 위한 과도기적 시대를 '판관시대' 또는 '사사士師시대'라고 부릅니다.

판관(사사라고도 한다)이란 재판관과 군사적 지도자로서 역할을 지닌, 왕정 수립 이전의 이스라엘 지도자를 가리킵니다. 이들이 나서서 재판과 전쟁을 지휘한 것은 외세의 침략으로 긴장이 고조되었던 때입니다. 이처럼 비상시에 강력한 지도력을 보여 주던 인물들도, 평상시에는 일반 백성들 틈에서 살아가는 보통 사람일 뿐이었습니다. 예컨대 외팔이 에훗, 목동 삼가르, 농사꾼 기드온, 창녀의 자식 입다 등이 그런 사람들입니다. 판관은 자신의 임무가 종료되면 본래의 일터로 다시 돌아가 본업에 충실하게 됩니다.

《성서》의 내용은 잘 모르더라도, '삼손'에 대한 이야기는 아는 사람이 많을 것입니다. 삼손의 예를 통해서 판관의 역할을 알아보도록 하겠습니다. 삼손이 태어난 시대는, 이스라엘 민족이 40년 동안 불레셋인에게 지배를 받고 있던 때였습니다. 삼손은 태어나기 전부터 이미 하느님께 바쳐진 사람이었습니다. 그의 출생을 보면, 마치

● 에훗
이스라엘의 두 번째 판관, 게라의 아들.

● 삼가르
소를 모는 막대기로 불레셋인 600명을 죽인 인물이다.

● 기드온
《구약성서》에 나오는 이스라엘의 판관. 므나쎄족 아비에젤의 후손으로, 므나쎄족 출신 300명의 정병을 이끌고 이즈르엘 평야에서 미디안인 대군을 이겨 이스라엘을 위기에서 구했다.

● 입다
굉장한 장사로, 창녀의 자식이라는 이유로 많은 놀림을 당했다. 암몬 백성이 이스라엘을 공격해 오자 길르앗의 원로들이 입다를 찾아가 암몬을 물리쳐 준다면 수령으로 모시겠다고 제안한다. 이에 입다는 스무 성읍을 쳐부수는 큰 공을 세우지만, 사람들에게 환영을 받지 못한다. 6년 동안 이스라엘의 판관으로 있었다.

《신약성서》의 예수를 연상시킬 정도입니다.

네가 임신하여 아들을 낳거든 그 머리에 면도칼을 대지 마라. 그 아이는 모태에서부터 이미 하느님께 바쳐진 나지르인이다. 그 아이가 비로소 이스라엘을 불레셋 사람들 손에서 건져낼 것이다.(판관 13:5)

그러나 그가 판관으로서 이스라엘을 20년간 다스렸다고는 하나,(판관 15:20) 공적으로 전쟁을 지휘하거나 이스라엘을 다스리는 장면은 한 번도 나오지 않습니다. 단지 홀로 다니면서 초인적인 힘을 발휘하는 이야기로만 등장합니다. 이방 여인 들릴라•의 유혹에 빠져들기 전까지는 말입니다.

삼손은 자신도 알지 못한 채 하느님의 계획에 의해 철저하게 조종된 사람처럼 그려집니다. 하지만 먼저 사건이 일어나고, 그 다음에 역사가 기록되었다는 점을 인식해야만 합니다. 삼손이 '야훼의 영靈에 사로잡혔다'는 것은, 그의 전 생애를 통해 이해되어야 합니다. 영화의 한 장면이 갖는 진정한 의미는 그 영화가 끝나 봐야 알 수 있는 것처럼 말이지요. 삼손의 주요 행적은 다음의 여섯 가지 행위로 요약할 수 있습니다.

첫째, 맨손으로 사자를 죽임.(판관 14:5-6)
둘째, 아스클론 사람 30명을 죽임.(판관 14:19)
셋째, 여우 삼백 마리를 잡음.(판관 15:4-5)

〈삼손과 사자〉
삼손은 우연히 길을 걷다가 만난 사자를 맨손으로 찢어 죽일 정도로 엄청난 괴력을 가진 인물이었다. 프란체스코 하예즈, 1842, 피렌체 현대 미술관.

• 들릴라
아름다운 외모를 가진 불레셋의 여인으로, 삼손이 가진 괴력의 비밀을 알아내면 1100냥을 준다는 불레셋인의 꾐에 넘어가 그를 유혹한다. 삼손의 힘의 비결이 머리카락에 있다는 사실을 누설하여 삼손을 파멸시킨다.

넷째, 불레셋인 천 명을 죽임.(판관 15:14−17)

다섯째, 가자 성문을 헤브론으로 가져감.(판관 16:3)

여섯째, 다곤 신전을 무너뜨림.(판관 16:23−30)

<가자의 성문을 운반하는 삼손>
폴 구스타브 도레의 목탄화.

그러나 삼손은 들릴라의 배신으로 그의 놀라운 힘의 근원인 머리가 깎여 불레셋인들에게 잡히고 맙니다. 그리하여 눈이 뽑힌 채 감옥에서 연자 맷돌을 돌리는 중노동을 하는 등 갖은 학대를 받습니다. 그러나 불레셋의 축제에서 반전이 일어납니다. 그들이 신전에 모여 삼손의 재주를 보면서 이스라엘인을 희롱하고 있을 때, 삼손이 하느님께 이렇게 기도합니다.

주 야훼여, 한 번만 더 저를 기억해 주시고 힘을 주시어 제 두 눈을 뽑은 불레셋 사람들에게 단번에 복수하게 해주십시오.(판관 16:28)

'한 번만'이라는 말은 애처롭기까지 합니다. 결국 삼손은 다곤 신전을 무너뜨려, 현장에 있던 수많은 불레셋의 고위관리들과 함께 죽는 길을 택합니다.

한 조직의 지도자는 보통 자신의 행정부와 수반을 거느리지만, 삼손의 사례에서 알 수 있듯이 판관에게는 그런 조직이 애초에 존재하지 않을뿐더러, 그 자신도 지배자의 신분이 아닙니다. 이처럼 이스라엘 민족은 지배자 없이 민족 공동체를 형성하던 시기를 거쳤습니다.

그러나 이스라엘 민족이 가나안 땅에 정착한 이후, 변방의 국가,

〈삼손과 들릴라〉
미녀 들릴라는 삼손의 마음을
사로잡고 그 힘의 비밀을 알아
낸다. 그리하여 삼손이 잠든
틈을 타서 그의 머리를 잘라
버린다. 이때 문 밖에 숨어 있
던 불레셋 병사들이 방 안으로
들어와 삼손을 잡으려 하고,
이에 삼손이 저항하며 들릴라
에게 배신감을 표현하고 있다.
안톤 반 다이크, 17세기 초반,
빈 미술사 박물관.

곧 아시리아, 바빌론, 이집트 등은 강력한 왕권을 가지고 나라를 다
스렸습니다. 예컨대 그들은 왕을 신 혹은 신의 아들로 여기고 추앙
했는데, 야훼 신앙을 가진 이스라엘의 입장에서는 이것이 신에 대
한 도전으로 이해되었습니다.

그러나 외세의 침략을 자주 받다 보니 이스라엘에서 주변 왕권국
가의 위협에 대해 민감하게 반응하는 세력이 형성되었습니다. 그들
은 왕국을 이루어 이방 민족의 위협으로부터 자신들을 보호해야 한
다고 생각했습니다. 그리하여 다음과 같이 주장했습니다.

　　　다른 모든 나라처럼 왕을 세워 우리를 다스리게 해 주십시오.(1사무
8:5)

이스라엘 민족이 왕을 요구한 이유는 무엇 때문일까요?《성서》
에서는 이스라엘 민족이 하느님에 대한 불신 때문에 왕을 요구했다

고 기록합니다. 선택된 민족인 이스라엘은 왕을 세워서는 안 되었습니다. 그러나 그들은 결국 신을 버리고 인간이 지배하는 세상을 만들어 자신들의 뜻대로 나라를 통치하고 싶은 교만함 때문에 왕을 요구한 것입니다.(1사무 8:7) 그러나 왕의 옹립을 주장하는 입장에서는 군국주의[•] 국가 건립의 정당성을 다음과 같이 말합니다.

> 그래야 우리도 다른 나라처럼 되지 않겠습니까? 우리를 다스려 줄 왕, 전쟁이 일어나면 우리를 이끌고 나가 싸워 줄 왕이 있어야 하지 않겠습니까?(1사무 8:20)

그러나 《성서》에는 이스라엘 민족이 왕권을 수립하는 것이 정당하지 않은 이유를 크게 두 가지로 언급하고 있습니다. 이것은 사무엘의 입을 통해 명확하게 진술됩니다.(1사무 8:11~17) 먼저 인간에게 절대적인 권력이 주어질 경우 노예화가 진행될 것이라는 이유를 듭니다. 두 번째는 신과 인간 사이의 관계가 단절되어 하느님의 직접 통치가 어렵게 된다는 것입니다. 이것은 인간에게 부여한 축복 가운데 자유의지와 밀접한 관계를 갖는데, 신의 개입은 인간의 자유의지를 통해 가능해진다는 의미이기도 하므로 중요한 의의를 지닙니다.

결국 판관시대 말기에 하느님을 믿는 종교로 전 부족을 통일하려는 운동이 강력하게 진행되었습니다. 주변 강대국의 위협이 그들의 신앙을 흔들어 놓았고, 급기야 왕권 수립의 필요성이 긴박하게 진행되기 시작했습니다. 이와 맞물려 이스라엘 민족의 종교적 상징인

• **군국주의**
군사력에 의한 국가의 발전을 중요한 목적으로 삼고, 정치·경제·문화·교육 등의 사회구조나 국민의 생활을 전적으로 군사력 강화에 종속시키는 체제나 입장.

● 법궤 法櫃
하느님과 이스라엘 백성 간의
계약이라 할 수 있는 십계명을
새긴 두 장의 석판을 보관한
상자로, '언약궤' 또는 '율법의
궤', '계약의 궤' 라고도 한다.

● 실로 Shiloh
팔레스타인의 고대 도시인 베
델의 북쪽에 있는 에브라임의
한 성읍.

● 사무엘 Samuel
《구약성서》에 나오는 인물로,
기원전 11세기에 제사장. 예언
자 역할을 하였다. 이스라엘의
최후의 판관으로서 베델, 길갈,
미스바 각지를 순회하였으며,
이스라엘에 왕제를 도입할 때
결정적인 역할을 수행하였다.

법궤˙를 안치한 실로˙가 판관 엘리의 말년인 기원전 1050년경에 불레셋 족속에게 점령되고 법궤까지 빼앗기게 되면서, 이스라엘 민족에게는 '통일왕국'을 건설할 필요성이 더욱 절실해졌습니다. 엘리의 사후에 마지막 판관이 된 사무엘˙은 그 운동의 중심에 서 있던 위대한 지도자였습니다. 그는 사울을 초대 왕으로 옹립시키고, 뒤이어 다윗 왕조를 출범시킴으로써 자기 역할을 충분히 해낸 역사적인 인물로 기록되었습니다. 그렇다면 다음 장에서 이스라엘 왕조가 어떻게 세워지는지 면밀히 살펴보고, 이에 관해 《성서》는 무엇을 말하고 있는지 알아보겠습니다.

왕권 수립과
다윗 왕조

02

　　● ● ● 　대부분의 사람들은 《구약성서》에서 예언서 (선지서) 다음으로 어려운 것이 왕국시대에 관한 책들이라고 말합니다. 등장인물이 많고 사건도 복잡하기 때문입니다. 이스라엘 왕국 시대는 판관 사무엘의 등장으로 시작된 초대 왕 사울의 통치 시기 에서부터 〈열왕기 하〉와 〈역대기 하〉에 기술된 바빌론 포로 시기까 지 계속됩니다. 왕국시대란 이스라엘 백성들이 원해서 왕을 세우고 통치를 받던 시기를 뜻하는데, 《구약성서》에는 이 시기에 관한 역 사서가 여섯 권 있습니다. 우리가 이미 잘 알고 있는 것처럼, 이 책 들은 두 권씩 세 벌(〈사무엘 상·하〉, 〈열왕기 상·하〉, 〈역대기 상·하〉)로 구성되어 있습니다. 그 안에는 마지막 판관 사무엘에 의해 왕조가 수립되고 나서 남과 북으로 분열되는 과정, 그리고 두 왕국의 신앙

을 중심으로 한 정치적·사회적 배경 등이 기술되어 있습니다. 왕국시대는 41명의 왕과 1명의 여왕이 치세治世한 것을 포괄하며, 모든 이스라엘 백성이 포로로 잡혀가면서 막을 내립니다.

이스라엘의 왕국시대는 세 단계로 구분할 수 있습니다. 제1기(기원전 1005~926)는 다윗과 솔로몬을 잇는 통일왕국시대입니다. 제2기(기원전 926~722)는 북왕조시대로, 솔로몬 왕 이후 분열되어 사마리아가 몰락할 때까지를 말합니다. 이때 나라 안에서는 엘리야˙를 시작으로 아모스,˙ 호세아˙ 등의 예언자들이 나타나 준엄한 심판을 선포했습니다. 제3기(기원전 722~587)는 남왕조시대로, 아수르˙의 침공을 받아 결국 예루살렘이 함락되면서 끝이 났습니다. 이 시기에는 유명한 요시아˙ 왕의 대개혁(기원전 622)이 시도되었으며, 〈신명기〉 역사가가 활약했습니다. 이사야와 미가, 예레미야˙가 마지막 예언자로서 유다 왕국의 멸망을 지켜보았습니다.

초기 이스라엘 왕조의 흥망사에서 다윗은 선망의 대상으로 미화됩니다. 이것은 이스라엘 민족의 메시아 사상˙과 직결되는데, 《신약성서》에서 예수가 자신이 다윗의 자손이라고 믿는 것도 이러한 메시아 사상이 깊이 관련되어 있습니다. 다윗에 관한 이야기는 〈사무엘 하〉 9장부터 20장까지 그리고 〈열왕기 상〉 1장과 2장에 기록되어 있습니다. 여기서 지나치게 다윗의 편에서 사울을 그려냄으로써 애매모호한 인물로 만들었다는 평가를 받기도 합니다. 그러나 《성서》는 이스라엘 민족을 중심으로 하는 신앙적인 입장에서 쓰였기 때문에 기록된 내용 자체를 주목할 필요가 있습니다. 다윗은 하느님을 사랑한 인물임에는 틀림이 없습니다. 그는 〈시편〉을 시작하

● 엘리야
기원전 9세기 이스라엘 왕국의 아합·아하지야 왕 시대에 활약한 선구적 예언자. 바알 예배자들과 대결을 벌여 야훼 예배를 정착시켰다.

● 아모스 Amos
기원전 8세기 유다 왕국 출신의 예언자. 《구약성서》 중에서 예언자의 이름을 쓴 예언서가 편찬된 '기술 예언서'의 최초 인물이다.

● 호세아
기원전 8세기 무렵의 이스라엘의 예언자. 《구약성서》의 〈호세아〉를 기록하였다.

● 아수르 Assur
현재의 명칭은 칼라트 세르카트(Qal'at Sherqat). 이라크 북부 모술 남쪽 약 100킬로미터, 티그리스 강 우안에 있는, 아시리아에서 가장 오래된 도시이다.

● 요시아
분열 유다 왕국의 16대 왕으로 하느님을 잘 섬기고 옳은 일을 하여 히스키야 등과 함께 유다의 위대한 왕으로 꼽힌다.

● 예레미야
《구약성서》의 〈예레미야〉의 주인공으로, 기원전 625년경 유다 왕국 말기 요시아 왕 때 활동한 대예언자.

면서 "복되어라, 야훼께서 주신 법을 낙으로 삼아 밤낮으로 그 법을 되새기는 사람"(시편 1:1-2)이라고 자신에 대해 고백했습니다.

다윗은 후대에 와서 극단적인 평가를 받고 있는 것이 사실이지만, 《성서》의 기록에 비춰 볼 때 매우 인간적인 데다 자신의 잘못을 뉘우치고 하느님께 다시 돌아온 인물이라는 것이 지배적인 평가입니다. 그는 이스라엘의 판도를 넓혔으며, 남북을 통일하고 확고한 지배체제를 구축함으로써 강력한 왕국을 건설하였습니다.

마지막 판관, 사무엘

사무엘을 예언자로만 알고 있는 사람들이 많습니다. 그러나 사무엘은 이스라엘의 마지막 판관으로서 백성들의 의견을 수렴하여 이스라엘의 왕정체제를 수립하는 데 크게 기여한 인물입니다. 《성서》에서 출생에 관한 이야기들은 각각 족장사, 민족사, 왕정사의 첫 부분에 등장합니다. 이사악, 모세, 사무엘 등을 비롯하여 특히 예수의 탄생에 대한 기록을 보면, 기적적인 출생이나 갓 태어난 아이를 보호하는 데 중점을 두고 있습니다. 사무엘의 탄생 역시 특별합니다. 그의 어머니의 이름은 '한나'인데, 오랫동안 아이를 낳지 못해 남편의 다른 아내로부터 수모를 당합니다. 아이를 갖기 위해 실로의 한 성전에서 기도를 드리던 한나는 엘리 제사장으로부터 아이를 낳게 될 것이라는 예언을 듣게 됩니다. 그렇게 해서 태어난 아이가 '사무엘'입니다. 사무엘이라는 히브리어 이름은 '하느님께서 들으셨다'라는 의미를 담고 있습니다.

● 메시아 사상
히브리어로 '기름이 부어진 사람'이라는 뜻을 가진 메시아에 의해 종말에 놓인 세계가 구원되고 새로운 세계질서가 도래할 것이라는 믿음을 가리킨다. 《신약성서》에서는 예수가 메시아로 등장하며, 유다교에서는 그것을 인정하지 않은 채 계속 메시아를 기다린다.

● 이사악
이스라엘의 제2대 족장으로, 이삭이라고도 한다. 《구약성서》에 나오는 아브라함의 아들이다. 아브라함의 나이가 100세이고 그의 아내 사라는 단산(斷産)한 상태였는데, 이사악이 태어났다고 한다.

<제사장에게 아들 사무엘을 보내는 한나>
장 빅토르, 1645, 베를린 국립 미술관.

귀에서 이상한 **소리**가 들려요.

그, 그것은 **하느님의 음성**이란다.

사무엘

엘리 제사장

● **유다**
유다, 유대 또는 유다이아 지방은 전통적으로 가나안 지방의 남단을 부르는 고대의 지명이다. 넓게는 가나안 지방 전체를 가리키기도 하나, 대체로 과거 유다 왕국이 존재했던 가나안 지방 남부를 가리킨다. 현재는 이스라엘과 팔레스타인 그리고 요르단의 일부 지방으로 나뉜다.

사무엘이 젖을 떼자, 한나는 그를 엘리 제사장에게 데려가서 성전 일을 돕도록 합니다. 어느 날 한밤중에 사무엘은 자신을 찾는 음성을 듣게 됩니다. 그러나 그것이 하느님의 음성임을 깨닫지 못한 어린 사무엘은 엘리 제사장을 찾아갑니다. 엘리 제사장은 다음과 같이 사무엘에게 일러 줍니다.

부르는 소리가 나거든, 이렇게 대답하여라. "야훼여, 말씀하십시오. 종이 듣고 있습니다."(1사무 3:9)

이에 사무엘은 하느님의 음성이 들릴 때 스승인 엘리 제사장이 일러 준 대로 대답합니다. 사무엘이 하느님의 음성을 듣기 시작하면서부터 이스라엘에 그 소문이 퍼졌고, 사람들은 하느님이 사무엘을 통해 말씀하신다는 것을 알게 됩니다.

역사적으로 사무엘은 현명한 판관이자 대제사장이었으며, 예언자이기도 했습니다. 최소한 《성서》의 기록에 비춰 볼 때는 그렇습니다. 그는 '사울'이라는 거인을 이스라엘 백성들에게 추천하여 왕국의 기초를 놓는 데 성공했으나, 그의 배신으로 완성하지는 못합니다. 이에 사무엘은 다음 왕을 옹립하기 위해 전국을 순회하다가, 유다● 지파의 목동 다윗을 찾아내어 그를 왕으로 세웁니다. 이제 사무엘이 세운 두 왕을 중심으로 이스라엘 민족의 왕정체제를 살펴보겠습니다.

이스라엘의 초대 왕, 사울

이스라엘 백성들이 사무엘에게 왕을 세워 달라고 아우성을 치자, 사무엘은 하느님의 뜻을 따라 사울이라는 청년에게 기름을 붓고 이스라엘의 왕으로 세웁니다. 사울의 이력은 이러합니다.

> 베냐민 지파에 키스라는 사람이 있었다. 그는 아비야의 현손이요, 스롤의 손자요, 아비엘의 아들이었다. 그는 베냐민 사람으로서 유지였다. 그에게 사울이라는 아들이 있었다. 이스라엘 사람 가운데 그만한 사람이 없을 만큼 깨끗하게 잘생긴 아들이었다. 누구든지 그의 옆에 서면 어깨 아래에 닿았다.(1사무 9:1-2)

사무엘이 사울에게 기름을 붓자, 사울에게 하느님의 영이 임하게 되어 예언을 하기 시작했습니다. 그러나 기름을 부었다고 해서 그가 바로 왕이 된 것은 아닙니다. 사무엘은 이스라엘의 모든 백성 앞에 사울을 세우고 제비뽑기를 통해 결정했습니다.(1사무 10:20-21) 여기서 우리는 하느님이 피조물인 인간들의 세계를 존중하여 최후의 결정을 그들의 손에 맡겼음을 알 수 있습니다. 그러나 사울은 처음에는 왕의 자리를 두려워했습니다. 사울이 왕의 자리를 확고히 다진 것은 야베스에서 암몬족을 무찔러 이스라엘 백성들의 신임을 얻게 된 다음부터입니다.

〈사무엘 상〉의 12장은 사무엘의 고별사로 유명합니다. 모세와 여호수아의 고별사와 마찬가지로, 사무엘의 고별사 역시 이스라엘 민

• 고대 근동에서 행해진 종교적 의식으로, 성령의 임재(臨在)를 상징한다. 사람에게 기름을 부어 제사장과 선지자 및 왕으로 세우는데, 이러한 행위는 하느님의 지명과 축복, 특별한 명예 등을 의미한다.

• 야베스
야베스 길르앗의 줄임말로, 유다의 한 성읍을 가리킨다.

• 암몬족
고대 셈족의 계파로, 요르단 동쪽에 자리 잡고 유목 생활을 했다. 기원전 13세기에 왕국을 세웠으나, 다윗에게 수도를 빼앗겼다. 기원전 2세기에 유다 왕국의 마카베우스에 의해 멸망했다.

〈사울에게 나타난 사무엘의 유령〉
윌리엄 블레이크, 1800년경.

저… 아직 사무엘 제사장님이 안 오셨는데요?

야, 지금 시간이 없어. 그냥 우리끼리 빨리 하자구!

비나이다…

사울

● 길갈
요르단 강가에 있는 고대 팔레스타인의 땅. 원래 제사 의식을 위해 만든 고리 모양의 신성한 돌담을 뜻하며, 이것을 만든 장소에 이 지명이 붙었다.

● 집례 執禮
나라의 제사 때에 홀기(笏記)를 읽는 일을 맡아 보던 임시 벼슬.

족에게 큰 의미를 가집니다. 예언자의 입을 통해 하느님이 마지막으로 당부하는 말씀이기 때문입니다.

두려워하지 마라. 비록 너희가 못할 일을 했지만, 앞으로는 야훼를 떠나지 말고 성심껏 야훼를 섬기도록 하여라. 허수아비들을 따르지 마라. 그것들은 너희를 도울 수도, 건져 줄 수도 없는 헛된 것들이다.(1사무 12:20~21)

사무엘의 고별사는 명쾌합니다. 한마디로 말해서 '하느님만을 따르라'라는 메시지입니다. 하느님은, 백성들이 자신을 따르는 것을 기뻐하므로 버리지 않겠지만 악을 행하면 그들과 왕들이 모두 멸망하게 될 것이라고 징벌을 경고하며 고별사를 끝맺습니다.(1사무 12:25) 이것은 앞으로 펼쳐질 이스라엘 왕조의 운명을 내다볼 수 있는 대목이기도 합니다.

사울이 왕위에 오르면서 불레셋의 공세가 거세지기 시작합니다. 길갈°에서 벌어진 전투는 사울 왕이 패배한 것으로 유명합니다. 길갈 전투의 배경은 이러합니다. 이스라엘 백성은 전투를 하기 전에 하느님께 제사를 드리는 것이 관례였습니다. 제사장이 제사를 준비하고 집례°를 하는데, 사무엘에게 무슨 일이 있는지 7일 동안이나 길갈에 나타나지 않았습니다. 이스라엘 군대가 흩어지는 것을 보고 마음이 조급해진 사울은 직접 제사를 올렸습니다. 제사가 모두 끝날 때쯤 도착한 사무엘은 그 광경을 보고 무척 화를 냈습니다. 변명하는 사울에게 사무엘은 다음과 같이 말합니다.

그대는 어리석은 짓을 하였소. 어찌하여 그대의 하느님 야훼께서 내리신 분부를 지키지 않았소? 지키기만 했더라면 야훼께서 이스라엘을 다스릴 그대의 왕조를 길이길이 세워 주실 터인데, 이제 그대의 대는 더 이어가지 못할 것이오. 그대가 야훼의 분부를 지키지 않았으니, 야훼께서는 당신의 마음에 드는 사람을 다시 찾아 당신의 백성을 다스릴 수령으로 세우실 것이오.(1사무 13:13-14)

이 사건으로 사울의 성격이 비뚤어졌습니다. 그는 언제나 옳은 일을 하려고 했지만, 그릇된 방법으로 일을 처리했습니다. 제사를 드리는 것과 금식을 하는 것이 나쁜 일은 아니지만, 그는 하느님의 뜻을 받들지 않고 독단적으로 결정하여 행동했습니다. 전투 중에 병사들에게 금식을 명령했고, 아말렉° 족속이 소유한 것을 모두 멸하라는 하느님의 명령을 어기고 가축을 남겼습니다. 나중에 하느님을 위해 제사를 드릴 때 쓰려고 했다지만, 그것은 자신의 생각이지 하느님의 뜻은 아니었습니다. 그때 사무엘은 다음과 같이 말했습니다.

야훼께서, 당신의 말씀을 따르는 것보다 번제°나 친교제° 바치는 것을 더 기뻐하실 것 같소? 순종하는 것이 제사 드리는 것보다 낫고, 그분 말씀을 명심하는 것이 염소의 기름기보다 낫소.(1사무 15:22)

사울은 화려하게 즉위했지만, 이스라엘 왕조에 모범이 되지는 못했습니다. 요나단°을 비롯한 사울의 아들들은 길보아 산°에서 불레

• 아말렉
《구약성서》에 나오는 고대 민족으로, 현재의 이스라엘 남쪽 주변 국가에 살았다. 이스라엘 민족을 오랫동안 괴롭힌 것으로 알려져 있다. 판관시대에 이스라엘을 침공해 잠시 다스리기도 했다. 하지만 연합 이스라엘 왕국이 설립되고 왕 사울이 21만 대군을 이끌고 아말렉을 공격해 아말렉의 왕 아각을 처형하고 아말렉인들을 이집트로 내쫓았다.

• 번제 燔祭
이스라엘 민족이 구약시대에 야훼 신에게 올린 가장 일반적인 동물의 희생의식.

• 친교제
화목제라고도 한다. 구약시대 이스라엘 민족이 하느님과 사람의 친교를 위해 드린 동물의 희생의식.

• 요나단
《구약성서》에 나오는 연합 이스라엘 왕국의 초대 왕 사울의 장남으로 후에 2대 왕이 될 다윗과 절친한 우정 관계를 유지했다.

• 길보아 산
이사갈 지방 요르단 강 서쪽에 있는 산. 이스라엘 초대 왕 사울과 그의 아들 요나단이 이곳에서 불레셋 사람들에게 패하여 전사했다.

〈사울의 죽음〉
길보아 산에서 죽음을 맞이하는 사울과 그의 아들. 엘리 마쿠스, 1848, 이스라엘 텔아비브 미술관.

셋 군대와 전쟁하던 중에 전사합니다. 그리고 심한 부상을 당한 사울은 결국 자살하고 맙니다. 불레셋 사람들은 목이 잘린 사울의 시신을 가지고 성을 돌아다니다가, 급기야 성문에 시신을 매달았습니다. 야베스 사람들이 사울의 시신을 되찾아 와서 작은 나무 아래 매장했습니다. 이스라엘의 초대 왕 사울은 이렇게 생을 마감했습니다. 그는 40세(기원전 1050)에 왕위에 올라 40년 동안 이스라엘을 다스렸습니다.(사도 13:21)

사울의 삶을 통해, 우리는 하느님에 대한 믿음이 겸손함에서 비롯된다는 것을 알 수 있습니다. 사울은 다방면에서 재능이 뛰어나고 자부심이 대단한 사람이었습니다. 그러나 처음의 믿음을 저버린 채 서서히 하느님의 뜻보다 자신의 판단을 더 신뢰하게 되었습니다. 인간의 교만함은 이렇듯 자신을 파멸의 길로 이끌어 갔습니다. 사울이 죽기 전에, 이미 사무엘은 하느님의 음성을 듣고 그의 뒤를 이을 왕을 찾아 나섭니다.

민족의 별, 다윗

하느님이 이스라엘의 새로운 왕으로 지목한 사람은 베들레헴●에 사는 다윗이었습니다. 그는 이새의 막내아들로, 들에서 양을 치는 목동이었습니다. 다윗에게 기름 붓는 의식을 마친 사무엘은 라마로 돌아가서 죽음을 맞이합니다.(1사무 16:13) 그러나 다윗이 왕이 되는 일은 쉽지만은 않았습니다. 사울이 죽기 전의 일입니다. 하느님의 영이 떠난 뒤 사울은 악령에 시달립니다. 그리하여 재주 많은 악사

● **베들레헴 Bethlehem**
팔레스타인에 있는 도시. 예수 그리스도의 탄생지이며, 예수가 태어났다고 전해지는 동굴 뒤에는 성탄교회가 있다.

다윗을 궁으로 불러들여 수금手琴을 타게 하자, 하느님이 부리던 악령이 사울에게서 떠나갑니다. 이 일로 사울은 다윗을 크게 신뢰하게 되고, 다윗은 이스라엘 백성으로부터 능력을 인정받습니다. 군대장이 된 다윗은 전쟁터에 나갈 때마다 승리를 거두고 돌아옵니다. 그가 돌아올 때 여인들은 성문 어귀에서 환영하는 춤을 추면서 다음과 같이 노래했습니다.

　　사울은 수천을 치셨고, 다윗은 수만을 치셨다네.(1사무 18:7)

　그러자 사울은 다윗의 능력을 시기하기에 이르렀습니다. 사울은 급기야 다윗을 살해하려고 시도합니다. 다윗은 도피할 수밖에 없었고 광야에서 수년을 보내야 했습니다. 갓 나라 왕 아기스의 용병이 되는가 하면, 무법자 무리의 지도자가 되기도 했습니다. 그 와중에도 사울은 끊임없이 다윗을 죽이기 위해 찾아다녔습니다. 반대로 다윗에게는 사울을 죽일 수 있는 기회가 몇 번이나 주어졌지만, 하느님이 기름 부어 세운 왕을 자신의 손으로 죽일 수 없다면서 살려

〈다윗과 사울〉(왼쪽)
에른스트 요셉손, 1878, 스톡홀름 국립미술관.

〈다윗과 요나단〉(오른쪽)
치마 다 코넬리아노, 1505∼1510년경, 런던 국립미술관.

주곤 했습니다.

다윗은 사울과 원수였지만, 사울의 딸인 미갈과 아들인 요나단과는 사랑과 우정을 나누었습니다. 다윗을 사랑한 미갈은 사람 크기의 인형을 대신 올려놓고, 다윗이 아프다고 거짓말을 해서 병사들을 따돌렸습니다.(1사무 19:13-14) 그리고 요나단은 다윗을 죽이려는 아버지의 계획을 알고, 다윗을 탈출시켜 주었습니다.(1사무 20:1-42) 요나단이 다윗을 도와준 것은, 하느님께서 그를 왕으로 삼고자 한다는 것을 알고 있었기 때문입니다.

사울이 죽고 나서 다윗은 자연스럽게 이스라엘의 왕권을 주장하게 되었습니다. 그러나 여전히 반대하는 사람들이 있었는데, 그 가운데 군대 장관들이 사울의 아들인 이스보셋*을 왕으로 추대하였습니다. 다윗은 이스라엘의 남쪽 절반인 유다를 통치하고, 7년 반 동안 헤브론*을 다스립니다.(2사무 2:1-5:3) 다윗의 세력이 커짐에 따라 이스보셋의 군대는 서서히 힘을 잃게 됩니다. 그의 군대 사령관이던 아브넬*이 다윗 편으로 투항하기에 이릅니다. 아브넬은 뒤에 다윗 군대의 총사령관인 요압*에 의해 보복살해를 당합니다.(2사무 3:22-27) 이스보셋이 암살되면서 다윗은 이스라엘 전체의 왕이 됩니다. 《성서》는 다음과 같이 기록하고 있습니다.

다윗은 나이 삼십에 왕위에 올라 사십 년을 다스렸다. 헤브론에서 칠 년 육 개월 동안 유다를 다스렸고, 예루살렘에서는 삼십삼 년 동안 온 이스라엘과 유다를 다스렸다.(2사무 5:4-5)

● 이스보셋
사울의 아들로, 분열기 때 북쪽 지파의 왕이었다. 사울이 불레셋의 공격을 받아 죽을 당시 사울의 아들들 중 유일하게 살아남았다. 남쪽에서 다윗이 유다의 왕이 되자 사울 군대의 장수였던 아브넬이 마하나임에서 길르앗과 아수르족, 이스르엘, 에프라임과 베냐민, 온, 이스라엘의 왕을 세웠다.

● 헤브론
기원전 18세기부터 예루살렘의 남쪽 30킬로미터의 지점에 자리한 마을. 아브라함, 이사악, 야고보 등 이스라엘 족장과 관계 있는 장소이다. 다윗은 이스라엘 전토를 통일할 때까지 이곳을 기점으로 남부 유다 지방을 다스렸다.

● 아브넬
연합 이스라엘 왕국의 장군으로, 사울 왕과 이스보셋 왕 때 활약했다.

● 요압
연합 이스라엘 왕국의 장군으로, 다윗 왕 시기 때 활약하며 여러 민족들을 무찔렀으나, 솔로몬 왕 원년에 숙청당했다.

그 뒤 재기할 수 없을 지경까지 불레셋을 쳐부수고, 판도를 넓혀 주변 군왕에 필적할 만큼 강력한 지위를 구축하는 과정에서 다윗은 두 가지 중요한 일을 단행합니다. 하나는 예루살렘 시를 점유하여 그의 성을 세운 것이고, 다른 하나는 예루살렘에 야훼 전통의 법궤를 이송하여 안치한 것입니다.

먼저 예루살렘은 유다나 이스라엘에 속하지 않은 여부스족*의 도성이었습니다. 다윗은 시온 산성*을 빼앗고 예루살렘을 왕도王都로 정했습니다. 그리고 이곳에 자신의 궁을 세웠습니다. 이것을 '다윗성'이라고 부릅니다. 예수살렘은 유다와 이스라엘의 중간에 있어서, 그가 어느 쪽에도 속하지 않은 전체의 왕임을 시위하는 데 적절한 장소였습니다. 이것은 왕권을 공고히 하기 위한 또 하나의 정책으로, 다윗은 이로써 세 번에 걸쳐 왕권을 강화하는 정책을 단행한 셈입니다.

두 번째로, 법궤를 다윗 성에 안치시킴으로써 자신이 하느님과 특별한 관계에 있음을 과시했습니다. 한낱 목동에서 출발한 그가 제사장을 임명하는 권한까지 행사하게 되었습니다. 이로써 이스라엘은 하느님이 직접 이끄는 제의적 종족이 아니라 군주왕국이 되었습니다. 사무엘이 예언한 내용이 그대로 현실이 된 것입니다. 다윗이 왕으로 추대된 뒤에도 이스라엘은 전쟁을 계속하며 많은 피를 흘려야만 했습니다. 그들은 모압, 암몬, 아람 그리고 에돔 족속들을 속속 쳐부수고 영토를 확장해 나갔습니다.

칼을 쓰는 자는 칼로 망하는 법입니다. 결국 다윗 왕조에서 반란이 일어납니다. 반란은 그의 아들 압살롬*(2사무 13-19장)과 비그리

● 여부스족
가나안의 셋째 아들의 후손으로, 소수의 사람들이 예루살렘 주변의 산지에 거주했다. 여부스는 예루살렘의 옛 이름이며, 예루살렘과 동격으로 쓰였다. 다윗이 이곳을 점령하기 전까지는 여부스족이 살고 있었다.

● 시온 산성
예루살렘 성전의 시온문(다윗의 문) 밖에 위치한 산이다. 이곳은 제2성전 시대의 예루살렘 위쪽 도시의 남단에 해당하는 지역으로 《구약성서》에서 자주 언급된다. 시온 산에는 다윗 왕의 무덤, 최후의 만찬 장소, 마가의 다락방, 베드로 통곡교회 등의 유적이 있다.

● 압살롬
다윗의 셋째 아들로, 장자인 이복형 암논이 누이동생인 다말을 욕보이자 그를 죽이고 추방되었다. 뒤에 반란을 일으켜 헤브론에서 즉위하여 다윗의 왕권에 도전하였으나, 에브라임 전투에서 패하고 요압의 손에 죽었다.

의 아들인 세바에 의해(2사무 20장) 일어납니다. 그들은 백성들로부터 큰 지지를 받았습니다. 《성서》에는 압살롬이 "이스라엘 사람의 마음을 훔쳤다."라는 기록이 있습니다. 이 일로 다윗은 예루살렘 성을 떠나 피난해야만 했습니다. 어찌 보면 다윗은 매우 불행한 사람입니다. 그는 아들 압살롬에게 쫓기는 신세가 되어 부자간에 피를 흘려야만 했습니다. 압살롬은 결국 심복인 요압에게 살해됩니다. 노년에는 아들 아도니야°와 솔로몬 사이의 싸움을 지켜봐야 했습니다.

다윗은 왕이 된 뒤로 백성을 위한다고 하면서 자신의 욕망을 채웠습니다. 《성서》는 거침없이 다윗의 치부를 서술해 나갑니다. 예컨대 충직한 부하인 우리야의 아내 바쎄바를 빼앗고 이 일을 덮기 위해 우리야를 일부러 전사시키는, 씻지 못할 과오는 널리 알려져 있습니다. 그런데도 사람들은 왜 다윗을 두고 '하느님과 마음이 합한 자'라고 부를까요? 그것은 그가 어려운 가운데서도 하느님을 믿고 무릎 꿇고 기도했기 때문입니다. 압살롬을 피하면서 지은 시를 한번 볼까요?

● 아도니야
다윗의 넷째 아들로 자신이 왕이 되려고 음모를 꾸미다가 솔로몬에게 숙청당했다.

● 셀라 Selah
악곡의 곡조를 올리거나 쉬라는 뜻으로 이르는 말. 《구약성서》 〈시편〉에 나온다.

〈다윗 왕과 바쎄바〉
우리야의 아내 바쎄바에게 반한 다윗 왕. 얀 마시스, 16세기경, 파리 루브르 박물관.

야훼여! 나를 괴롭히는 자, 왜 이리 많사옵니까? 나를 넘어뜨리려는 자, 왜 이리 많사옵니까?(셀라°) 너 따위는 하늘마저 버렸다고 빈정대는 자, 또한 왜 이리도 많사옵니까? 그러나 야훼여! 당신은 나의 방패, 나의 영광이십니다. 내 머리를 들어 주십니다.(셀라) 나 야훼께 부르짖으면 당신의 거룩한 산에서 들어 주십니다. 자리에 들면

자나 깨나 야훼께서 이 몸을 붙들어 주십니다. 적들이 밀려와 에워쌀지라도 무서울 것 하나 없사옵니다. 야훼여, 일어나소서. 나의 하느님, 구하여 주소서. 당신은 내 원수의 턱을 내리치시고 악한 자의 이빨을 부수시는 분, 야훼여, 승리는 당신께 있사오니 당신 백성에게 복을 내리소서.(셀라)(시편 3:1–8)

지혜의 왕, 솔로몬

솔로몬 왕은 다윗의 위엄과 후광을 등에 업고 출발했습니다. 그러나 그는 정치나 군사에 관심이 없고 화려한 삶만을 향유하려 해서 이스라엘을 외세의 침입을 막아내기 어려울 만큼 약한 나라로 전락시켰습니다. 그는 무려 천 명이 넘는 여인들과 결혼을 했습니다. 이러한 결혼은 대체로 주변의 크고 작은 나라들과 외교적인 차원에서 정략적으로 이뤄진 것이었습니다. 솔로몬이 나이가 들어가면서 이러한 결혼의 문제점이 드러나기 시작했습니다. 먼저 주변 국가의 여자를 아내로 맞아들인 결과 이방 신을 숭배하는 일이 생긴 데다,(1열왕 11:5) 신하들이 반역을 도모합니다.(1열왕 11:14–40) 고대 사회에서 왕이 그처럼 큰, 처첩들의 궁을 가진다는 것은 외교 역량이 뛰어남을 반영하는 것이기도 합니다. 그러한 측면에서 솔로몬 왕의 국제적 관계가 매우 다양하게 형성되었음을 알 수가 있

〈사바 여왕을 맞이하는 솔로몬〉
솔로몬은 정책적인 차원에서 주변국의 여자를 아내로 맞아들였다. 프란츠 프란켄 2세, 1615.

〈솔로몬의 심판〉
지혜의 왕 솔로몬이 한 아이를
놓고 두 어머니가 싸우는 것을
재판한 전설을 묘사한 그림.
발랑탱 드 불로뉴, 17세기경,
파리 루브르 박물관.

습니다. 솔로몬 왕이 왕위에 오르자 곧 하느님께 일천 번제를 드려 '지혜'를 선물로 받게 되었다는 일화는 유명합니다. 일천 번제란 제사를 천 번 드릴 만큼 정성을 다해 한꺼번에 지낸다는 의미입니다. 그만큼 정성스러운 제사를 말하는 것이겠지요. 그에게 하느님은 지혜뿐만 아니라 부와 명예도 주었습니다. 솔로몬의 지혜와 명성은 고대 근동에 널리 알려졌습니다. 지금까지도 그를 가리켜 '지혜의 왕'이라고 부릅니다.

솔로몬은 본래 다윗 왕과 신하 우리야의 아내 바쎄바에게서 태어난 아들입니다. 앞서 서술한 대로 다윗은 충신인 우리야를 전쟁터에 보내서 죽게 하고 바쎄바를 자신의 아내로 취하여 아이를 낳게 합니다. 첫 아이는 하느님의 저주를 받아 죽고, 두 번째 아이인 솔로몬이 건강하게 자라나 다윗의 뒤를 이어 이스라엘의 왕이 된 것입니다.

솔로몬은 지혜롭게 국가를 경영했습니다. 그는 세금 징수와 군대 징집을 효율적으로 수행하기 위해 열두 지파를 12개의 행정구역으로 나누었습니다. 이렇게 국가의 구조를 조정함으로써 지파와 씨족 단위의 이익을 좀 더 큰 국가적 이익과 민족적 정체성 이익 안에 종속시킬 수 있었습니다. 또한 솔로몬은 자신의 왕국에 강제 노역을 도입하는 것을 정책적으로 포함시켰습니다. 이러한 통치는 나라를 노예시대와 정치적 속박의 시대로 되돌리는 것이었습니다. 덕분에

이 성전을
하느님께
바칩니다!

됐거든!

솔로몬 정부는 급성장했지만, 이로 인해 왕의 측근들을 위해 많은 물자를 공급해야 했으며, 말과 병거를 두는 마구간의 수도 증가시켜야만 했습니다.

솔로몬 왕의 가장 위대한 업적은 다윗이 아라우나에게 산 예루살렘의 땅 위에 성전을 건축한 것입니다. 이 계획을 완수하는 데 7년이 소요됩니다. 솔로몬은 성전을 수행하면서 페니키아*의 건축술과 세공 기술에 크게 의존하였습니다. 그는 페니키아의 건축 자재와 기술자를 위한 식량을 수입했을 뿐만 아니라, 띠로*의 왕 히람*에 대한 부채를 해결하기 위해 이스라엘 북쪽 땅의 일부를 넘겨주어야 했습니다. 이 성전을 완성하기 위하여 백성들은 강제 노역과 무거운 과세라는 육체적·경제적 고통을 감수해야만 했지요.

솔로몬이 왕궁 전체를 짓는 데는 13년이 걸렸습니다. 여기에는 자신의 궁과 그의 이집트 부인을 위한 궁과 여러 개의 국가기관 건물들이 포함되어 있었습니다. 예루살렘에 수많은 건물을 지었을 뿐 아니라 게젤, 하솔, 므기또*에도 왕을 위한 건물을 지었습니다.

솔로몬이 다양한 업적을 성취했음에도, 〈신명기〉 역사가들은 그의 통치에 대해 부정적인 평가를 내렸습니다. 솔로몬은 이방 민족과의 결혼을 금지한 모세의 율법을 어겼으며, 하느님의 길을 따라 사는 데 실패하였습니다. 더욱이 그는 이방신들을 예배하고 그 옹호자가 된 사람입니다. 따라서 그는 하느님께 온전히 충성하지 않고 온전히 따르지 않은 것으로 평가받았습니다.

• 페니키아
지중해 동안을 일컫는 고대 지명으로, 오늘날의 시리아와 레바논 해안 지대에 해당한다. 이집트의 영향력 아래 있다가 기원전 14세기에 점차 독자적 해양 세력으로 성장했다.

• 띠로
지중해 연안에 있는 페니키아(베니게, 현대의 레바논 해안지역)의 고대 항구도시.

• 히람
이스라엘과 우호적인 관계에 있던 띠로의 왕. 솔로몬이 성전을 지을 때 기술자와 목재 등을 지원한 대가로 20개의 성읍을 제공받았다.

• 므기또
갈멜 산 동남쪽, 예루살렘으로부터 북으로 120킬로미터 지점의 이즈르엘 골짜기 남부에 위치한 요새다. 솔로몬 시대에 이스라엘의 영토가 되었다. 솔로몬 왕은 이곳의 중요성을 인식하고 행정적 중심지로 만들었다.

이스라엘 왕조의 분열

솔로몬의 지혜는 유전되는 것이 아니었나 봅니다. 솔로몬 왕이 죽자, 아들 르호보암이 왕위에 올랐습니다. 그는 백성들의 말에 귀기울여 듣지 않고, 자신과 함께 자란 젊은 신하들의 말에 휩쓸려 현명한 판단을 내리지 못했습니다. 판관시대에서부터 내려오던 분열의 조짐이 르호보암 시대에 이르러 현실이 되면서 끝내 두 왕국으로 갈라지고 말았습니다. 르호보암 왕에게 대립각을 세우며 분열에 앞장 선 사람이, 바로 솔로몬 왕 때 성전을 건축하는 책임자로 일하다가 그에게 미움을 사서 이집트로 망명한 여로보암이었습니다.

문제의 발단은 솔로몬 왕 때 시작되었습니다. 부지런한 청년 여로보암은 솔로몬의 총애를 받았습니다. 《성서》에서 여로보암을 다음과 같이 소개하고 있습니다.

그 사람 여로보암은 힘센 장사였다. 솔로몬은 그 젊은이가 일하는 것을 보고 그를 요셉 지파의 부역 총책임자로 임명하였다.(1열왕 11:28)

솔로몬 성전을 복원한 모형도

어느 날 여로보암은 예언자 아히야에게서 자신이 북왕국의 지도자가 될 것이라는 예언을 듣습니다. 아히야는 자신의 옷을 열두 조각으로 찢어 열 조각을 여로보암에게 주면서 열 지파의 지도자가 될 것이라고 예언합니다. 그리고 두 조각은 남왕국을 이

루게 될 것이라고 말했지요. 솔로몬 왕의 입
장에서 보면, 이러한 예언은 반역에 해당합니
다. 결국 소문을 들은 솔로몬은 여로보암을
죽이려고 합니다. 그리하여 여로보암은 이집
트로 망명해서 솔로몬 왕이 죽을 때까지 이집
트 왕의 보호를 받으면서 살게 됩니다.

〈여로보암과 아히야〉
미켈란젤로, 1511~1512, 로마
시스티나 성당.

　솔로몬 왕이 죽자, 북쪽에 있던 열 지파의 장로들은 여로보암을
앞세워 다음과 같이 요구합니다.

　　임금님의 부왕은 우리에게 무거운 멍에를 메웠습니다. 이제 임금님
　　께서는 부왕이 메웠던 이 무거운 멍에를 가볍게 해주시고 심한 일을
　　덜어 주십시오. 그래야만 우리는 임금님을 받들어 섬기겠습니다.(1열
　　왕 12:4)

　이에 대해 르호보암 왕이 솔로몬 왕 때부터 있던 신하들에게 묻
자, 그들은 건의를 받아들이라고 조언합니다. 반면에 르호보암과
함께 자란 젊은 신하들은 그들의 건의를 받아들이지 말고 더욱 엄
하게 다스리도록 권고합니다. 양측의 이야기를 전해들은 르호보암
은 연로한 신하들의 의견을 무시하고 젊은 신하들의 의견을 받아들
이면서, 백성들에게 다음과 같이 말합니다.

　　선왕께서 너희에게 무거운 멍에를 메웠다. 그렇지만 나는 그보다
　　더 무거운 멍에를 메우리라. 선왕께서는 너희를 가죽 채찍으로 치셨

〈여로보암의 베델에서의 제물〉
반 덴 데크하우트, 1656, 웹 미술 갤러리.

• 베델
팔레스타인의 고대 도시로, 예루살렘에서 17킬로미터 떨어진 곳에 위치한다. 히브리어로 '하느님의 집'이라는 뜻이며, 여로보암 때 우상 숭배의 중심지가 되었다.

으나, 나는 쇠 채찍으로 다스리리라.(1열왕 12:14)

다시 말해, 전보다 더욱 강력한 철권통치를 강행하겠다는 것입니다. 이에 유다 지파를 제외한 이스라엘 백성들은 다윗의 왕국을 버리고 여로보암을 중심으로 새로운 나라를 세웁니다. 이것이 북왕국 이스라엘입니다. 여로보암은 많은 이스라엘 백성의 지지를 받아 왕위에 올랐지만, 하느님께 순종적인 사람은 아니었습니다. 그는 이방 신의 제단을 쌓고 우상을 만들었습니다. 추측건대 그는 이집트에 오랫동안 머무르면서 이방 종교에 상당히 심취한 것으로 보입니다. 그런 이유로 여로보암이 하느님을 믿기보다 이방 신의 제단을 먼저 쌓은 것이 아닐까요?

여로보암 왕은 북이스라엘의 첫 수도인 베델*을 예루살렘에 버금가는 예배의 중심지로 만들려고 했습니다. 여기에는 남유다에 대한 종교적 열등감을 해소하고 이스라엘 백성을 규합하려는 정치적인 의도가 숨어 있었습니다.

이스라엘 왕은 궁리 끝에 금송아지 둘을 만들었다. 그리고 백성들에게 이렇게 선포하였다. "예루살렘에 제사하러 올라가기란 번거로운 일이다. 이스라엘 백성들아, 너희를 이집트에서 구해 주신 신이 여기에 있다. 그리고 금송아지 하나는 베델에, 다른 하나는 단에 두었다.(1열왕 12:28-29)

또한 하느님의 뜻과 상관없이 원하는 사람은 누구든지 산당[*]의 제사장으로 삼았습니다. 예언자들은 여로보암의 행실을 날카롭게 지적했지만, 그는 오히려 하느님의 말씀을 전하는 사람들을 멸시했습니다.

여로보암에 관한 다음 일화는 유명합니다. 여로보암 왕은 아들이 병들어 죽게 되자, 아내에게 변장한 채 예언자 아히야를 찾아가서 아들의 병세를 물어보게 합니다. 아히야는 늙어서 눈이 어두웠지만, 보지 않고서도 여로보암의 아내인 것을 알아챕니다. 그리하여 모든 식구들이 여로보암의 악한 행실 때문에 도륙당할 것이라고 예언합니다.

> 그러므로 이제 내가 여로보암 왕가에 재난을 내리리라. 여로보암 가문에 속한 남자는 자유인이든 종이든 가리지 아니하고 모두 씨도 남기지 아니하리라. 그리하여 사람들이 똥을 치듯이 나는 여로보암 가문을 이 이스라엘에서 남김없이 쓸어버리리라. (1열왕 14:10)

여로보암은 북이스라엘을 22년 동안 다스렸습니다. 그리고 그가 죽게 되자, 아들인 나답[*]이 왕위에 오릅니다. 남왕국인 유다는 르호보암이 다스리게 됩니다. 그는 17년 동안 나라를 다스리는데, 여로보암의 우상 숭배를 피해 남왕국으로 망명한 많은 제사장과 레위인을 통치 기반으로 삼았습니다. 하지만 르호보암도 아세라[*] 상을 세우고 성전에서의 혼음(混淫)을 눈감아 주었습니다. 그리고 주변 강대국들의 공격을 방어하려는 의도로 몇몇 성읍을 요새화했습니다.

● 산당 山堂
신에게 예배드리기 위해 만든 장소로, 초기에 구릉이나 산의 정상에 세워진 데서 이름이 유래했다. 하느님의 성소에 대비되는 우상 숭배의 본원지로, 요시아 왕이 종교개혁 때 제거했다. 후에 다시 산당이 복원되기도 했지만, 유다교에서는 이를 인정하지 않았다.

● 나답
여로보암의 뒤를 이어 즉위하여, 아버지와 마찬가지로 우상 숭배 등의 악행을 저질렀다. 결국 이사카르 가문의 아히야의 아들 바아사가 반란을 일으켜 나답을 살해하고 왕위에 오른다. 이로써 여로보암 집안이 몰살당할 것이라는 예언이 적중하게 된다.

● 아세라
가나안의 3대 여신 중의 하나로, 바알의 아내이며 풍요를 상징한다. 특히 페니키아 사람들이 행복을 가져다주는 신으로 숭배한 우상신이었다. 여신상은 나무가지를 잘라낸 나무기둥(목상)으로 바알의 제단 곁에 세워졌다.

<남왕국 유다의 영토는 원래 유다와 베냐민에 할당된 땅의 주변이고, 수도는 성전과 왕궁이 있는 다윗의 성읍 예루살렘이었습니다. 그리고 왕들은 모두 다윗의 가문에서 나왔습니다. 그러나 왕국이 분열된 지 4년 만에 이집트의 파라오 시삭이 쳐들어와서 솔로몬이 예루살렘에 쌓아 둔 보물을 모두 약탈해 갔고, 이로 인해 유다는 북왕국 이스라엘보다 더 가난해졌습니다. 르호보암이 구축한 요새는 아무 소용도 없었습니다. 두 나라 사이를 더욱 어렵게 만든 것은 궁중 암투, 유혈 반목, 암살, 악한 왕들의 행실이었습니다. 이때 많은 예언자가 등장하여 이스라엘 민족에게 경고했지만, 백성들은 늘 예언자들을 멸시하였습니다. 결국 이스라엘은 주변 강대국들에 의해서 멸망합니다.

〈르호보암의 무례〉
한스 홀바인, 1530, 바젤 공립
미술관.

분열된 왕국의 연대기

여러 차례 언급했듯이, 《성서》의 기록은 신앙적 지평을 중심으로 합니다. 물론 정치적·경제적·사회적 문제와도 연관이 있겠지만, 그러한 모든 반응이 하느님의 통치에서 비롯된다고 판단하는 것이지요. 이스라엘 왕들의 모든 정치적 결과물에 대한 평가도 신앙의 눈을 통해 내려집니다. 〈열왕기〉 마지막 부분에는 여러 왕들에 대한 평가가 있는데, 이는 하느님에 대한 충성도를 기준으로 하고 있습니다. 북왕국의 경우에는 여로보암 이후의 통치자들에 대해 언급하고 있습니다. 북왕국의 모든 왕은 이 책의 기록자들로부터 부정적인 평가를 받았습니다. 반면에 남왕국의 일부 왕들은 긍정적인 평가를 받았습니다. 율법(토라)에 따라 산 사람들은 '하느님이 보기에 의로운 것'을 행한 사람들이었고, 우상 숭배를 계속한 사람들은 '하느님이 보기에 악한 일'을 행한 사람들이었습니다.

〈신명기〉역사가들은 북왕국과 남왕국의 왕들을 각각 서술하는 데 있어 전형적인 양식[pattern]을 사용합니다. 저자들은 북왕국 왕의 원년을 언급하면서 이에 해당하는 남왕국 왕의 연대를 언급합니다. 그리고 왕의 통치기간과 도성의 위치에 관해서도 언급합니다. 그리고 주로 왕에 대한 평가(대개는 부정적)를 서술하는 것으로 끝맺습니다. 남왕국 유다의 왕을 소개할 때도 마찬가지로 여기에 해당되는 북왕국 이스라엘 왕의 연대를 언급하고, 이어서 왕의 나이와 그의 통치기간, 왕의 어머니 이름을 언급합니다. 왕에 대해 최종 평가를 내리는 데 있어서, 가끔 다윗과 비교하거나 혹은 직전 왕과 비교한 내용을 포함시킵니다.

북왕국에 지속적인 왕조가 없던 것은 변덕스럽고 폭력적인 정치 상황 때문이었습니다. 남왕국 유다에서는 왕위 계승자가 이미 다윗 왕조 때 정해져 있기 때문에, 상대적으로 안정을 유지할 수 있었습니다. 《성서》에는 연속적으로 남왕국의 왕인 아비얌*과 아사,* 그리고 북왕국의 왕인 나답, 바아사,* 엘라,* 지므리에 관해 간략하게 언급되어 있습니다. 지므리는 단 7일 동안 이스라엘을 통치한 뒤에 군사령관인 오므리*에게 살해당합니다. 북왕국의 왕들은 오므리

• 아비얌
분열 유다 왕국의 2대 왕으로, 북왕국 이스라엘과 자주 싸움을 벌였다.

• 아사
분열 유다 왕국의 3대 왕으로 재위 기간 동안 전왕 아비야 때처럼 전쟁 중이었으나 모두 승리했다.

• 바아사
이스라엘 2대 왕 나답의 악한 정치에 대항해 반란을 일으켜 팔레스타인 깁돈에서 나답을 죽이고 왕위에 올랐다. 하지만 그도 악한 짓을 저질러 온 이스라엘을 죄짓게 만들었다.

• 엘라
바아사의 아들로, 이스라엘의 4대 왕이 되었다. 지므리의 반란으로 2년 만에 암살당했다.

• 오므리(재위 기원전 884년경~873년경)
분열 이스라엘 왕국의 6대 왕으로, 지므리를 죽이고 왕위에 올랐으나 우상 숭배와 큰 죄악을 저질렀다.

시대까지 항구적으로 왕위를 계승할 수 없었습니다. 그러나 오므리가 등장하면서 전에 비해 상대적으로 안정된 정치적 · 경제적 번영이 30년 이상 지속되었습니다.

비록 〈신명기〉 역사가들이 오므리의 통치와 관련하여 거의 정보를 제공하지 않고 단지 "그 어떤 왕보다도 더 많은 죄를 지었다."(1열왕 16:24-28)라고 언급하고 있지만, 그는 국내외적으로 매우 큰 성공을 거둔 왕이었습니다. 오므리는 네 명의 왕이 계승되는 왕조를 세웠을 뿐만 아니라, 사마리아를 새로운 정치적 수도로 건설하였습니다. 남북의 무역로에 인접해 있는 이 도시는 가파른 언덕 위에 위치해 있어서 적들의 공격으로부터 보호될 수 있었습니다. 고고학자들이 발굴한 결과, 도시가 요새화되어 있었으며, 잘 훈련된 석수들에 의해 지어졌고, 상아로 꾸민 가구로 채운 건물들이 있었음이 드러났습니다.

〈신명기〉 역사가들은 오므리의 통치에 대해서는 최소한의 관심만을 보이지만, 아합●의 통치와 관련해서는 매우 상세히 언급합니다. 오므리는 페니키아와의 정치적 관계를 잘 유지하기 위해, 그의 아들 아합을 페니키아 왕의 딸 이세벨●과 결혼시킵니다. 페니키아의 신 바알을 열렬히 추종하던 이세벨은, 바알 예언자 수백 명을 이스라엘로 불러들이고 그들을 위해 많은 성소聖所를 지었습니다. 곧 많은 이스라엘 사람이 야훼와 함께 바알을 예배하게 되었습니다.

아합이 시리아와 전쟁을 하다가 죽은 뒤,(1열왕 22장) 아들인 아하지야가 왕위를 이었습니다. 아하지야는 아버지를 따라 하느님을 등지고 바알을 섬겼습니다. 아하지야 시대에 이스라엘이 하느님께로

● 아합
분열 이스라엘 왕국의 7대 왕으로 《구약성서》 〈열왕기하〉의 기록에 의하면 어떤 이스라엘 왕보다 더 악한 짓을 한 왕이라는 부정적인 평가를 받고 있다. 예언자 엘리야가 그가 재위한 기간 동안 활동했다.

● 이세벨
아합의 왕비이자 바알 숭배자로, 하느님을 믿는 이스라엘의 선지자들을 엘리야만 남기고 모두 죽였다. 기원전 842년경에 예후가 혁명을 일으켜 요람을 비롯한 이세벨과 아합의 아들 70명을 죽이고, 이세벨은 창밖으로 던져 죽였다.

돌아올 가능성은 없었습니다. 그들의 신앙은 아합 시대보다 결코 낮지 않았습니다. 엘리야의 마지막 과제 가운데 하나는, 제자인 엘리사에게 예언자 사역●을 넘겨주고 그를 자신의 후계자로 만드는 것이었습니다. 자신의 사역을 마칠 때가 되었을 때, 엘리야는 엘리사를 데리고 예리고로 갔습니다. 그리고 자신의 겉옷으로 요르단 강을 가르고 동쪽으로 갑니다. 두 사람이 함께 걸어가다가, 엘리야는 불 병거를 타고 하늘로 사라집니다. 엘리사는 자신의 '예언자 아버지'의 겉옷을 집어 드는데, 이 행위는 예언 활동의 계승과 기적을 행할 권능을 물려받는 것을 상징합니다. 엘리사는 돌아오는 길에 엘리야의 겉옷으로 요르단 강을 갈랐습니다. 그가 예리고에 도착하자, 엘리야의 제자들은 엘리야의 영이 그에게 주어졌음을 인정했습니다.

종교적 · 정치적 투쟁으로 특징 지어지는 엘리야의 이야기와 달리, 엘리사의 이야기들은 그가 행한 여러 가지 기적들에 초점이 맞춰집니다. 그가 보인 기적들은 대부분 물과 음식이 필요한 사람을 돕거나 병든 사람들을 치료하거나 죽은 사람을 살리는 일들이었습니다.

엘리사에게 주어진 또 하나의 중요한 사역은 오므리 왕조를 몰락시키는 혁명을 돕는 것이었습니다. 그는 예후●를 이스라엘의 왕으로 세우는 과정에서 핵심적인 역할을 담당합니다. 엘리사의 추종자들에 의해 왕으로 기름부음을 받은 예후는 오므리 왕조에 대해 철저하고 잔혹하게 쿠데타를 일으키려고 이스라엘로 갑니다. 예후는 아합의 아들 요람을 살해할 뿐만 아니라, 심지어 요람의 동

● 사역 事役
하느님이 행하여 이룸. 또는 하느님이 맡기시는 일.

● 예후
이스라엘 왕국의 10대 왕으로, 쿠데타를 일으켜 왕위에 올랐다.

〈선지자 엘리사〉
조르지오 바사리, 1566, 피렌체 우피치 미술관.

맹국왕으로서 이스라엘에 머물고 있던 유다 왕 아하지야(이스라엘 왕국 8대 왕과 동명이인)까지 죽이러 갑니다.

예후가 세운 왕조는 그 다음 4세대 동안 이스라엘을 통치했습니다. 비록 〈신명기〉 역사가들은 바알에 대한 제사를 제거해 버린 예후의 시도를 칭찬했지만, 그의 통치에 대한 최종적 평가에서는 여로보암이 저지른 죄악과 다르지 않았다고 적습니다.

남왕국 유다의 왕 아마지야가 통치하던 때, 이스라엘과 유다 사이에 다시 한 번 심각한 적대관계가 형성되었습니다. 북왕국은 군사를 침공하여 유다를 패배시켰습니다. 그들은 예루살렘 성을 파괴하고, 많은 사람을 인질로 잡아갔으며, 성전의 보물들을 약탈했습니다. 그러나 아마지야는 왕위에 계속 남아 있을 수 있었습니다. 결국 아마지야는 〈신명기〉 역사가들로부터 긍정적인 평가를 받았으나, 산당을 철폐하지 못해 그들의 질타를 받기도 했습니다.

그 다음 50년간은 북왕국 이스라엘이 번영하던 시기입니다. 이스라엘은 여로보암 2세 때 정치적으로나 경제적으로 절정을 이루었습니다. 비록 〈신명기〉 역사가들은 여로보암 2세에 대해 특히 부정적인 평가를 내리고 있지만, 이스라엘은 그의 통치 기간에 놀라운 경제적 발전을 경험하게 됩니다.

북왕국은 아하즈 왕이 통치하는 동안 마지막으로 폭력적인 쿠데타를 겪었고, 그 결과로 베가가 호세아에게 살해되었습니다. 호세아는 이스라엘을 9년 동안 통치했습니다. 그의 통치 초기에는 이스라엘이 아시리아의 속국이었습니다. 하지만 나중에 그는 아시리아를 물리치기 위해 이집트와 결탁하고, 아시리아에 바치던 조공

• 아하즈
유다 왕국의 12대 왕으로, 요담의 아들이다. 아버지와 달리 옳은 일을 하지 않았다. 바알을 섬기고 제사 규례를 멋대로 뜯어 고치는 등 악한 짓을 한 왕으로 평가된다.

• 베가
이스라엘 왕국의 18대 왕으로, 전왕 브가히야의 무관이었으나 그의 죄악에 대항해 반란을 일으켜 궁궐에서 브가히야를 죽이고 왕위에 올랐다. 그러나 엘라의 아들 호세아가 반란을 일으켜 그도 죽게 된다.

• 아시리아 Assynia
메소포타미아 북부 지역에서 티그리스 강 상류를 중심으로 번성한 고대 국가로서, 그 명칭은 중심 도시였던 아수르(Assur) 시에서 유래했다.

을 거절하였습니다. 아시리아의 샬마네셀 5세˙는 이에 대한 보복으로 이스라엘에 3년 동안 포위공격을 계속했습니다. 샬마네셀 5세가 죽자, 뒤를 이은 사르곤 2세는 기원전 721년에 이스라엘을 완전히 멸망시켰습니다.

남왕국의 종교개혁과 예루살렘 파괴

유다 왕 아하즈가 아시리아에 굴종하여 정기적으로 조공을 바쳤을 뿐만 아니라 예루살렘 성전에 아시리아의 제단까지 쌓은 데 반해, 그의 아들 히즈키야˙는 신앙을 쇄신하고 정치적 강국의 시대를 이끌었습니다. 그는 아세라 목상木像들과 바알 제단을 포함하여 바알을 예배하는 처소들을 모두 제거해 버렸습니다. 게다가 모든 제사를 예루살렘 성전에 집중시켰습니다. 이러한 종교적 개혁은 아시리아의 정치적 속박으로부터 유다를 해방시키려는 의도의 일환이었습니다.

히즈키야는 통치기간 중에 실로암 터널을 건설하여 매우 중요한 기술적 성취를 이루었습니다. 길이가 500미터 이상 되는 이 터널은, 성 밖의 기혼˙ 샘에서 성 안의 실로암 연못까지 물을 끌어왔습니다. 그는 외적의 공격으로 오랫동안 성이 포위되어도 주민들이 생존할 수 있도록 하기 위해 이 공사에 착수했습니다. 또한 예루살렘 도성의 요새들을 강화하고 성벽을 수리했습니다.

기원전 712년에 이집트와 불레셋은 아시리아에 대해 반란을 시도했습니다. 다행히도 히즈키야는 예언자 이사야의 조언(이사 20장)

• 샬마네셀 5세
아시리아의 왕. 사마리아 반란을 진압하던 중 사망했다.

사르곤 2세
아시리아의 왕으로, 사마리아, 하마, 다마스쿠스, 아르메니아를 정복했다. 바빌론에 대승하여 스스로 바빌론 왕이 되었으며, 이스라엘을 괴멸시키고 백성들을 아시리아로 이주시켰다.

• 히즈키야
남유다 왕국 13대 왕. 전왕 아하즈의 아들로 하느님을 잘 섬겼다. 히즈키야는 맨 먼저 성전의 문들을 열고 보수하였으며 사제들과 레위인들을 모아 성전을 정화하였다.

• 기혼
이스라엘 예루살렘의 키드론 계곡에 있는 샘으로, '넘쳐흐르는 샘' 또는 '처녀의 샘'이라는 뜻. 실로암 터널을 통해 수천 년 전부터 예루살렘의 수원지로 사용되었다.

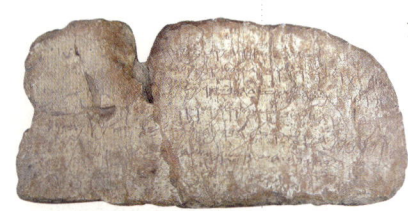

실로암 비문
예루살렘의 기혼 샘에서 실로암 연못에 이르는 터널의 수로를 발굴한 기사를 기록한 비문이다. 1880년에 발견되었으며, 실로암 입구에서 6미터 떨어진 터널의 우측 벽에 새겨져 있다. 실로암은 예수가 이 연못의 물로 장님의 눈을 뜨게 했다는 기적으로 유명하다.

● **산헤립**
아시리아의 왕(재위 기원전 705~기원전 681). 바빌로니아와 페니키아의 도시들의 반란을 진압하는 원정으로 시종했다. 청동 주조법 발명, 은환화폐 제작 등에 힘을 쏟고 니느웨에 수도(水道)를 부설하는 등의 업적을 남겼다.

● **므나쎄**
유다 왕국의 왕으로, 열두 살에 왕위에 올라 하느님의 눈에 거슬리는 악한 짓들을 저질렀다. 아시리아 왕 아슈르바니팔에 의해 자신의 잘못을 뉘우치고 하느님에게 기도해 회개하고 나라를 다스린다.

● **아몬**
유다 왕국의 15대 왕으로, 자기 아버지 므나쎄처럼 악한 짓을 저지르다 궁궐 안에서 살해되었다.

을 받아들여 이 반란에 가담하지 않았기 때문에, 아시리아의 보복에서 살아남을 수 있었습니다. 그러나 약 10년이 지난 기원전 701년에 히즈키야는 아시리아를 상대로 한 바빌론과 이집트의 반란에 가담했습니다. 이사야는 히즈키야의 아버지 아하즈에게 중립을 권했듯이, 이번에도 역시 히즈키야에게 중립을 지키라고 조언했습니다. 히즈키야에게 인간에게 의존하지 말고 하느님을 믿으라고 권고한 것입니다.(2열왕 19:5-7) 이사야의 조언에도 불구하고 히즈키야는 반란에 가담하였고, 아시리아 왕 산헤립●은 이에 신속히 응징하여(1열왕 18장-20장; 이사 36장-39장) 군대를 끌고 와서 예루살렘을 포위하였습니다. 비록 산헤립의 군대가 도성을 에워쌌지만, 하느님의 개입으로 군대는 퇴각하고 도성은 기적적으로 파괴를 면하였습니다.

〈신명기〉 역사가들은 히즈키야를 매우 긍정적으로 평가합니다. 그들은 히즈키야 이전이나 이후에도 그처럼 하느님께 충실한 사람은 아무도 없었다고 말합니다. 그러나 히즈키야의 왕위를 이은 그의 아들 므나쎄●는 그렇지 못했습니다. 므나쎄가 통치하던 기간 내내 아시리아는 이집트를 포함한 고대 근동 전체를 지배하였습니다. 므나쎄가 다스린 유다는 굴종적 속국이 되어 아시리아의 비위를 맞춰야 했습니다. 그는 히즈키야가 파괴한 산당들을 복원했고, 하느님에게서 떠나 악한 길을 걸었습니다. 므나쎄가 죽은 뒤 아들 아몬●이 왕위를 계승하는데, 그 역시 마찬가지로 아버지의 친아시리아 정책을 계속 추종했습니다. 2년 뒤에 왕족 가운데 한 사람이 그를 살해하고, 대신 그의 아들 요시아를 왕으로 세웠습니다. 그때 요시아의 나이는 겨우 여덟 살밖에 되지 않았습니다.

18년 후에 요시아는 당시 유다의 종교적·민족적 정체성의 상징이 된 성전을 일신一新하도록 지시했습니다. 이것은 곧 유다에 참다운 제사를 회복하고 백성들을 아시리아의 속박에서 자유롭게 하기 위한 대대적인 종교개혁의 시작이었습니다. 일꾼들은 성전을 수리하는 도중에 율법서를 발견하고 왕 앞으로 보냈습니다. 왕이 토라의 말씀을 듣고 대제사장 힐키야와 다른 왕궁 관리들에게 명하여 백성들을 위해 하느님의 뜻을 여쭈어 보도록 했습니다. 그들은 예언자 훌다*를 통해 하느님의 뜻을 물어보았고, 그녀는 백성들이 계속해서 하느님을 떠났기 때문에 이제 하느님의 재앙이 내리게 될 것이 확실하다는 말씀을 선포했습니다. 이 심판의 말씀은 요시아를 더욱 재촉하여 언약을 갱신하게 했고, 더욱 본격적으로 개혁활동을 진행하게 했습니다. 먼저 그는 유다와 예루살렘에서 행해지는 모든 이방 예배를 없앴고, 전통 명절인 유월절을 지키라고 하면서 온갖 미신을 타파하였습니다.(1열왕 23:1-27) 요시아의 종교개혁을 촉구한 율법서는, 오늘날 〈신명기〉에 기록되어 전하는 핵심적인 내용을 담고 있던 것으로 보입니다.(신명 12장-26장)

요시아는 언약 갱신 예배를 드린 후, 다른 신들과 종교에 바친 모든 물건을 제거함으로써 성전을 정화했습니다. 또한 그는 나라 안에 있는 수많은 산당에서 일하던 종교 지도자들을 모두 추방했고, 하느님에 대한 순수한 제사에 방해가 되는 모든 제의적 물건과 건물을 제거했습니다.(2열왕 23:4-14) 〈신명기〉 역사가들은 요시아에

● 훌다
유다 왕 요시아 시대의 여성 선지자. 하느님의 지시를 받아 요시아 왕의 종교개혁을 도왔다.

대해 온 마음과 충성을 다해 하느님을 섬긴 왕으로 기록하며, 이후에도 그 같은 왕은 없을 것이라고 말합니다.

요시아는 기원전 609년 므기또 전투에서 이집트 군대에 의해 치명적 상처를 입고 전사합니다. 이집트는 요시아의 뒤를 이어 유다의 왕이 된 아들 여호아하즈를 3개월 만에 퇴위시키고, 그의 동생 여호야킴*을 왕으로 만듭니다. 여호야킴은 통치를 시작하고 처음 6년 동안은 이집트 속국의 충성스런 왕이었습니다. 바빌론 군대가 이집트와 전쟁해서 일시적인 패배를 겪고 있을 때, 여호야킴은 바빌론에 반기를 들었습니다. 이를 계기로 느부갓네살은 유다에 군대를 보내 응징했고, 기원전 598년에 여호야킴이 죽자 여호야긴*이 왕위에 올랐습니다. 그는 단지 3개월 동안만 왕위에 있었습니다.

바빌론 군대는 기원전 597년에 여호야긴을 비롯하여 예루살렘의 수많은 정치적·종교적 지도자들을 포로로 끌고 갔습니다. 바빌론은 시드키야가 바빌론에 충성할 것으로 생각하고 유다의 왕으로 앉혔습니다. 그러나 시드키야는 뒷날 바빌론에 대항해 반란을 일으켰습니다. 그러자 느부갓네살은 기원전 587년에 예루살렘으로 돌아와서 도시를 파괴했습니다. 바빌론 군대는 성전의 보물을 약탈하고 성전과 왕궁과 다른 부속 건물들을 불태웠습니다. 시드키야는 두 아들이 죽는 것을 강제로 지켜봐야 했고, 자신은 눈을 잃고 바빌론에 포로로 끌려갔습니다. 주민들 대부분이 포로로 끌려가고, 그 땅에는 주로 가난하고 힘없는 사람들만이 남게 되었습니다. 그러나 이들 사이에서도 반역과 폭력이 일어나면서, 한 반란 세력이 바빌론에 의해 유다의 총독으로 임명된 게달리야*를 살해했습니다. 그

● 여호야킴
유다의 18대 왕으로, 본명은 '엘야킴'이었으나 왕이 되면서 '여호야킴'으로 이름을 바꾸었다.

● 여호야긴
유다 왕국의 19대 왕으로, 재위한 지 석 달 만에 바빌론 제국의 왕 느부갓네살이 쳐들어와 성전의 값진 기물들을 약탈하고 그를 폐위시켜 바빌론으로 끌고 갔다.

● 게달리야
유다가 바빌론의 식민지로 있을 때 총독에 올랐으며, 예레미야의 예언을 믿고 따랐다. 현실적인 판단과 지혜와 관용을 겸비한 인물이었으나, 통치한 지 2개월 만에 이스마일에게 살해당했다.

들은 결국 바빌론의 보복이 두려워 이집트로 도망쳤습니다.

　이러한 왕들의 이야기는 실제 실패한 지도자들의 이야기입니다. 이스라엘의 지도자들은 대부분 참다운 경건함과 신앙을 회복하는 데 실패하였습니다. 오히려 그들은 나라에 이교주의와 우상 숭배를 도입했고, 단지 생존만을 위해 이방 민족들과 정치적 동맹을 맺곤 했습니다. 그들은 자주 시나이 산의 언약을 경솔히 취급했고 하느님의 법을 거부했습니다. 결과적으로 하느님의 심판이 두 왕국에 내렸습니다. 후대에 에제키엘•은 포로민들에게 그들이 겪은 심판은 자신의 양떼를 돌보지 않은 '이스라엘의 목자들'에 의해 야기된 것임을 상기시킵니다. (에제 34:1-6)

• 에제키엘
유다 왕국 말기부터 바빌론 포로기까지 활동한 선지자로, 이스라엘 포로들의 신망을 받았다. 포로 생활 5년째 되던 날 그발 강가에서 하느님으로부터 예언자로서의 사명을 받고, 예루살렘이 우상 숭배로 인해 심판을 받아 멸망할 것이라고 예언했다.

03 예언자의 활동과 야훼의 날

     ● ● ● ● 우리말에서 예언자^{豫言者}나 선지자^{先知者} 또는 선견자^{先見者}라는 표현은 모두 한자에서 따온 것으로, 앞날에 분명 이루어질 것을 미리 알고 말한다거나 혹은 천리안을 통해 미리 내다본다는 의미입니다. 그러니까 우리나라의 토속종교적인 요소가 가미되어 있다고 할 수 있습니다. 영어의 'prophecy'도 그리스어에서 유래한 것으로, '앞의 것'이라는 전치사 'pro-'가 덧붙은 파생어입니다. 따라서 앞의 것을 말한다는 'fore-saying'의 의미가 강합니다. 히브리어에서는 예언자를 '나비_{nabi}'라고 부르는데, 그것은 '영감을 받는다' 또는 '열광적으로 말한다'라는 뜻입니다. 그러므로 히브리에서 예언자란 하느님의 대언자^{代言者}로서, 그 시대의 사람들에게 적절한 하느님의 말씀을 선포하는 자입니다. 따라서 히브리

《성서》에서 말하는 본래의 예언자는 점쟁이처럼 앞날에 이루어질 일을 말하는 사람이 아니라, 하느님의 말씀을 지금 이 자리에서 선포하는, 즉 현재에 초점이 맞추어진 직언자[forth-saying]인 셈입니다.

하느님의 말씀을 대신하는 예언자들

〈예언가와 예언녀들〉
콜레지오 델 캄비오, 1500.

일부 《성서》 학자들의 견해에 따르면, 《구약성서》의 문서들이 완성된 형태를 갖춘 것은 기원전 8세기 이후라고 합니다. 그 전에는 거의 구전되어 내려왔고, 부분적으로 문서화된 것도 있었으나, 그것이 하나의 뚜렷한 역사관에 의해 오늘의 형태로 정립된 것은 예언자 아모스, 호세아, 미가, 이사야가 등장한 다음의 일입니다.

예언자들은 이스라엘의 역사에서만 발견되는 독특한 존재들입니다. 예언자들이 아니었다면 이스라엘의 신앙이 보존되어 오늘날에 이르기는 어려웠을 것입니다. 다른 민족의 역사에서도 이스라엘의 역사에서 목격되는 예언자와 비슷한 인물들을 발견할 수 있습니다. 부패한 왕을 고발한 충신들이나 다가올 미래를 내다보던 선인仙人들은 예언자의 다른 형태라고도 이해할 수 있습니다. 그러나 충신이나 선인이 일시적인 현상을 바꾸어 놓았다면, 예언자들은 이스라엘 민족의 역사를 송두리째 바꿔 놓는 역할을 담당했다는 데 그 차이가 있습니다.

이스라엘 민족의 종교 지도자로서 중심적인 역할을 담당한 사람들은 제사장들입니다. 그들은 보수적인 데다 전통과 관례를 중시하고 제사와 예배를 주장하면서 의식적인 테두리를 좀처럼 넘으려 하지 않았습니다. 이것은 자칫하면 생명 없는 형식주의나 교권주의, 고루한 율법제일주의 등으로 변질되기 쉬웠으며, 야훼 신앙 본래의 의미를 상실할 우려도 있었습니다. 그렇게 이스라엘의 정신이 퇴색되어 갈 무렵에 등장한 것이 바로 예언자들이었습니다. 그들은 전통과 규례의 본래 정신을 살리기 위해 하느님이 세운 사람들이었습니다. 예언자들은 자신의 생각이나 뜻을 말하는 것이 아니라, 대체로 하느님의 말씀을 대신 전달했습니다. 그들은 말을 하기에 앞서 이렇게 외쳤습니다. "하느님께서 이렇게 말씀하신다."

이스라엘의 역사에서 예언자가 등장하기 시작한 것은, 이스라엘 민족이 떠돌이 생활을 접고 한곳에 정착해서 공동체적인 형태의 조직을 갖추면서부터입니다. 다시 말해, 가나안에 정착해서 현대적 의미의 민족이 형성되고 국가체제가 확립되고 난 다음입니다.

예언자들은 '하느님 앞에 선 자'로서의 의식을 가지고 이스라엘의 과거를 새로운 눈으로 재해석함으로써 현재화했으며, 그 시대의 상황에서 이스라엘의 결단을 촉구하고 백성들의 눈이 미래를 향하도록 촉구했습니다.

예언자라는 이름으로 불리는 사람들 중에도 '거짓 예언자'의 무리는 언제나 있었습니다. 카르멜 산*의 엘리야나 눈물의 예언자 예레미야 같은 참 예언자들이 그들과 대결했습니다. 거짓 예언자들은 그것을 직업으로 생계를 이어가는 사람들이자, 국가권력과 친밀하게 지내면서 집권자의 비위를 맞추기 위해 '하느님의 말씀'을 이용

• 카르멜 산
지중해 동안, 아꼬 만의 남쪽, 이스라엘 항구의 일부를 형성하고 있는 카르멜 곶에서 팔레스타인 중앙부를 향해 뻗어 있는 구릉. 《구약성서》에서는 미와 번영의 상징으로 나온다. 또한 예언자 엘리야와 바알 예배자 대결의 장으로서도 유명한 산이다.

하는 사람들이었습니다. 따라서 예언자 예레미야는 그런 '거짓 예언자'들을 "하느님의 말씀을 훔치는 자, 하느님의 이름으로 거짓말하는 자, 자기 꿈을 선전하는 자, 아첨하여 악인의 악을 조장하는 자, 안이한 축복으로 거짓 평안에 도취케 하는 자"(예레 23:16-40)라고 고발했습니다.

《성서》에는 예레미야 같은 예언자들이 다수 등장합니다. 다윗 왕을 고발한 나단,* 왕권과 대결한 엘리야, 정의를 선포한 아모스, 남은 무리들을 찾은 이사야, 마른 뼈를 부활시킨 에제키엘을 비롯하여 이름 없는 많은 예언자가 예언서를 통해 하느님의 영원함을 오늘날까지 선포하고 있습니다.

《구약성서》는 사무엘 이후 200년 동안 활동한 이스라엘 예언자들 가운데서 특별히 가드, 나단, 아히야, 하느님의 아들 예후, 미가야, 엘리야, 엘리사 같은 사람들을 언급하고 있습니다. 이들은 대부분 환상가들[visionaries]이자 기적을 행하는 사람들[miracle workers]이었습니다.* 가끔 이 시기의 예언자들은 한 지도자를 중심으로 그의 '아들들'로 불렸으며, 집단으로 생활을 하면서 유랑했습니다.(1사무 10:1-13; 2열왕 2:3, 5, 15) 당시의 문서는 존재하지 않습니다. 기원전 8세기 중반의 예언서인 〈아모스〉가 이스라엘의 예언서 중에서 첫 번째 예언 문학서입니다. 학자들은 아모스 이전에 활동한 예언자들을 '비정경적 예언자들'(그들의 예언이 문서화되지 않은 예언자들)이라고 부릅니다. 학자들은 이 시기를 '이스라엘 예언의 고전적 시대'(기원전 800~450)라고 말합니다.

이스라엘에는 하느님의 대변자로서 부르심을 받은 참 예언자들

• **나단**
이스라엘의 선지자로, 다윗과 솔로몬의 고문이었다. 다윗의 왕위 후계를 둘러싸고 쟁탈전이 벌어졌을 때 솔로몬을 도와 왕위에 오르게 하여, 이스라엘의 황금기를 열었다.

• 평범한 사람의 눈에 보이지 않는 영적 세계를 보고 기적을 행하는 비범한 사람들을 가리킨다.

〈예루살렘의 파괴를 슬퍼하는 예레미야〉
렘브란트, 1630, 암스테르담 국립미술관.

말고도, 궁정 예언자들과 신전 예언자들이 있었습니다. 그들은 제도적 예언자들로서 궁전이나 신전의 이익을 대변하기 위해 일했습니다. 학자들은 신전 예언자들이 예배 중에 백성들에게 신탁을 내려 주었다고 봅니다. 궁정 예언자들은 왕에게 정치적인 조언을 했습니다. 가드와 나단은 선견자이자 다윗의 참모들이었습니다. 나단은 종교적 문제나 정치적 문제에 있어 상당한 영향력을 행사했고, 왕의 도덕적인 타락을 직접 꾸짖기도 했습니다.(2사무 12:1-15) 가드도 다윗에게 하느님의 심판에 관해 말하는 것을 주저하지 않았습니다.(2사무 24:10-14)

이스라엘 역사의 후기에 와서 궁정 예언자는 국가의 왕실 정책들에 대한 강력한 옹호자가 됩니다. 이러한 예언자들은 참 예언자들을 박해하면서 그들의 말을 무효화하고 폄하하려 했습니다. 그들은 자기들이 하느님을 대신하여 말씀을 전하는 참 예언자라는 거짓된 주장을 하였습니다. 예레미야는 그들을 자기 자신의 생각에서 나오는 환상과 꿈을 이야기하는 거짓 예언자라고 질타했습니다.

예언자의 말을 문서화한 예언서들

예언자의 예언은 어떻게 문서화되어서 우리의 손에까지 들어오게 되었을까요? 예언서는 예언자들이 활동하던 기간에 선포한 예언들을 수집한 책입니다. 이 사실은 예언이 선포된 이후의 어느 시기에, 예언자나 그 밖의 다른 사람에 의해서 그 예언들이 수집되고 기록되었다는 것을 의미합니다. 그러나 이러한 예언서의 저작 과정을 알려 주는 자료는 거의 없습니다. 그럼에도 《성서》에서 우리가 주목할 만한 자료는, 예레미야가 서기 바룩*에게 그의 신탁을 두루마리에 받아 적도록 불러 주는 장면입니다.(예레 36:1-32)

> 그래서 예레미야는 네리야의 아들 바룩을 불러왔다. 바룩은 예레미야가 불러주는 대로 야훼께서 하신 말씀을 그 두루마리에 모두 기록하였다.(예레 36:4)

이와 같이 예언자들의 사역과 가르침을 따르던 사람들이 후세대들을 위해 그들의 말씀을 기록하기 시작한 것으로 보입니다. 현대 학자들은 대부분의 예언서들이 후대 편집자들[redactors]에 의해 광범위하게 개정되고 내용이 첨가되기도 했을 것으로 봅니다. 그들은 예언자 이후 세대의 사람들이 각 시대가 제기하는 신학적 문제들과 도전들에 응답하기 위해 이전 예언자들의 초기 메시지를 수정하거나 확대했을 것이라고 추정합니다. 편집 비평가들은 어떤 특정한 책의 편집자들에 의해 후대에 첨가되고 확대된 부분들을 분리해 보기도 합니다. 이러한 작업은 《성서》의 깊은 의미를 파악하는 데 아주 중요한 연구 방법입니다. 《성서》에 기록된 하느님의 말씀이 하늘에서 뚝 떨어진 것이 아니라 인간의 손에 의해서 인간의 언어로 쓰였다는 것을 감안하면 당연한 일입니다.

예언서들은 대예언서 또는 소예언서로 나누기도 하는데, 대예언서인 〈이사야〉, 〈예레미야〉, 〈에제키엘〉 같은 책은 적어도 60여 장씩 되는 분량입니다. 반면에 소예언서 중에는 몇 장에 불과한 것도

• 《바룩》
이스라엘의 대예언자 예레미야의 친구이자 유다 왕궁의 서기. 유다의 명문 출신으로서 예레미야가 예루살렘 파괴에 관해 전한 신탁을 글로 적어 유다 왕 여호야킴에게 전달했다고 한다. 그가 썼다고 전하는 〈바룩〉은, 히브리어 《성서》에서는 외경으로 취급되어 정경(正經)에 포함되지 않지만, 로마 가톨릭 교회에서 사용하는 《구약성서》에 정경으로 포함되어 있다. 본문에서 서로 모순되는 내용이 발견되는 점으로 보아 여러 저자의 작품일 가능성도 있다.

• 12소선지 十二小先知
호세아, 요엘, 아모스, 오바디
야, 요나, 미가, 나훔, 하바꾹,
스바냐, 하깨, 즈가리야, 말
라기를 말한다. 이스라엘 왕국
시대부터 멸망 이후에 이르기
까지 민족의 양심과 사회정의
를 대변한 예언자들이다. 예언
종교의 핵심을 이들에게서 발
견할 수 있으며, 이들의 후기
예언서는 기원전 180년에 정
경으로 인정되었다. 이 시대 4
대선지로는 이사야, 예레미야,
에스겔, 다니엘을 꼽는다.

• 하깨
이스라엘의 예언자로, 〈하깨〉
의 저자. 바빌론 포로에서 맨
먼저 돌아온 이스라엘 사람들
은 남아 있던 사람들과 대립하
여 정치 정세가 몹시 불안정하
였다. 게다가 수확이 부족하여
본래의 목적이던 성전 건축을
잊어버리고 있었다. 이때 예언
자 하깨가 백성들을 설득하여
성전 건축을 재개시켰다.

• 즈가리야
이스라엘의 예언자로, 〈즈가리
야〉의 저자. 바빌론에서 귀환
하여 성전을 재건할 때 흔들리
던 백성들을 격려하고 무관심
과 나태함을 깨우쳤다. 성전
재건 과정에서 이스라엘 민족
이 다시 부흥하고 메시아가 강
림할 것이라고 예언하였다.

있기 때문에, 12권의 소예언서를 모두 묶으면 대예언서 한 권과 분량이 비슷해집니다. 이러한 구분은 단순히 《성서》의 분량에 따른 것입니다.

전기 예언서가 〈여호수아〉, 〈판관기〉, 〈사무엘〉, 〈열왕기〉라는 네 개의 두루마리로 구성된 것처럼, 후기 예언서 역시 〈이사야〉, 〈예레미야〉, 〈에스겔〉, 12소선지 의 두루마리 네 개로 구성되어 짝을 맞추었습니다. 앞에서 언급한 대로 〈사무엘〉이나 〈열왕기〉를 상권과 하권으로 구분한 것은 후대에 이루어진 일입니다. 그리고 대예언서가 세 권이고 소예언서가 열두 권인 것은 예언서를 편집할 당시 이스라엘의 믿음의 조상인 아브라함, 이사악, 야곱 세 분과 야곱의 아들 열두 명을 본떠서 같은 숫자로 지키게 하기 위해서라는 주장도 있습니다. 소예언서의 예언자들은 대체로 이스라엘과 유다 왕국의 쇠퇴기에 예언했습니다. 하깨 와 즈가리야 는 포로로 억류된 이후의 예언자들입니다. 그리고 《구약성서》의 마지막 책인 〈말라기〉는 포로에서 귀환한 지 백 년이 지나서 기록되었습니다.

그 밖에도 《구약성서》의 예언서를 구분해서 보는 방법은 여러 가지가 있습니다. 그러나 그러한 구분은 《성서》의 연속적인 생명력을 해칠 우려가 있습니다. 나아가 《성서》 자체의 문제를 가지고 논쟁할 필요도 없습니다. 《성서》는 어느 누구에게나 각자의 삶의 위치에서 말을 걸고 있기 때문입니다.

전·후기 예언서

《성서》의 주요 내용은 하느님이 사람을 통하여 일한다는 것입니다. 이집트 탈출 당시에는 모세와 아론, 여호수아 같은 지도자들이 그러했고, 후대에 가서는 판관을 통해 그리고 왕조가 세워지고 나서는 예언자를 통해 말씀하고 일했습니다.

하느님은 역사적 사건을 통해 자신을 계시합니다. 그렇기 때문에 역사적인 사건 안에서 특정한 사람들이 하느님의 뜻을 전하는 역할을 담당하고 있음을 어렵지 않게 발견하게 됩니다. 따라서 예언자들은 예외 없이 '역사'의 사건들을 진지하게 취급했으며, 정치·경제·사회 전반에 걸쳐 지대한 관심을 가지고 있었습니다. 이러한 예언자들의 정신 아래 기록된 역사 문서로서 전기 예언서, 즉 〈여호수아〉, 〈판관기〉, 〈사무엘 상·하〉, 〈열왕기 상·하〉가 있습니다. 대부분의 학자들은 이 문서들이 기원전 586년에 남왕국이 멸망하기 전에 이미 편집된 것으로 보고 있습니다. 예언자는 세상이 어지러워질 때 불쑥 나타나 활동했습니다. 그리고 한 시기에 많은 예언자가 동시에 나타나서 활동하는 경우도 있었습니다.

사무엘도 예언자로 볼 수 있지만, 그 뒤에 본격적으로 전기 역사서에 포함된 예언자들은 다윗 왕의 전속 예언자 나단, 북왕국 아합 왕 시대에 전 왕국을 상대로 끝까지 싸운 엘리야와 그의 제자 엘리사, 미가야 등이었습니다. 이들이 자신의 예언을 문서로 남기지 못했기 때문에, 다만 《성서》 속에 그들의 이야기들이 편집되어 역사서에 보존되어 있는 것입니다.

〈천사에게 빵과 물을 받는 예언자 엘리야〉
페테르 파울 루벤스, 17세기경, 노르 데파르망 발랑시엔 미술관.

스스로 자신의 예언집을 문서로 남긴 예언자는 후기 예언서의 주인공들입니다. 이 후기 예언서들은 주로 '시' 형식으로 표현되었으며, 그 예언대로 당시의 역사적 정황이 반영되기는 했으나 역사 자체를 직접 기록하려 하지는 않았습니다. 예언자는 말씀을 선포하는 사람이지 기록하는 사람은 아니었기 때문입니다. 대체로 그들은 당시 사람들에게는 환영받지 못하다가 후대에 가서야 예언자였음이 밝혀지면서 기록되었습니다.

야훼의 날

예언 운동은 활화산같이 불타오르는 역사의 현장에서 하느님의 뜻을 전하고 그분의 참 생명을 보존하려는 운동이었습니다. 여기에서 잠깐 그들의 예언 활동을 들여다볼까요? 먼저 나단을 보겠습니다. 하느님께서는 나단을 부하의 아내를 뺏은 다윗 왕에게 보내어 비유를 통해 자신의 말씀을 전하도록 합니다. 나단은 다윗에게 다음과 같이 묻습니다. "수천 마리의 양을 가진 부자 한 사람이 단 한 마리 양을 갖고 애지중지하는 가난한 사람의 양을 빼앗아 이웃들과 더불어 잡아먹었습니다. 왕은 어떻게 하시겠습니까?"

이 질문에 대하여 맹렬히 화를 내던 다윗 왕은 다음과 같이 대답합니다.

저런 죽일 놈! 세상에 그럴 수가 있느냐?(2사무 12:5)

그때 나단이 다윗 왕을 이글거리는 눈으로 쏘아보면서 "당신이 바로 그 사람입니다."라고 대답하자, 다윗 왕은 자신의 죄를 깨닫고 뉘우칩니다.(2사무 12:13)

북왕국의 무능한 아합 왕은 띠로의 왕녀인 이세벨을 왕비로 삼고, 사악한 그녀의 손에 휘둘려 띠로의 바알 종교를 북왕국의 국교로 삼으려 했습니다. 따라서 하느님에게 충실한 사람들은 살아남을 수 없었습니다. 그때 예언자 엘리야는 바알 종교 지도자들을 상대로 도전장을 냅니다. 그리고 카르멜 산에서 일전一戰을 벌여 승리하지만, 그의 목숨을 노리는 자들이 많이 생겨납니다. 그는 하느님의 말씀을 듣기 위해 호렙 산을 찾아갑니다. 그러나 하느님의 음성을 듣기는 쉽지 않았습니다. 포기하려고 할 때 작은 음성이 들려왔습니다.

엘리야야, 네가 여기에서 무엇을 하고 있느냐?(1열왕 19:13)

하느님의 역사는 인간의 막다른 골목에서 시작됩니다. 엘리야는 이스라엘에서 단 한 명, 자신만이 하느님을 따르는 사람으로 남아 있는데, 이제 죽게 생겼다고 호소합니다. 이에 하느님은 다음과 같이 대답합니다.

내가 이스라엘 백성 가운데서 바알에게 무릎을 꿇지도 입 맞추지도 않았던 칠천 명을 남겨두리라.(1열왕 19:18)

〈이세벨의 죽음〉
내시들에 의해 창밖으로 던져져 살해당하는 이세벨. 폴 구스타브 도레의 동판화.

우리는 《성서》를 통해, 하느님이 언제나 많은 사람과 함께 자신의 목적을 이루어 가는 것은 아님을 확인할 수 있습니다. 각 시대마다 한두 사람을 내세워 하느님의 역사를 만들어 갑니다.

먼저 〈아모스〉의 배경은 통일왕국이 남북으로 갈라진 후 북왕국이 전성시대를 맞이한 여로보암 2세의 통치 기간입니다. 따라서 아모스는 기원전 750년경의 짧은 기간 동안에만 활동했음을 알 수 있습니다. 그는 복지제도가 없던 상황 속에서 경제적 불의, 부자의 횡포와 가난한 사람들의 참상을 다루었습니다. 이는 그가 사회에 대한 불타는 정의감이 있었기에 가능했을 것입니다.

아모스는 이스라엘이나 유다 왕국뿐만 아니라, 당시의 주변 모든 국가를 상대로 하느님의 심판을 선언했습니다. 어느 나라, 어느 백성이나 하느님의 통치 아래 있다고 믿었기 때문입니다. 먼저 타락한 상인들에 대해서는 가난한 사람들을 착취하는 것을, 정치가들이 의인을 학대하는 것을, 제사장과 직업적 예언자들이 침묵을 지키고 있는 것을 질타했습니다. 그렇기 때문에 그는 하느님이 직접 나타나 심판하신다는 야훼의 날을 갈망하고 있었습니다.

저주받아라! 너희 야훼께서 오실 날을 기다리는 자들아. 야훼께서 오시는 날, 무슨 수라도 날 듯싶으냐? 그날은 빛이 꺼져 깜깜하리라.(아모 5:18)

여기에서 야훼의 날은 역설적으로 사용되고 있습니다. 악을 일삼

는 이들에게는 두려운 날이겠지만, 가난한 이들에게는 기쁜 소식
으로 다가오기 때문입니다.

《구약성서》에서 야훼의 날은 특수한 단어로서 단 두 번 사용되었
습니다. 가장 먼저 〈아모스〉 5장 18절에서 야훼의 날이 사용되었습
니다. 여기서 아모스의 말은 《구약성서》의 예언서에 흐르는 중심
주제라고 할 수 있습니다. 이스라엘이 멸망하기 전까지, 야훼의 날
은 축복의 날이자 하느님께서 함께하는 기쁨의 날이었습니다. 그
러나 이제 야훼의 날은 축복과 기쁨의 날이 아니라, 심판과 저주의
날이 되었습니다.

다음으로 야훼의 날이 언급되는 문서는 〈이사야〉입니다. 〈이사
야〉는 세 가지 예언서가 한 권으로 합쳐진 책입니다. 1장에서 39장
까지를 '제1이사야서'로 부르는데, 이것은 기원전 8세기에 예루살
렘에서 예언한 이사야 자신의 예언집으로 평가됩니다. '제2이사야
서'는 40장에서 55장까지로, 바빌론 포로기˙ 말엽에 해방이 목전에
임박했을 때 그 기쁨을 주제로 익명의 한 예언자가 예언한 내용입
니다. 그리고 '제3이사야서'는 56장에서 66장까지로, 포로기 이후
유다교 시대의 예언자가 남긴 작품으로 평가됩니다.

이사야는 위대한 예언자인 동시에 정치가이자 시인이었습니다.
그에게 하느님은 거룩한 임금이자 만왕의 왕이었습니다. 또한 그는
다윗(왕조)이 이스라엘을 대표할 만한 통치자라고 여겼습니다. 따라
서 야훼의 날이라는 일반적이고 보편적인 메시아적 열망이 다윗 왕
조와 결부된 것도 이사야로부터 시작된 것이라고 할 수 있습니다.
이사야는 다음과 같이 선언합니다.

아모스
기원전 8세기에 활동한 예언
자. 양을 치는 목자였으나, 하
느님의 계시를 받고 이스라엘
로 갔다. 이스라엘의 타락을
목격하고 그들을 규탄하면서,
하느님의 심판과 이스라엘의
멸망, 바빌론 포로 생활 등을
예언했다.

● **바빌론 포로기**
남유다가 멸망하자 그 백성들
이 바빌론에 끌려가 고통의 포
로 생활을 하는데, 이 시기를
'바빌론 포로기'라 한다.

〈예언자 이사야〉
라파엘로, 1511~1512, 상트
아고스티노 성당.

만군의 야훼께서 오시는 날, 뽐내고 거만한 자를 모두 꺾으시는 날, 높은 자리에 앉은 자를 모두 끌어내리시는 날……,(이사 2:12)

사람의 거만은 꺾이고 인간의 오만은 숙어지리니 그날에 야훼 홀로 드높으시고……,(이사 2:17)

이스라엘 민족에게 야훼의 날은 아시리아의 침략이라는 역사적 사건으로 가시화되었습니다. 이스라엘이 아시리아와 바빌론에게 각각 멸망당할 때 예언자의 사상에 나타난 핵심이 바로 이것입니다. 야훼의 날은 이제 미래의 메시아에 의해 일어날 최종적이면서도 전면적인 심판을 상징하는 것으로 볼 수 있습니다. 하느님은 풍요로움 가운데서도 교만한 마음을 가지는 것을 금하면서, 이러한 자들은 필연적으로 우상을 숭배할 것이라고 경고합니다. 이러한 우상 숭배자들에게는 하느님의 철저한 심판이 있을 것이라는 예언의 메시지가 바로 '야훼의 날'의 핵심입니다.

세계사와 《성서》의 역사

《성서》의 역사를 연대기적으로 계산해 보면, 아담으로부터 시작되는 인류의 역사는 약 6천 년에 불과합니다. 구약시대는 대략 4천 년으로 계산하고, 신약시대는 약 2천 년으로 계산하기 때문입니다. 따라서 《성서》에 나오는 인물을 연대기적인 역사 기록으로 보면 여러 가지 오해가 생길 수 있습니다. 이른바 종교사에게 '시한부 종말론'을 외치던 부류들은 바로 이러한 《성서》의 역사적 오해로부터 출발한 것이라고 하겠습니다. 그들은 주로 《성서》의 문자를 사실로 간주하여, 역사적 전거 없이 자기들 멋대로 해석하였습니다. 《성서》는 수많은 상징들로 구성되어 있기 때문에 이 책이 쓰인 당시의 역사적 배경을 이해하지 못한다면 그에 따른 상징들을 해석하기 어렵습니다.

그리스도교적 사상이 지배적이던 중세 유럽에서는 〈창세기〉의 모든 사실을 세계사적 틀 안에서 해석하는 과오를 범하기도 하였습니다. 그렇다고 《성서》의 모든 것이 상징이라는 말은 아닙니다. 《성서》의 이야기들은 세계사와 많은 부분 일치하기도 합니다. 〈창세기〉 12장부터 시작하는 아브라함의 이야기를 비롯하여 이집트 탈출 사건, 광야 생활, 가나안 정복사를 비롯한 이스라엘의 역사는 사실임이 고고학 자료를 통해 입증되었습니다. 또한 《신약성서》의 복음서들에 등장하는 역사적 예수에 대한 서술과 〈사도행전〉의 원시 교회 이야기는 후대의 자료를 통하여 많은 부분이 사실임이 증명되었습니다.

그러나 〈창세기〉 1장부터 시작되는 천지 창조와 에덴 동산, 카인과 아벨, 노아의 홍수, 바벨탑 이야기 등을 역사적 사실로 이해한다면 많은 문제가 발생합니다. 따라서 아담의 갈비뼈로 하와를 만든 이야기나 카인이 동생 아벨을 죽이고 추방당한 이야기 등이 역사적 사실과 일치하는지가 아니라, 이로써 《성서》가 이야기하고자 하는 것이 무엇인가를 생각해 보아야 합니다.

현대인들은 지성적 사고가 발달하여 모든 것을 논리적 근거를 들어 설명하고자 합니다. 그러나 세상의 모든 일이 논리만으로 설명될 수는 없습니다. 역사적 사실과 다른 《성서》라고 해서 그것이 비논리적인 것은 아닙니다. 논리가 담지 못하는 더 많은 것을 말하기 위해 《성서》는 역사성을 탈피한 이야기 구조를 가지고 있는 것입니다. 그리스도교인들이 《성서》를 하느님의 말씀으로 받아들이는 이유는 바로 이런 이유 때문입니다. 《성서》가 논리적이기 때문에 하느님의 말씀인 것이 아니라, 비논리적이기 때문에 더욱 풍성한 하느님의 말씀이 되는 것입니다.

4부

이스라엘의 멸망과
새 시대의 꿈

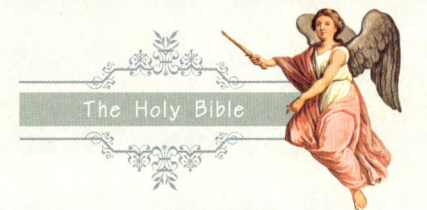

4부는 북왕국과 남왕국으로 분열된 이스라엘이 멸망하기까지의 과정을 다루고 있습니다. 기원전 922년 솔로몬 사후, 그의 아들 르호보암의 철권통치로 인하여 이스라엘은 남북 왕조로 분열됩니다. 기원전 721년에 아시리아의 왕 사르곤 2세에 의해 북이스라엘이 멸망하고, 기원전 586년에 바빌론의 왕 느부갓네살에 의해 남유다도 멸망하여 바빌론에 끌려가 고통의 포로 생활을 합니다. 이후 이스라엘 민족은 갖은 노력을 기울여 이스라엘을 재건하지만, 오래지 않아 알렉산드로스의 침략으로 헬레니즘 문화권으로 편승됩니다. 4부에서는 이스라엘 왕조의 멸망 이후 디아스포라 시기의 사건들도 함께 다루고 있습니다.

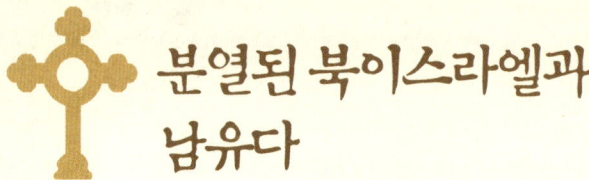

분열된 북이스라엘과 남유다

기원전 922년 솔로몬의 사후 그의 아들 르호보암(기원전 922~915)이 즉위한 후에 북쪽의 열 지파가 솔로몬 시대의 잘못된 강제 징용 제도를 시정받기 위하여 새로운 왕에게 탄원을 했습니다. 그러나 그들의 요구는 무참히 묵살되었습니다. 기원전 926년에 그들이 지도자 여로보암 1세를 추대하여 왕으로 삼자, 마침내 통일왕국이 깨어지고 북방의 이스라엘, 남방의 유다로 갈라졌습니다. 하나로 힘을 합쳐도 부족할진대 북이스라엘과 남유다로 갈라진 이스라엘이 주변 강대국의 압박을 견뎌내기는 어려웠을 것입니다.

아시리아의 왕 샬마네셀 5세가 죽은 후 그의 뒤를 이은 사르곤 2세는 기원전 721년에 북왕국 이스라엘을 완전히 멸망시켰습니다. 사마리아를 정복한 아시리아는 많은 이스라엘 사람을 본토에서 추방하여 아시리아 제국의 여러 곳으로 강제 이주시켰을 뿐만 아니라, 다른 인종과 민족 들을 이스라엘 땅에 정착시켰습니다. 아시리아는 이러한 방법으로 백성들의 반란을 미리 방지하려 한 것입니다. 처음에 이스라엘에 정착한 사람들은 계속해서 그들이 본래 섬기던 신을 섬겼습니다. 그러나 서서히 그 땅의 종교와 혼합되었고, 이스라엘 민족이 다른 인종들과 결혼하면서 '사마리아인'이라고 불리는 사람들이 생겨났습니다.

이스라엘 백성들은 여러 나라에 둘러싸여 있었습니다. 역사적으로 이스라엘 민족은 아람, 불레셋, 모압과 암몬의 신들을 섬기곤 했습니다. 그 신들은 원시사회의

'풍요'와 '다산'을 의미했는데, 그중 대표적인 신이 바알이었습니다. 바알은 비를 관장하는 신이었기 때문에 풍요를 기원하는 사람들이 그를 믿는 것은 어쩌면 당연했을지도 모릅니다. 또 아세라는 풍요를 관장하는 여신이었는데, 가나안인들은 산당의 위치를 표시하기 위해 '아세라 장대'를 이곳저곳에 꽂아 두었습니다. 그 밖에도 열기를 주는 태양신, 비를 주는 폭우의 신, 곡식과 식물을 자라게 하는 대지의 신, 아기를 갖게 하는 대지의 신 등 여러 신들을 섬겼습니다. 그러나 이스라엘의 신 야훼는 그러한 이방 신을 섬기는 것을 원하지 않았습니다. 이방 신들의 예배는 종종 충동적이었고, 신전들에는 남창과 창녀들이 넘쳐났기 때문입니다. 이들은 예배자들과 성행위를 하고, 화대를 신전 제사장들에게 바쳤습니다. 어떤 신들은 인신(人身) 제사를 요구하기도 했습니다. 이러한 행위는 이스라엘에서 엄격히 금지되었던 사항들입니다. 그러나 이스라엘 백성들은 이들 신의 요구를 고스란히 받아들이기까지 했습니다. 유다 왕 아하즈와 므나쎄는 그들의 친아들을 이방 신들에게 불살라 바쳤습니다.(2열왕 16:3; 21:6) 선지자 예레미야는 백성들이 자식을 불살라 바알에게 바치는 일을 고발합니다.(예레 7:30-33) 그들은 이 일을 예루살렘 밖, 즉 '도살자의 계곡' 혹은 '힌놈 골짜기'라고 알려진 곳에서 행했습니다. 훗날 예수님은 이러한 곳을 지옥과 동의어로 사용합니다.

〈열왕기〉에는 이스라엘 왕조의 역사가 기록되어 있고, 몰락과 패망의 그늘이 드리워 있습니다. 그 전조는 아시리아와 바빌론이라는 강대국의 등장으로 시작됩니다. 기원전 722년에 아시리아는 이스라엘을 멸망시킵니다. 수도 사마리아는 파괴되고 거주민들은 모두 포로로 끌려갑니다. 유다는 그로부터 약 150년 후, 바빌론의 황제 느부갓네살에 의해 기원전 586년에 점령당합니다. 이때 예루살렘은 무참히 파괴되고, 거주민의 상당수가 바빌론으로 끌려갑니다. 이때부터를 이스라엘 역사에서 '바빌론 포로기'라고 부릅니다. 이제부터 함께 북이스라엘과 남유다의 멸망사를 살펴보도록 하겠습니다.

01 이스라엘 왕조의 멸망

● 살룸
이스라엘 왕국의 15대 왕. 즈가리야를 죽이고 왕위에 올랐으나 왕위에 오른 지 한 달 만에 살해된다.

● 초지 草地
가축의 방목이나 채초(採草)를 위해 이용되는 초원.

● ● ● 〈열왕기〉에 분명하게 기록되어 있진 않지만, 북이스라엘의 유혈 찬탈적인 왕위 혼란은 아시리아의 무서운 위협과 관련되어 있습니다. 여로보암 2세의 아들 즈가리야는 겨우 몇 달 동안 통치하다가 살해되었습니다.(2열왕 15:8-12) 그를 살해한 살룸●도 몇 달 동안밖에는 견딜 수가 없었습니다.

므나헴이라는 사람이 살룸을 살해하고 사마리아의 왕위를 찬탈하였습니다.(1열왕 15:13-16) 그에 대한 보고는 짧지만, 므나헴이 야만적인 폭력으로 왕위에 머물러 있었음은 분명히 알 수 있습니다. 다마스쿠스와 다른 소국가들처럼 므나헴도 디글랏빌레셀에게 많은 조공을 마쳤습니다. 그는 그 많은 조공을 모든 초지● 소유자에게 할당하여 주었는데, 〈열왕기 하〉(15:19-50)에 따르면 므나헴이

아시리아 대왕의 철저한 봉신°이 되어 그의 지원을 받으면서 통치
하였다고 합니다.

북이스라엘 멸망

아시리아의 강력한 정복 정책은 기원전 733년에 민중의 폭동에
부딪히게 됩니다. 민중 봉기는 사마리아가 몰락할 때까지 계속되었
고, 예루살렘이 무너질 때까지도 계속되었으며, 그 후에도 멈추지
않았습니다. 오므리 왕조 시대와 마찬가지로 다시 한 번 북이스라
엘과 다마스쿠스 사이에 동맹이 체결되었습니다. 아시리아에 속한
므나헴의 아들이 아시리아를 원수로 보는 당파의 대표자에게 살해
되어 교체해야 했기 때문입니다. 이때 남유다가 이 반아시리아 당
파와 동맹을 맺었더라면 서로 관계가 강화되었을 것입니다. 그럼에
도 유다는 조심성은 있지만 결단력이 약한 아하즈 왕을 내세워 멀
찍이 보고만 있었습니다. 이와 같은 유다의 중립 정책은 결국 시리
아°와 에브라임°이 연합 전쟁을 일으키는 원인이 되었습니다. 아람
족속과 이스라엘 족속이 연합군을 형성하여 예루살렘을 공격함으
로써 아하즈가 물러나고, 그들과 동맹을 맺기를 원하는 왕으로 대
치되었습니다. 그래서 유다는 반아시리아 동맹에 강제로 참여하게
됩니다. 이처럼 시리아와 에브라임의 연합 전쟁과 아시리아를 향하
여 원조를 호소하는 아하즈의 절망적인 행동이 예언자 이사야가 등
장하게 된 배경입니다.

이사야는 자기 아들 스알야숩('남은 자가 돌아온다'는 의미)과 함께

● 봉신 封臣
봉건사회에서 주군에게 군사적
인 봉사와 충성을 서약하고 그
대가로 봉토를 받던 제후(諸
侯)·배신(陪臣)·가신(家臣)을
가리키는 말.

● 시리아 Syria
소아시아의 터키와 접하며 메
소포타미아 평야의 유프라테스
강 상류에 위치한 서아시아 국
가.

● 에브라임
《구약성서》에 나오는 요셉의
둘째 아들. 전통적인 방식과는
반대로, 에브라임이 맏아들인
므나쎄 대신에 장자의 명분의
축복을 받았다.

아하즈를 찾아가 그를 신앙으로 권고하였습니다. 이사야의 종교적 메시지를 정치적으로 이해하든지 그렇지 않든지 간에 그가 시리아와 이스라엘의 연합군이 예루살렘을 공격한다고 주장했던 점은 옳았습니다. 733년에 아시리아 군대는 다시 상부 요르단 지역으로 쳐들어 와서, 이욘, 아벨벳마아가, 야노아, 게데스, 하솔, 길르앗, 갈릴리 그리고 납달리 지역 전체를 점령하고, 그 지역의 주민들을 추방하고 일부를 사로잡아 아시리아로 데려갔습니다.

그리하여 사마리아 지역에 살던 지배 계층을 비롯한 일부 거주민은 추방되고, 새로운 지배 계층이 들어가 다스리게 되었습니다. 이러한 정책은 정복한 지역을 완전히 굴복시켜 아시리아의 대국과 지방 조직 속에 편입시켜 넣으려는 의도로 시행된 것입니다. 기원전 733년 그리고 722년부터 721년 사이에 사로잡혀 간 이스라엘 사람들은 민족 혼합으로 인하여 이스라엘이라는 독특성을 잃어버리게 되었습니다. 이와 같은 국제 정세의 위기에서 자기 나라의 민족을 보존하는 데 성공한 유다 왕 아하즈의 신중한 정책은 북왕국 이스라엘의 운명과 관련시켜 볼 때에 큰 의미를 지니는 것입니다.

한편 디글랏빌레셀은 북왕국의 국가 영토를 세 지역으로 나누었는데, 갈릴래아 지방과 이스라엘 평원을 합하여 므기또 지방으로, 카르멜 산 남부의 해안 평원은 돌 지방으로, 요르단 강 동부의 전 영토는 길르앗 지방으로 삼았습니다. 이들 도시의 주민들을 다스리는 인물로는 대국의 다른 지역에서 태어난 새로운 사람들을 세웠습니다. 그리하여 호세아가 왕이 되었고, 호세아는 해마다 디글랏빌레셀에게 조공을 바쳤습니다.

호세아는 처음에는 아시리아 편에 섰지만, 디글랏빌레셀 3세(기원전 745~727)가 죽은 뒤 샬마네셀 5세(기원전 726~722)가 통치할 때에는 다른 소국가들과 연맹을 맺고, 이집트의 원조에 기대어 자진해서 봉신의 의무를 졌습니다. 그러나 아시리아는 결국 호세아를 체포하고 맙니다. 샬마네셀이 군대를 거느리고 사마리아˙ 성에 접근하였을 때, 사마리아는 본의 아니게 싸움을 포기한 채 아시리아에 항복하였습니다. 이스라엘의 마지막 왕 호세아는 아마도 아시리아의 허수아비였던 것 같습니다. 그가 외국 세력에 저항한 것은 표면적인 행동뿐이었을 것입니다. 사마리아 성채는 일찍이 오므리 왕조의 수도였는데, 3년 동안이나 아시리아의 우수한 병력에 맞서서 방어하였습니다. 그러다가 기원전 722년에 마침내 이 도성이 함락되었습니다. 200여 년 동안 지속되어 온 북왕국 이스라엘이 역사에서 영원히 사라지게 된 것입니다.

북이스라엘을 멸망시킨 아시리아는 어떤 나라였을까요? 역사상 가장 막강한 제국 중 하나인 아시리아는 부와 군사력, 그리고 잔인함으로 잘 알려져 있습니다. 대영제국 박물관에 있는 검은 오벨리스크에는 이스라엘 왕 예후가 기원전 841년경 샬마네셀 3세에게 조공을 바치는 모습이 담겨 있습니다. 그러나 이런 관계는 불과 1세기가 가지 않았습니다. 드디어 아시리아는 이스라엘을 침공합니다. 이스라엘은 호세아 왕이 조공을 바치지 않게 되면서 패망합니다. 기원전 722년에서 721년 사이에 샬마네셀 5세는 침공을 감행해서 전 국토를 파괴했습니다. 아시리아의 기록에

● 사마리아
갈릴래아와 유다 사이의 지역을 가리키며, 또한 북왕국 이스라엘의 수도이기도 했다. 사마리아 사람들은 유다인과 관습, 정치, 종교, 그중에서도 특히 예배 장소에 관하여 차이가 있어 심한 적대 관계에 있었다. 그런데 〈역대기 하〉(28:12-15)에는 사마리아 사람들이 유다로부터 온 포로들에게 친절을 베푼 놀라운 사례가 기록되어 있다. 비슷한 이야기를 예수가 말한 선한 사마리아 사람의 비유(루가 10:25-37)에서도 볼 수 있다.

샬마네셀 3세의 검은 오벨리스크(부분)
아사리아 왕에게 조공을 바치는 사람들의 모습이다.

의하면 27,290명이 이스라엘에서 추방당해 아시리아로 끌려갑니다. 이스라엘 땅에는 대신 이방인들이 와서 정착했습니다. 이스라엘과 유다 사이의 사마리아에서는 새로운 정착민들이 이스라엘의 종교를 받아들였고, 끌려가지 않은 이스라엘 사람들을 흡수했습니다. 그들은 자신들만의 유다 종교를 만들었습니다. 그러나 유다인들은 이 이단아들을 종교적으로 또 인종적으로 잡종 취급합니다. 이렇게 해서 유다인들과 '사마리아인들'의 반목이 싹트기 시작했습니다.

스바냐나 나훔* 같은 예언자들은 아시리아의 멸망을 예고했습니다. 기원전 612년에 바빌론과 메대 연합군은 수도 니느웨를 침공했습니다. 그들은 성벽을 무너뜨리고 도시를 물바다로 만들었습니다.(1열왕 19:36) 한때 최강을 자랑하던 제국이 무너지고 거대한 도시가 폐허가 되고 말았습니다. 니느웨는 현대 이라크의 모술 근처입니다. 1846년 젊은 영국 탐험가인 헨리 레이어드Henry Layard에 의해 발견되었습니다. 그는 산헤립의 궁전도 발굴했습니다. 그 궁전에는 산헤립이 예루살렘과 라기스 같은 도시들을 포위한 사건(1열왕 18:13-14) 등이 기록되어 있었습니다. 그 유물들이 대영제국 박물관에 소장되어 있습니다. 이 박물관에는 이 밖에도 다수의 아시리아 도시들에

• 나훔
12소선지의 한 사람으로, 《나훔》의 저자. 《나훔》은 이스라엘의 적국인 아시리아의 수도 니느웨의 멸망을 주제로 삼고 있다.

《성서》의 니느웨 사건들

터키

하란
아브라함이 잠시 머물렀던 곳. 하느님은 아브라함에게 아비의 집을 떠나라고 명령했다.

쿠르드족
거주지역

니느웨
모술

시리아

님루드
요나가 말씀을 전한 니느웨성의 배경이 되는 곳

지
중
해

바그다드

《성서》에 나오는 니므롯으로, 노아의 종손 느미롯이 건설한 성이 있는 곳

바빌론

이 란

요르단

사우디아라비아

우르

쿠웨이트

페르시아 만

아브라함의 고향.
《성서》에 '갈대아 우르'로 나와 있다. 인간의 교만을 상징하는 바벨탑과 유사한 지구라트가 남아 있는 곳.

서 발견된 유물들을 전시하고 있습니다.

복원된 니느웨 성

남유다 멸망

남유다는 아시리아에 완전히 정복
당하지는 않았지만, 적지 않은 간섭을 받았습니다. 아시리아의 산
헤립 왕은 남유다를 침공하였으나, 온전히 점령할 수는 없었습니
다. 그러나 유다의 승리였다고도 할 수 없습니다. 다만 산헤립 군대
가 철수하였을 뿐, 산헤립은 아스돗*과 에크론*을 불레셋 군주들에
게 맡겨두었습니다. 이후 13대 왕 히즈키야는 불레셋 봉신들에게
대항하여 자립적인 위치를 차지하게 됩니다.

히즈키야의 반아시리아 정책 중 하나는 '종교개혁'*입니다. 그는
아하즈 이후 성전에 들어와 있는 아시리아의 신상神像은 물론 아시
리아의 통치권을 표현하는 모든 구조물을 제거합니다. 그러나 히즈
키야의 종교 정책은 오래 지속되지는 못하였습니다. 그의 아들이며
후계자인 므나쎄가 역사가들에게 부정적으로 평가되는 이유는 아
버지의 종교개혁을 단절시킨 것과 연관이 있습니다. 므나쎄가 장기
집권하는 동안 아시리아는 전성기를 누렸으며, 가장 넓은 영토를
가졌습니다. 산헤립의 후계자인 앗사르핫돈(기원전 681~669)은 이
집트를 여러 번 원정했습니다. 아시리아의 세력이 사라진 후, 동방
에서 정치 관계가 아직 결성되지 못한 잠시 동안 이집트는 세력을
장악할 수 있었습니다.

이후 갈대아 족속과 메데 족속이 과거 아시리아의 영토 중 일부

* 아스돗
불레셋의 다섯 성읍 중 하나
로, 지중해 연안 변경에 위치
한 항구 도시.

* 에크론
불레셋의 다섯 성읍 가운데 가
장 북쪽에 위치한 성읍. 가나
안 땅 분배시에 이 성읍은 단
지파에게 분배되었으나, 후에
는 유다 지파의 영토로 간주되
었다.

* 종교개혁
16~17세기 유럽에서 로마가톨
릭교회의 쇄신을 요구하며 등
장했던 개혁운동이다.

를 차지하게 되었지만, 그들에 대한 기록은 거의 남아 있지 않습니다. 단지 신바빌로니아 세력의 형성 과정과 특성 그리고 조직과 통치에 대하여 어렴풋이 추측만 가능합니다. 남유다가 다른 약소국과 마찬가지로 아시리아와 이집트에 조공을 바친 것은 확실합니다.

여호야킴에 대하여 〈열왕기〉는 부정적으로 평가합니다.(2열왕 23:36-24:7) 〈예레미야〉에 따르면(예레 22:13-19) 그가 온 힘을 다해 외국을 받들었으나, 백성에게는 폭군이었다고 합니다. 여호야킴은 다른 모든 폭군들과 마찬가지로 비판자나 비평자를 자기 나라 안에 남겨두지 않았습니다.

기원전 598년에 바빌론은 징벌 원정을 감행하여 예루살렘 성을 포위했습니다. 그 직전에 여호야킴이 죽었고, 그의 아들 여호야긴이 계승자가 되었지만, 그의 통치는 겨우 몇 개월에 그쳤습니다. 여호야긴은 황태후와 왕의 가족들과 모든 신하와 고위 관리와 함께 그 도성을 버리고 바빌론 군대에 항복하였습니다. 유다 전쟁사에 의하면, 여호야긴이 그러한 행동으로 예루살렘 성의 파괴를 지켜냈다고도 합니다. 그러나 여호야긴과 신하들과 백성들은 바빌론에 포로로 잡혀갑니다. 포로로 잡혀간 여호야긴은 기원전 562년 느부갓네살이 죽을 때까지 바빌론에서 포로 생활을 했습니다. 느부갓네살의 계승자인 에윌므로닥이 비로소 그에게 호의를 베풀어 연금까지 지급하였으나, 본토로 돌아가는 것은 허락하지 않았습니다.(2열왕 25:27-30) 여호야긴 대신에 바빌론 편에서는 여호야긴의 삼촌이며 요시야 왕의 아들인 마따니야가 왕위에 올랐습니다. 그는 시드키야라는 왕위 명칭을 얻었으나, 다윗 왕조의 마지막 왕으로 기록되었습니다.

바빌론은 시드키야가 바빌론에 충성하리라는 생각으로 그를 유다의 왕으로 앉혔지만, 시드키야는 바빌론에 대항하여 반란을 일으켰습니다. 그러자 느부갓네살은 기원전 587년에 예루살렘으로 돌아와서 예루살렘 성을 파괴하였습니다. 바빌론 군대는 성전 보물을 약탈하였고 성전과 왕궁과 다른 부속 건물들을 불태웠습니다. 시드키야는 그의 두 아들이 죽는 것을 강제로 목격해야 했고, 눈마저 잃은 뒤 바빌론에 포로로 끌려갔습니다. 그러나 그 뒤에 반역과 폭력이 일어나서, 한 반란 그룹이 바빌론에 의해 유다의 총독으로 임명된 게달리야를 살해하였습니다. 이 반란 그룹은 결국 바빌론의 보복이 두려워 이집트로 도망갔습니다.

그렇다면 남유다를 멸망시킨 바빌론은 어떤 나라였을까요? 바빌론 제국은 느부갓네살에 이르러 최고조로 융성했습니다. 그는 기원전 605년부터 561년까지 바빌론 제국을 다스렸습니다. 느부갓네살 왕은 시리아와 팔레스타인을 지나 이집트 국경까지 영토를 넓혔습니다. 그는 기원전 605년에 카르케미시에서 이집트를 격파했습니다. 이 일로 인해 바빌론은 최강국의 위치로 떠오릅니다.(예제 46:2) 유다가 바빌론에 반기를 들자, 느부갓네살은 수도를 가볍게 함락시키고 포로들을 바빌론으로 데리고 왔습니다.(예제 29:17)

바빌론은 거대한 성벽을 자랑하는 거대 도시였습니다. 각 옹벽은 에나멜 처리를 한 벽돌로 쌓았고, 유프라테스 강에서 끌어온 풍부한 물로 수로를 파서 외호

● 카르케미시 Carchemish
현재의 시리아 근처에 있던 고대 도시국가. 발굴을 통해 도시가 튼튼한 탑문을 가진 두꺼운 이중 벽으로 둘러싸여 있었음이 밝혀졌다.

〈예루살렘 성전의 파괴〉
니콜라 푸생, 1640, 빈 미술사박물관.

● 메대
이란 북서부에 메디아인이 세
운 고대 국가. 기원전 7세기경
에 번영하였다가 기원전 550
년에 페르시아에 복속되었다.
메대는 '메디아(Media)'의 음역.

를 둘렀습니다. 끌려온 유다인 포로들은 거리마다 서 있는 신전과 탑을 비롯한 화려한 건물들에 입을 다물지 못했을 것입니다. 도시의 중앙에는 위풍당당한 탑 모양의 지구라트 혹은 벨의 신전 탑(다니 4:30)이 있었습니다. 공중 정원도 있었는데, 전설에 의하면 느부갓네살이 메대에서 온 공주인 왕비 아미이티스Amyitis의 기분을 돋워 주기 위해 세웠다고 합니다.

지금까지 이스라엘의 흥망사를 살펴보았습니다. 《성서》에는 이스라엘 흥망의 원인으로, 하느님과 어떤 관계를 유지하고 있었는지를 중요하게 다루고 있습니다. 다음 장에서는 나라를 잃은 이스라엘 민족이 바빌론에 포로로 끌려가서 어떻게 지냈는지 살펴보도록 하겠습니다.

포로기 고난과 유다교

02

●●● 바빌론 포로는 이스라엘 역사 속에서 정치적 측면에서나 종교적 측면에서 분수령에 해당하는 획기적 사건이었습니다. 바빌론 포로 사건이 갖는 의미는 네 가지로 정리할 수 있습니다. 첫째, 예루살렘 성전이 불타 버렸다는 것이며, 둘째는 왕조가 끝났다는 것입니다. 셋째는 족장 시대부터 중요하게 언급한 약속의 땅이라는 개념이 상실되었다는 것이며, 넷째는 시나이 산 계약이 더 이상 필요하지 않게 되었다는 것입니다. 예루살렘의 초토화, 성전의 파괴, 다윗 왕조의 패망과 바빌론의 포로 생활이라는 일련의 충격적인 사건들은, 이스라엘에 단순한 정치적 위기뿐만 아니라 이스라엘 역사상 가장 심각한 신앙의 위기를 가져왔습니다.

"하느님은 왜 그의 백성이 멸망당하도록 내버려 두셨는가? 하느님은 그들을 저버리신 것이 아닌가?(하느님의 사랑에 대한 문제) 하느님이 그의 백성을 구원할 능력이 없어 유다 왕국이 멸망한 것이 아닌가?(하느님의 능력에 대한 회의) 왕국의 멸망과 바빌론 포로 생활이 죄에 대한 벌이라고 한다면, 죄에 비해 벌이 너무 가혹한 것이 아닌가?(하느님의 공정성에 대한 도전) 다윗 왕조가 끊어진 상황에서 일찍이 다윗에게 주신 다윗 왕조의 영속성이라는 약속은 어떻게 된 것인가?(다윗 계약신학) 이미 심판받은 이스라엘에 시나이 산 계약의 전승은 어떤 의미가 있는가? 이러한 신학적 질문들이 바빌론 포로기에 끊임없이 제기되었습니다.

포로 생활

기원전 587년 봄, 바빌론 군대는 예루살렘을 포위하고 도성의 벽을 뚫었습니다. 도성에서는 몇 시간 동안 잔악한 죽음과 파괴가 행해졌습니다. 바빌론 왕 느부갓네살은 예루살렘이 더는 그의 제국에서 반란의 근원지가 되지 않게 했습니다. 그래서 그는 예루살렘을 철저히 무너뜨렸습니다. 바빌론 군인들은 조직적으로 예루살렘 도성과 성전에 불을 지르고 약탈하였습니다. 바빌론에 반기를 든 지도자들은 처형되었으며, 대부분의 백성들은 포로가 되어 바빌론으로 끌려갔습니다. 예레미야와 같이 바빌론을 지지하는 것처럼 보이는 일부 지도자들은 호의적으로 대했습니다. 이때 끌려간 포로들이 기원전 605년과 597년에 포로가 된 사람들과 합쳐졌습니다. 그들은 바빌론 동편, 니푸르 쪽으로 그발 강을 따라 위치하고 있던, 텔

• 니푸르 Nippur
이라크 바빌론의 남동쪽 약 150킬로미터 지점에 있는 수메르의 고대 도시. 현대명은 누파르(Nuffar).

아비브, 텔멜라, 카시피아 등의 마을에 정착하였습니다. 바빌론 사람들은 포로들에게 집을 짓고 농사와 상업에 종사하며 그들 자신의 공동체를 만들 수 있도록 허락하였습니다.(예레 29:5-7)

모든 이스라엘 사람이 다 바빌론 포로가 된 것은 아닙니다. 가장 가난한 사람들과 기술이 없는 사람들 중 일부는 주변의 다른 나라로 도망쳐서 난민으로 살았습니다. 유다 땅에 남은 사람들도 곤경에 빠졌습니다. 대부분의 도시와 마을 들은 바빌론 침공으로 약탈을 당하였고, 그 땅에 남아 있던 사람들은 파괴된 경제를 재건하려 시도하였습니다. 제사는 예루살렘 성전이 파괴된 자리에서 계속되었으나, 이방 종교와 혼합된 요소들을 내포한 형태였습니다.(예레 41:5)

일부 이스라엘 사람들은 바빌론의 칼을 피하여 주변 나라로 도망갔습니다. 이 피난민들은 요르단 강 동편의 암몬 땅으로도 갔고, 남쪽의 이집트로도 갔습니다. 유다 잔민殘民을 이끌던 요하난은 예레미야에게 자기들과 함께 이집트로 가기를 원했습니다. 예레미야는 그들에게 유다에 남을 것을 호소하였습니다. 그는 그들에게 유다에 남아 있으면 하느님이 그들을 번영케 하실 것이라고 말하였습니다. 그러나 그들은 강제로 예레미야를 데리고 이집트로 갔습니다.(예레 42장) 그들은 나일 강 삼각주 지역의 다하반네스Tahpanhes에 정착하였습니다. 다른 무리는 믹돌과 놉●에 정착하였으며, 또 다른 무리는 이집트의 더 남쪽으로 내려가 정착하였습니다.

그리하여 디아스포라● 공동체는 바빌론만이 아니라, 여러 가지 이유로 이집트에도 생겨났습니다. 예루살렘이 멸망한 뒤에, 바빌

● 놉 Noph
이집트 카이로 남쪽으로 20킬로미터 떨어진 곳에 있던 성읍. 고왕국시대의 수도였으나, 지금은 폐허만 남아 있다. 현대명은 멤피스(Memphis).

● 디아스포라 Diaspora
팔레스타인 지역 밖에 살면서 유다교적 종교 규범과 생활 관습을 유지하는 유다인 또는 그들의 거주지를 가리키는 말. 디아스포라는 그리스어에서 온 말로 '이산(離散) 유다인', '이산의 땅'이라는 의미로도 사용된다.

론은 유다인 게달리야를 (미스바에 거취를 둔) 총독으로 임명했습니다. 그가 암살되자, 한 무리의 유다인들이 이집트로 도망쳤습니다.(왕하 25:22 이하; 예레 40장 이하)

한편 여러 면에서 닥친 외부적인 손실이 내부적으로는 이익을 가져왔습니다. 포로기 시대는 보기 드물게 문학적으로 풍요로운 시대가 되었습니다. 〈애가哀歌〉(그리고 시편 44편; 74편; 79편; 89:39 이하; 판관 63:7 이하 등)는 이스라엘 땅의 상황을 탄식했습니다. 이스라엘 본토에서는 〈신명기〉 역사가 활동했는데, 이들은 일종의 죄의 고백이라는 형식으로 역사서 〈신명기〉의 기초를 마련했습니다. 고대 근동의 힘의 중심이 이제까지 이집트과 메소포타미아에 있었다면, 기원전 550년 이래로 세계 지배권은 새로운 세력들에 양도되었습니다. 이들은 외부로부터 고대 근동 지역으로 침략해 왔으며, 그중 페르시아가 가장 먼저 거의 2세기 동안 지배권을 장악했습니다.

포로 생활 중에 그들은 〈신명기〉의 교훈을 중심으로 과거의 모든 과오와 민족적 불신앙을 반성했습니다. 그리고 그때까지의 역사 기록들을 재정리하며 예언자들의 기록을 모으고 모든 법전을 재편찬하여 그들 민족에게 주어진 귀중한 하느님의 선물들을 소중히 보존하고, 동시에 그것들을 정당하게 해석하려 하였습니다. 그들은 자신들이 겪고 있는 수난을 하느님이 사랑의 채찍질을 하시는 것이라고 믿었으며, 뉘우치고 하느님의 계시에 순종할 결의를 더욱 굳게 하였습니다. 그들의 삶이 힘들어질수록 그들의 마음은 하느님께로 더욱더 달려갔습니다.

하느님이여!

생존자들에게 포로 사건은 가장 심각한 종교적 위기가 되었습니다. 아브라함의 후손들은 하느님의 특별한 축복의 상징들을 모두 잃었습니다. 성전과 왕조와 민족으로서의 이스라엘이 더는 존재하지 않게 된 것입니다. 이러한 위기는 그들에게 하느님의 속성과, 아브라함의 후손들과 하느님의 관계에 대하여 문제를 제기하고 다시 생각하게 하였습니다. 그들의 주요 관심사는, 하느님의 공정성과 신뢰성의 문제였습니다. 파괴된 예루살렘에서 생존한 사람들은 왜 이 재앙이 그들에게 닥쳤는가의 이유를 알고자 했습니다. 눈에 보이는 모든 상황은 하느님이 패배하였거나 아니면 하느님이 그들을 버리셨다는 것을 증명하는 것이었습니다. 과연 자신들이 하느님의 백성인지에 대한 궁극적인 질문이 시작된 것입니다. 이러한 질문들로 인해 포로 공동체는 그들의 과거, 현재, 미래에 대하여 성찰하게 되었고, 과거에 대한 그들의 반성은 선조들의 위대한 역사적·신학적 전통들을 되돌아보게 하였습니다.

모세의 책들은 이 포로 시기에 최종 형태를 갖추게 된 것이 거의 확실합니다. 〈여호수아〉, 〈판관기〉, 〈사무엘 상·하〉, 〈열왕기 상·하〉 또한 이때 편집되어 포로기에 대한 자세한 설명을 제공하였습니다. 백성들은 그들의 현재 상황을 바라보면서 〈애가〉나 〈시편〉 같은 매우 감상적인 시들을 썼고, 이를 통하여 포로기의 악몽을 지나는 그들의 고통스러운 감정을 표현하였습니다. 이스라엘 백성들은 이 예언자들의 말씀 속에서 그들의 미래를 위한 하느님의

계획과 목적을 발견하였습니다. 그들 이전의 예언자들에 의해서 다시 거듭나게 되었습니다.(이사 40-55장) 〈시편〉이나 〈욥기〉 같은 다른 여러 책들도 포로기에 최종 형태를 갖추었습니다. 따라서 포로 생활은 이스라엘 역사의 전환점이 되었다고 할 수 있습니다. 이것은 백성들에게 그들의 미래에 대한 새로운 비전을 주었습니다. 그들은 바빌론 지배자들의 언어인 아람어*를 배웠고, 일상어이자 상거래 언어로 삼았습니다. 이러한 역사적 상황 속에서 예수님 또한 아람어를 사용하였습니다.

포로 귀환

바빌론 제국은 기원전 562년에 느부갓네살이 죽은 뒤에 파멸의 지경에 처하게 되었습니다. 그의 후계자들은 기원전 556년에 나보니도스*가 왕위에 오를 때까지 연속적으로 살해되었습니다. 나보니도스는 왕가의 일원도 아니고, 바빌론의 수호신인 마르둑*을 섬기는 사람도 아니었습니다. 그는 바빌론의 건립에 분노하는 '월신月神'을 섬기는 사람이었습니다. 그는 결국 바빌론을 떠나 아라비아 사막의 테만Teman으로 거처를 옮겼고, 제국의 국정은 그의 아들 벨사살이 수행하였습니다.

바빌론이 쇠퇴해 가면서, 페르시아인들 가운데 후에 고레스* 대왕으로 알려진 왕이 동방의 땅에 두각을 나타내기 시작하였습니다. 그는 종주국 메대에 반기를 들었고, 기원전 550년에 메대의 방대한 제국을 지배하게 되었습니다. 그리고 기원전 539년 10월, 그는 관

• **아람어**
서(西)셈족에 속하는 아람인의 언어. 기원전 8세기에 아람인이 상업민족으로서 서아시아 각지에서 활약한 후부터 아람어는 국제통상용어가 되고 아시리아나 신바빌로니아에서는 외교용어가 되었으며, 고대 페르시아에서 아프카니스탄에까지 퍼졌다.

• **나보니도스 Nabonidos**
신바빌로니아 왕국의 마지막 왕. 달의 신을 숭배한 탓으로 바빌론의 주신 마르둑의 신관(神官)에게 반감을 샀다. 아라비아에서 요양하다가 기원전 539년 바빌론에 돌아왔을 때, 페르시아의 카루스 2세의 침략을 받고 장군 고브리아스에게 체포·추방되었다.

• **마르둑**
고대 바빌론의 신. '태양의 아들'이라는 뜻으로, 《구약성서》 〈예레미야〉(50:2)에 나오는 '벨', '마르둑'과 같다. 원래는 아모리족(族)의 신으로 바빌론의 수호신이었는데, 바빌론이 제패하면서 바빌론 판테온의 주신(主神)이 되었고, 수메르 판테온의 주신인 엔릴과 합쳐져 벨 마르둑라 불리며 '신들의 왕'으로 오랫동안 숭배되었다.

• **고레스 Gores**
아케메네스 왕조의 시조로 페르시아 제국을 건설한 위대한 황제이다. 29년간 통치하면서 메디아, 신바빌로니아, 리디아 제국을 굴복시켰다. 이집트를 정복하려다가 사망했다.

심을 바빌론으로 돌려 바빌론 시를 정복하였습니다.

고레스 대왕은 한때 막강하던 바빌론 제국을 무너뜨리고 계속해서 영토를 확장해 나갔습니다. 그러나 정복한 나라들의 문화유산에 대해서는 정책적으로 철저히 존중해 주었습니다. 그들은 조로아스터교*를 신봉하였는데, 중심 교리는 "선을 행하고 악을 미워하라."라는 것이었습니다. 이러한 정신 유산이 있었기에 가능했던 것이겠지요.

《성서》에 기록된 '바빌론 포로기'의 의미를 제대로 파악한다면 역사를 이해하기 위한 귀중한 실마리를 잡을 수 있습니다. 포로기에 이스라엘은 세 차례에 걸쳐 바빌론으로 끌려갑니다. 이스라엘의 귀환도 세 차례에 걸쳐 이루어지는데, 제1차 포로 귀환 때(기원전 538)에는 즈루빠벨*이 중심이 되어 4만 9897명이 귀환합니다. 제2차 포로 귀한 때(기원전 457)는 에즈라의 인도 하에 1754명이 귀환하고, 제3차 포로 귀환 때(기원전 444)는 느헤미야에 의해 진행됩니다.

이를 좀 더 자세히 설명하면 이렇습니다. 바빌론 제국을 무너뜨린 고레스 대왕은 자신의 나라에 억류되어 있던 포로들이 모두 고향으로 돌아갈 수 있도록 배려해 주었습니다. 이것이 이스라엘 민족의 '제1차 포로 귀환'입니다. 〈에즈라〉는 바빌론의 포로 생활을 청산하고 이스라엘 땅으로 돌아가는 이야기입니다. 고대 사본들은 〈에즈라〉와 〈느헤미야〉를 한 권으로 묶었으나, 〈느헤미야〉의 서두는 이 두 책이 비슷한 내용을 다루고 있지만 서로 분리된 문서임을 분명히 하고 있습니다.

일부 학자들은 〈에즈라〉가 역대기의 세 번째 책, 포로 시기 후부

● 조로아스터교
고대 페르시아의 철학자이자 오늘날 예언자로 불리는 조로아스터(Zoroaster)에 의해 창시된 종교로, 그의 가르침에 종교적·철학적 기반을 두고 있다. 유일신 아후라 마즈다(Ahura Mazda)를 숭배하며, 이원론적인 세계관을 가지고 있다. 조로아스터교 신자들은 스스로를 마즈다 예배교(마즈다야스나, Mazdayasna)라고 부르며, 불을 신성시해서 배화교(拜火敎)라고도 부른다. 중국에서는 현교(祆敎)라고 하여 삼이교(三夷敎)의 하나로 꼽았다.

● 즈루빠벨
이스라엘 원정 당시의 포로를 가리키는 말. 본래 '바빌론의 후예', '바빌론의 슬픔'이라는 뜻으로, 바빌론에 멸망한 이스라엘 민족의 슬픔이 반영된 이름이라고 한다.

터 귀환까지 이스라엘 역사를 조망하는 책이 아닌지 추측하기도 합니다. 에즈라가 자신의 기억을 더듬으며 '나'라는 일인칭을 사용하고 있다는 점을 들어 설득력을 확보하려고 시도하지만, 저자가 본인인지 명확하지 않습니다.

그렇다면 〈에즈라〉를 중심으로 이스라엘 민족의 포로 생활은 어떻게 진행되는지 알아보도록 할까요?

제사장 여수룬과 지도자 즈루빠벨은 도시의 성전을 재건하는 대역사를 시작합니다. 그들이 시행한 첫 번째 일은 제단을 재건하여 희생 제사°를 재개할 수 있게 한 것이었습니다. 그리고 나서 큰 기쁨과 눈물 나는 즐거움으로 선전의 초석을 놓게 됩니다.

재건 사업이 순조롭게 진행된 것은 아닙니다. 원수들은 성전 건축을 지연시키려고 흑색선전을 하고 일꾼들을 낙심시켰습니다. 이일로 인해 다리우스° 치세기(기원전 550~486)까지 공사가 중단됩니다.

고문관들을 매수하여 성전을 지으려는 계획을 꺾고 말았다. 그리하여 페르시아 황제 고레스가 죽고 다리우스가 페르시아 황제가 되기까지 일은 중단되어 있었다.(에즈 4:5)

그리고 또 방어벽 공사가 문제가 됩니다. 원수들은 페르시아의 황제 아르타크세르크세스° 1세에게 전령을 보내 유다인들이 방어벽을 재건하고 있는데, 이는 페르시아에 반역하기 위한 것이라고 고소하기

• 희생 제사
번제, 화목제, 소제, 속죄제, 속건제 등의 제사로, 하느님께 짐승의 희생(犧牲)이나 곡식을 제물로 드리는 제사.

• 다리우스 Darius
고대 페르시아 아케메네스 왕조의 왕(재위 기원전 550~486). 행정조직자로서 후세에 명성을 남겼다.

• 아르타크세르크세스 Arta-xerxes
고대 페르시아 제국의 왕(재위 기원전 404~359). 이집트에서의 난을 평정하고, 아테네와도 화평하며, 제국 내의 내란을 평정하였으나, 그와 함께 페르시아 제국의 융성기도 끝났다.

〈다리우스를 알현하는 스키타이인들〉
프란치셰크가 그린 상상화, 1785.

에 이릅니다.

성 쌓는 일이 끝나고 그 성읍이 재건되면, 그것으로 유프라테스 서부 지방을 다 잃으신다는 사실을 감히 폐하께 아뢰는 바입니다.(에즈 4:16)

왕은 사실을 조사하고 공사를 중단시킵니다. 이는 이스라엘 민족이 오랫동안 말썽을 부려왔기 때문이라고 《성서》에 기록되어 있습니다. 그 뒤 예언자 하깨와 즈가리야는 백성들에게 멈추었던 공사를 다시 시작하도록 권고합니다.(에즈 5:1-2; 하깨 1:1; 즈가 1:1) 눈앞에서 일어나는 일을 염려한 관리들은 왕에게 편지를 씁니다. 왕의 창고를 조사하다가 '고레스 칙령'이 발견됩니다. 칙령은 유다인에게 성전과 성읍에 관한 공사를 허락하는 내용이었습니다.

고레스 황제 제1년에 황제 폐하께서는 예루살렘 신전을 두고 다음과 같은 칙령을 내리셨다. "그 신전을 다시 세우고 거기에서 제물을 잡아 살라 바치도록 하여라. 신전은 높이도 육십 자, 너비도 육십 자로 하여라. 돌을 세 겹으로 쌓아 올리고 나무를 한 겹 대는데, 그 비용은 국고에서 지불하도록 하여라. 그뿐 아니라 느부갓네살이 예루살렘 신전 본관에서 바빌론으로 가져온 신전의 금은 기구들을 되돌려주어라. 모두 예루살렘 신전 본관 제자리에 가져다 두도록 하여라." 이것을 보고 다리우스 황제는 아래와 같은 영을 내렸다. "이제 유프라테스 서부 지방 다뜨내 총독과 스달보즈내와 동료 관리들과 유프라테스 서

부 지방에 있는 아바르사인들은 유다 총독과 유다 장로들이 신전을 짓는 일을 막지 말고 그대로 두어라. 그러나 그 신전을 다른 자리에 세워서는 안 된다. 유다 장로들이 그 신전을 짓는 일을 경들은 도와야 한다. 나 이제 그 일을 다음과 같이 지시하는 바이다. 유프라테스 서부 지방에서 세금으로 거두어들인 국고금에서 그 비용을 모자라지 않게 제때 제때에 지불하도록 하여라. 그 밖에 무엇이든지 필요한 것이 있으면 대어 주도록 하여라. 예루살렘 사제들이 하늘을 내신 하느님께 소와 숫양과 어린양을 번제로 드리고 밀가루와 소금과 술과 기름을 곁들여 바쳐야 하겠다고 하거든 얼마든지 요구하는 대로 날마다 어김없이 대어 주어라. 그것을 제물로 바치어 하늘을 내신 신의 마음을 기쁘게 해드리며 짐과 황실에 복을 빌게 하여라."(에즈 6:3-10)

다리우스는 '고레스 칙령'에 적힌 대로 모두 행하였습니다. 성전 재건을 허락한 것은 물론이거니와 모든 재건 비용을 대신 지불해 주었습니다. 이 성전은 기원전 526년에 완공되었고, 이곳에서 한 달 뒤 이스라엘 민족의 최대 명절인 유월절을 기념합니다. 성전이 파괴된 지 70년 만의 일입니다.

새 성전은 대체로 솔로몬의 원안을 따랐으나, 지성소˙는 비운 채로였습니다. 이유는 법궤가 분실되어 어디에서도 발견되지 않았기 때문이었습니다. 〈하깨〉는 옛 성전을 기억하던 사람들이 성전을 보고 실망했다고 기록합니다. 하지만 두 번째 성전은 솔로몬 성전보다 훨씬 오랫동안 보존되었습니다.

이 일에 중추적인 역할을 담당한 사람은 에즈라입니다. 그는 율

• **지성소 至聖所**
성전의 가장 안쪽에 있는 방. 그 안에 '언약궤'를 두었다. '대제사장'만이 1년에 한 번 '속죄일'에 백성들의 속죄를 위해 이곳에 들어갈 수 있는 특권을 가졌다.(레위 16:34)

법학자였으며, 이스라엘 백성을 '모세 오경'을 중심으로 종교적으로 훈련시켜야 하는 책임이 있었습니다. 기원전 458년부터 약 60년간 도성 공사가 중단되었을 때, 에즈라는 왕에게 예루살렘으로 돌아가겠다고 청합니다.

허락을 받아낸 에즈라는 아하와라는 마을에서 이스라엘 백성을 모아 예루살렘으로 향합니다. 예루살렘에 도착한 에즈라는 실망감을 감추지 못합니다. 예루살렘 주민들 대부분이 우상 숭배와 가나안 사람들의 거짓된 신앙으로 타락해 있었기 때문이었습니다. 개혁이 필요했습니다. 에즈라는 하느님께 매달려 기도를 올렸습니다. 그리고 가장 먼저 단행한 개혁이 이방 여자와 결혼한 제사장들에게 이혼을 명령하고, 그들의 영향력을 약화시킨 것이었습니다. 에즈라는 이방 여인과 결혼한 제사장의 명단을 공개하면서 기록을 마칩니다.

03 메시아의 도래와 회복의 기대

　● ● ● ● 기원전 424년 아르타크세르크세스 1세가 죽은 후에 다리우스 2세(기원전 423~404)는 합법적인 왕위 계승권자인 크세르크세스 2세를 죽이고 제국의 통치권을 장악합니다. 페르시아의 그 다음 왕인 아르타크세르크세스 2세(기원전 404~358)의 통치 기간 동안 제국의 내구력이 문제였습니다. 안팎의 권력 투쟁은 한때 천하를 호령하던 페르시아 제국을 계속해서 약화시켰습니다. 기원전 331년에 알렉산드로스 대왕은 페르시아의 다리우스 3세(기원전 336~331)를 패배시키고 유다를 포함한 페르시아의 지방들을 그리스 제국과 합병시켰습니다.

회복의 걸림돌

페르시아가 지배하던 기간 동안 유다에서의 삶은 〈예레미야〉나 〈에제키엘〉 또는 〈이사야〉(40~55장)의 포로기 저자가 예견한 것과 같은 찬란하고 희망적인 상황이 아니었습니다. 백성들은 귀환하였고, 성전은 재건되었으며, 예루살렘의 성벽들은 수리되었습니다. 그러나 그들에게는 공동체의 긴장들이 있었고, 경제적 어려움이 있었으며, 완전한 회복을 방해하는 영적 타락이 있었습니다. 북쪽의 사마리아 사람들, 동쪽의 암몬 사람들, 남쪽의 아람 사람들과의 관계가 백성을 어려움에 처하게 했습니다. 결국 사마리아인들은 세겜에 그들 자신의 신전을 지었고, 사마리아 오경으로 알려진 자신들의 신앙에 정통성을 부여하려 하였습니다. 한편 유다 공동체 자체도 내부의 분열을 겪어야 했습니다. 경제적인 계급에 따른 일반적인 분열 외에도, 유다 땅에 남아 있던 사람들과 포로나 기타 도피의 상황에서 돌아온 사람들 사이에 심각한 갈등이 있었습니다.

그중 가장 심각한 문제는 영적 타락이라는 문제였습니다. 이전 예언자들에 의해 선포된 영광스러운 번영이 실현되지 않는 것처럼 보이자 백성들은 하느님을 불신하게 되었습니다. 그들은 성전을 짓고 예루살렘 성벽을 보수하는 것에 저항하였으며, 이방인들과 결혼을 하였고, 십일조•와 헌물 드리기를 거부하였습니다. 일련의 학자들은 이 시기에 예배와 제사와 그 밖의 다른 종교적 문제를 놓고, 유다교 안에서 당파간의 대립과 공동체 안에서의 충돌이 있었다고 생각합니다.(이사 56~66장; 하깨, 즈가리야, 에즈라, 느헤미야, 말라기)

• 십일조
이스라엘에서 한 사람의 곡식이나 1년 수입 중의 십 분의 일을 하느님께 바치는 것. 모세의 율법에서 보면, 그것은 하느님께 속한 것으로서 제사장들에게 주었다.

신약시대의 이스라엘 지역

이러한 문제들이 있었음에도 이스라엘 공동체는 이 시험의 시기를 통하여, 그들의 새로운 종교의 깊이를 체험했습니다. 그들에게는 성전의 재건, 에스더를 통한 민족의 구원, 에즈라와 느헤미야를 통한 부흥의 시기가 있었습니다. 이 밖에도 수세기 동안 그들의 공동체를 유지하는 데 핵심적 요소가 된 회당의 설립이 이 시기에 이루어지기 시작하였습니다. 이러한 상황 속에서 《성서》는 그들의 일상생활의 안내자로서 새로운 중요성을 획득하게 되었습니다.

메시아의 도래

〈이사야〉에는 '종의 노래'라고 알려진 몇 개의 글이 있습니다.(42:1-4; 49:1-6; 50:4-9; 52:13-53) 여기에는 '종'이 누구인지 분명하게 언급되어 있지 않습니다. 그렇기 때문에 이 '종'이 개인인지 아니면 이스라엘 백성 전체를 말하는 것인지 불분명합니다. 《신약성서》 이후 그리스도교 전통에서는 이 '종'이 다름 아닌 '그리스도'를 가리키고 있다고 봅니다.(마태 8:17; 1베드 2:24) 예수는 자신을 이 인물과 동일시하고 있습니다. 고향의 회당에서 사람들을 가르칠 때도 〈이사야〉 61장 1절에서 3절까지의 본문을 인용하였습니다.

주 야훼의 영을 내려 주시며 야훼께서 나에게 기름을 부어 주시고 나를 보내시며 이르셨다. "억눌린 자들에게 복음을 전하여라. 찢긴 마음을 싸매 주고, 포로들에게 해방을 알려라. 옥에 갇힌 자들에게 자유를 선포하여라. 야훼께서 우리를 반겨 주실 해, 우리 하느님께서 원수 갚으실 날이 이르렀다고 선포하여라. 슬퍼하는 모든 사람을 위로하여라. 시온에서 슬퍼하는 사람에게 희망을 주어라. 재를 뒤집어썼던 사람에게 빛나는 관을 씌워 주어라. 상복을 입었던 몸에 기쁨의 기름을 발라 주어라. 침울한 마음에서 찬양이 울려 퍼지게 하여라. 그들을 이름하여 '정의의 느티나무 숲'이라 하여라. 야훼가 자기의 자랑거리로 손수 심은 것.(이사 61:1-3)

〈이사야〉는 페르시아의 황제 고레스를 목자, 기름부음 받은 자, 택하신 동맹으로 묘사하고 있습니다. 이러한 표현은 마치 그를 그리스도의 한 유형으로 비쳐지게 합니다. 그러나 여기에서 고레스는 미래의 인물입니다. 〈이사야〉 49장에서는 여호와의 종을 두 가지 유형으로 소개하고 있습니다. 그것은 이스라엘과 메시아입니다. 이스라엘은 다른 나라들을 비추는 빛이고, 하느님의 구원 능력을 세상에 전하는 대표자입니다. 그러나 이스라엘은 악한 종으로 판명났습니다. 그렇지만 하느님은 그들을 버리지 않고 사랑하십니다. 엄마가 아이를 사랑하는 것처럼 하느님도 자기 백성을 사랑하시기 때문입니다.

여인이 자기의 젖먹이를 어찌 잊으랴! 자기가 낳은 아이를 어찌 가엾게 여기지 않으랴! 어미는 혹시 잊을지 몰라도, 나는 결코 너를 잊지 아니하리라.(이사 49:15)

그렇기 때문에 예루살렘에는 밝은 미래가 있는 것입니다. 이로써 예루살렘은 많은 나라를 위한 예배의 중심지요, 하느님의 종들의 중심지입니다. 여기에 또 하나의 종이 등장하는데, 그는 신비로운 사람입니다. 그는 종의 노래로 표현됩니다.(이사 50:4-11) 같은 인물이 52장, 53장에서 계속해서 등장하고 있습니다. 고난 당하고 부당하게 대우받는 종은 말할 수 없을 정도로 두드려 맞습니다. 그는 다음과 같이 소개 됩니다.

드디어 네가 나설 때가 된 것 같구나.

걱정 마십시오.

　　이제 만방은 그를 보고 놀라지 않을 수 없고 제왕들조차 그 앞에서 입을 가리리라. 이런 일은 일찍이 눈으로 본 사람도 없고, 귀로 들어 본 사람도 없다.(이사 52:15)

〈이사야〉 53장은 메시아 예언의 절정이라 할 수 있습니다. 무력으로 적들을 괴멸하는 전사의 이미지를 벗어 버리고, 신비한 차원에서 일하며, 가공할 만한 원수와 싸웁니다. 〈이사야〉의 마지막 부분에는 포로기 이후 예루살렘으로 돌아온 사람들에게 주는 예언이 담겨 있습니다. 난국의 시기이지만, 예언자는 야훼를 예배하고 그의 명령에 순종하는 모든 사람을 위한 세상이 열릴 것이라고 선포합니다.

새 창조

새 하늘과 새 땅, 그것은 〈이사야〉가 그리는 이상향의 세계입니다. 죽음과 질병과 슬픔과 고통이 없는 가슴 벅찬 세상을 그리고 있습니다. 자연은 인간과 조화를 이루고, 하느님은 백성 가운데 거할 것입니다.(이사 65:17-25) 그곳에서는 우는 자가 다시는 없을 것입니다. 결코 자기 백성을 잊지 않는다는 하느님의 약속을 강조하고, 더불어 다른 길을 택하는 자들의 운명에 대해 엄중히 경고하면서 〈이사야〉는 막을 내립니다. 처음의 선언과 마찬가지입니다. 그러나 메시아에 대한 기대는 한결 더 고조된 상태입니다.

〈이사야〉와 마찬가지로 새 창조에 대해서는 〈에제키엘〉에도 나타납니다. 하느님께서 땅의 먼지로부터 아담을 만드시고 이 피조물에 생명을 불어넣으셨습니다. 마찬가지로 야훼께서 또다시 이 뼈들에게 생명을 넣어 주십니다.

> 뼈들에게 주 야훼가 말한다. 내가 너희 속에 숨을 불어넣어 너희를 살리리라. 너희에게 힘줄을 이어 놓고 살을 붙이고 가죽을 씌우고 숨을 불어넣어 너희를 살리면, 그제야 너희는 내가 야훼임을 알게 되리라. 나는 분부하신 대로 말씀을 전하였다. 내가 말씀을 전하는 동안 뼈들이 움직이며 서로 붙는 소리가 났다.(에제 37:5-7)

〈에제키엘의 환시〉
프란시스코 콜란테스, 1630,
마드리드 프라도 미술관.

〈에제키엘〉은 성전을 가진 그 땅에서 그들 가운데 야훼께서 영원히 거주하는 장소가 재건축되는 미래 회복을 예언하였습니다.(에제 40:1-48:35) 회복된 성전에 관한 그의 구체적인 비전은 거룩한 곳

사해 死海
아라비아 반도 북서부에 있는 호수. 요르단 강으로부터 물이 흘러 들어오는 염호(鹽湖)이다. 유다 사막의 한가운데에 있다. 호면이 해면보다 418미터 가량 낮다. 《성서》에 '아라바의 바다', '동해' 등으로 적혀 있다.

● 히브리어 《성서》
일명 '맛소라 텍스트'라고 한다. '맛소라'는 히브리어로 '전승'이라는 뜻이며, 유다인 학자들을 의미하기도 한다. 맛소라 학자들이 기원후 6세기에서 10세기 사이에 히브리어 《성서》를 보존하려고 애쓰는 과정에서 원래 자음만 있던 《성서》에 완벽한 모음을 붙여 《성서》를 읽기 쉽게 만들었다. 주를 첨가한 것이 특징이다.

가운데 하느님 보좌로부터 흐르는 커다란 강을 상상하게 됩니다.(에제 47:1-12) 이 강에서 주는 생명의 물은 문지방 밑에서부터 흘러나와 성전에까지 이릅니다. 물은 심지어 메마른 지역 사해로 흘러 들어가 모든 것의 생명을 회복시킵니다. 사막에서 꽃이 만발하고 생명이 회복되고, 심지어 파라다이스의 정원이 생깁니다. 그 뒤 또 다른 비전을 품은 많은 나라의 예언자들이 자신의 시대에 〈에제키엘〉의 본문을 가지고 영감을 얻게 됩니다. 우리는 《신약성서》 마지막 〈요한의 묵시록〉 21장부터 22장에서 이것을 보게 되는데, 파트모스 섬의 예언자 사도 요한이 전체 《성서》 이야기의 마지막을 정리하는 새 예루살렘의 비전을 〈에제키엘〉의 말을 가지고 되풀이합니다.(묵시 21-22장)

고난 이후 삶의 깨달음

히브리어 《성서》*의 마지막 세 번째 부분을 '성문서聖文書'라고 부릅니다. 성문서에 해당하는 히브리어 '캐투빔'의 원래 뜻은 잡다한 글들을 함께 모아 놓은 '글의 묶음'이라는 말입니다. 영어로는 'writings'로 표기할 수 있으나, 우리말로는 '거룩하다'는 의미이기 때문에 '성문서'라 합니다.

그리스어 《성서》는 율법서, 역사서, 성문서, 예언서로 구분되지만, 히브리어 《성서》는 율법서, 예언서, 성문서로 구분합니다. 그리스어 《성서》에서는 각 책을 구분할 때 그 비중을 동일하게 둡니다. 다만 율법서가 과거 지향적이고, 예언서가 미래 지향적이라면, 역사서와 성문서는 현재에 초점이 맞추어진 것이라 볼 수 있습니다. 반면에 히브리어 《성서》는 올림픽 시상대처럼 율법서가 가장 우위에 서게 됩니다. 유다교에서 나간 사마리아교 사람들은 '모세 오경'만을 그들의 경전으로 삼고 있습니다. 예언서는 율법의 정신을 현실에서 재해석하는 것으로 판단하여 율법서보다는 한 단계 낮은 것으로 보았습니다.

그리스어 《성서》에서 성문서는 〈욥기〉, 〈시편〉, 〈잠언箴言〉, 〈전도서〉, 〈아가雅歌〉뿐인데, 히브리어 《성서》에서는 〈시편〉, 〈욥기〉, 〈잠언〉, 〈룻기〉, 〈아가〉, 〈전도서〉, 〈애가〉, 〈에스텔〉, 〈다니엘〉, 〈에즈라-느헤미야〉, 〈역대기〉 열 권이 포함됩니다.

이 글들을 크게 구분한다면 〈다니엘〉은 묵시문학이며, 〈룻기〉, 〈에스텔〉, 〈에즈라-느헤미야〉, 〈역대기〉는 역사 문학이고, 〈시편〉, 〈아가〉, 〈애가〉는 시문학, 그리고 〈욥기〉, 〈잠언〉, 〈전도서〉는 지혜 문학이 됩니다.

묵시문학은 구약 말기에 새로 등장한 형태입니다. 이것은 예언 운동이 그친 다음 역사 문학과 결합되어 현재보다 미래에 초점을 맞추는 새로운 형태로 등장했습니다. 묵시적 신앙은 현실의 수난과 고난에 대한 극도의 실망과 좌절에서 현재의 역사와는 본질적으로 다른 새로운 세계, 하느님의 나라를 대망*하는 데서 생겨났습니다. 혼란스러운 역사의 와중에서, 역사의 의미가 극히 불투명한 상태에서, 그리고 역사에 나타난 하느님의 뜻이 무엇인지를 알기 어려운 상황에서 묵시문학이 생겨난 것입니다. 묵시문학에 나타난 신앙적 확신은 비록 악의 세력이 성할지라도 그 궁극적 승리는 하느님께

* 대망 待望
기다리고 바람.

있음을 강조하고, 결코 좌절하거나 변절해서는 안 된다고 말합니다.

그리고 시문학은 〈창세기〉 라멕의 노래(창세 4:23-24)나 〈출애굽기〉의 미리암의 노래(출애 15:21), 〈판관기〉의 드보라의 노래(판관 5:2-31) 등 일찍부터 기도와 찬미의 형태로 전해오던 것이 〈시편〉으로 집대성되었으며, 그 밖에 〈아가〉와 〈애가〉 같은 특이한 주제를 중심으로 발전된 노래 형태가 책으로 묶인 것입니다.

히브리어 《성서》 중 〈룻기〉, 〈애가〉, 〈전도서〉, 〈아가〉, 〈에스텔〉의 다섯 책을 가리켜 '다섯 두루마리[Five Scrolls]'라고 부릅니다. 앞서 대예언서와 소예언서의 구별에서 보았듯이, 성문서의 다른 책들은 다 부피가 큰데, 그중에 분량이 작은 다섯 권의 책들을 하나로 묶어서 다른 큰 책 하나의 몫을 하게 된 것입니다. 그리고 이 개별적인 다섯 권의 책들은 이스라엘의 특별한 절기* 때마다 하나씩 읽었습니다. 〈아가〉는 유월절, 〈룻기〉는 맥추절, 〈애가〉는 성전 파괴를 기억하는 금식일, 〈전도서〉는 초막절, 그리고 〈에스텔〉은 부림절에 사용되었습니다.

이스라엘 사람들은 포로기와 포로기 이후 주위의 다른 민족들과 접촉이 잦아졌습니다. 그러자 그중에는 외국의 호화로운 생활을 부러워하여 그들의 풍습과 관습을 모방하는 이들도 생겨났습니다. 이들은 정통적 유다교 교리에 대해 회의를 품고 변화된 시대에 재래적인 해답이 어느 정도 타당성이 있는가에 대해 진지하게 질문을 던지기도 하였습니다. 그리고 또 일부에서는 그럴수록 자체 전통에 더 집착하여 전통 신앙을 고수하자는 이들도 생겼습니다. 이와 같

● 이스라엘의 절기
이스라엘의 연중 삼대 명절은 본디 추수와 관련된 절기였는데, 나중에 하느님이 이스라엘의 역사 가운데서 행하신 바를 기억하는 것과 결부되었다. 보리걷이를 시작할 때 이집트 탈출을 기억하면서 (무교절과 아울러) 유월절을 지켰고, 그로부터 7주 뒤에 밀걷이를 마무리할 때 율법 받은 것을 기억하면서 칠칠절(오순절)을 지켰으며, 가을에는 이스라엘이 광야에서 보호받은 것을 기억하면서 과일 및 포도 수확의 명절(장막절)을 지켰다. 7월 1일의 설날과 그 열흘 뒤의 대속죄일이 있었는데, 속죄일에는 함께 잔치를 벌이지 않고 금식했다. 나중에 생긴 절기로는 부림절과 유다 마카베오가 성전을 다시 봉헌한 사건을 기념하는 봉헌절이 있다.

은 문화적인 배경 속에서 성문서 같은 책들이 수집되어 경전의 틀을 가지게 된 것입니다.

《구약성서》의 그리스어 번역판인 70인역[•]《성서》에서는 〈룻기〉가 판관시대를 배경으로 했다고 해서 〈판관기〉 다음에 두고, 또 〈애가〉는 예레미야가 썼을 것이라고 보아 〈예레미야〉 다음에 두었습니다. 그리고 〈에스델〉은 페르시아 시대를 배경으로 이야기가 전개하고 있기 때문에 〈에즈라〉와 〈느헤미야〉 다음에 연결시켰습니다. 그러나 히브리어 《성서》에서는 이 책들이 쓰인 또는 편집된 때를 기준으로 수록했기 때문에 이 다섯 책을 한꺼번에 모은 것입니다.

《성서》는 어느 날 갑자기 하늘에서 뚝 떨어진 하느님의 말씀이 아니라, 오랜 세월 동안 사람들의 손을 거쳐 완성된 하나의 경전입니다. 여기에서는 성문서를 구체적으로 살펴봄으로써 이스라엘 민족의 신앙이 어떻게 변모해 왔는지 보도록 하겠습니다.

성문서는 오경五經과 예언서 다음에 편집되었다고 보는 것이 보통의 견해입니다. 시문학, 지혜문학, 후기 역사서, 묵시문학 등 많은 양의 문서가 편집되었습니다.

성문서의 시문학

시가에 속하는 〈시편〉은 주로 성전 예배 시에 읽던 책들입니다. 바빌론 포로 이전 다윗 왕 시대부터 예배의 노래는 중요한 위치를 차지했고, 히브리 시가는 그보다 오래전부터 예식화되어 있었습니다. 그렇기 때문에 〈시편〉은 이스라엘 백성들의 내면에 숨겨진 신

● 70인역 譯(셉투아진트)
기원전 3세기부터 1세기 이상에 걸친 긴 기간에 이루어진, 《구약성서》의 가장 중요한 그리스어 번역. 약호는 LXX로서, '오경'의 번역자가 70인(실제로는 72인)이라는 데에서 유래되었다. 《신약성서》의 저자들은 《구약성서》를 언급할 때 일반적으로 이 번역본을 인용하거나 의역하였다. 70인역본은 많은 경우에 그 의미에 있어서 히브리어 '맛소라 텍스트'와 매우 다르다.

앙을 남김없이 반영시킨 '프리즘'이라고 말할 수 있습니다. 여기에 각 시대의 신앙 형태를 엿볼 수 있는 탁월한 종교시宗敎詩들이 수록되어 있습니다. 〈시편〉은 5경을 본받아 다섯 권으로 나누었으나, 체계를 따른 것은 아닙니다. 총 150편의 시를 수집하여 아래와 같이 다섯 권으로 나눈 것입니다.

제1권 2-41편
제2권 42-72편
제3권 73-89편
제4권 90-106편
제5권 107-150편

그중에는 〈다윗의 시집〉이라는 비교적 고대에 속하는 시들도 있으며, 예루살렘을 향하여 순례하는 '순례자의 노래(120-134)' 유월절 제전祭典에 부르는 '예식적인 노래(111-118)' 등이 있습니다.

〈시편〉에는 참회, 감사, 간구, 소망, 찬양 등 하느님의 은혜에 대한 다양하고 인간적인 응답이 시로 읊어졌으며, 다른 한편으로는 인간의 독백獨白, 원한, 내성內省, 적敵에 대한 저주, 사후의 음산함, 회의와 신뢰, 한탄과 슬픔 등과 더불어 하느님을 향한 인간적 몸부림이 표현되었습니다.

〈시편〉은 주로 '다윗의 시'라고 부릅니다. 그것은 히브리인이 그들의 위대한 왕 다윗을 시가의 '상징'으로 삼았기 때문입니다. 즉 유명한 시는 다윗에게 봉헌하거나, 다윗의 이름으로 발표되었고,

나는야 율법의 상징!

나는야 지혜의 상징!

나는야 시가의 상징!

저자를 모르는 명시名詩가 일반인에게 전승된 경우에도 '다윗의 시'로 전해졌습니다. 따라서 모든 〈시편〉이 다윗의 작품이라는 의미가 아닙니다. 모세가 '율법(토라)'의 상징이고 솔로몬이 '지혜'의 상징인 것 같이, 다윗은 '시가'의 상징인 것입니다.

민간이나 성전聖殿에 흩어져 있던 시들을 한데 모아 편수하는 사업은 기원전 400년쯤부터 약 300년간에 걸쳐 계속된 것이며, 기원전 100년쯤에 완결되어 정경正經에 들어간 것으로 짐작됩니다. 〈시편〉은 읽을 때마다 우리의 삶에 공감을 주는 고백처럼 느껴지기 때문에 《구약성서》 중에서 가장 많이 읽히는 책입니다. 십자가에서 예수가 마지막 남긴 말 역시 〈시편〉을 인용한 것입니다.

나의 하느님, 나의 하느님, 어찌하여 나를 버리십니까? 살려 달라 울부짖는 소리 들리지도 않사옵니까?(시편 22:1)

이어서 〈애가〉는 다섯 편의 시를 모은 것인데, 예루살렘 포위와 멸망, 그뒤의 폐허를 통곡하는 내용입니다. 일반적으로 이 시의 저자를 예레미야로 봅니다. 따라서 70인역에서는 그 시를 〈예레미야〉 다음에 삽입하였습니다. 한국의 《성서》도 이를 따른 것입니다. 그러나 히브리어 《성서》에서는 제3부의 '다섯 두루마리' 중의 하나로 되어 있습니다. 이는 〈예레미야〉의 연장으로 취급하지 않는다는 것을 의미합니다. 학계에서는 예레미야를 저자로 삼는 데 대하여 대부분 부정적인 태도를 취하고 있습니다. 그 이유는 〈애가〉의 실제 저자가 포로기의 한 이름 없는 애국 시인일 수도 있기 때문입니다.

마지막으로 〈아가〉는 '솔로몬의 노래' 또는 '노래 중의 노래'라고도 합니다. 민요적 연애시집으로, 솔로몬 왕, 슐라미의 목녀牧女, 그녀의 애인 젊은 목자 세 사람을 주역으로 한 희곡의 결혼 축하연에서 민요조로 노래한 것입니다.

여기에 사용된 언어는 고전적인 히브리어가 아니라 아람어이며, 페르시아나 그리스어도 섞여 있습니다. 그러므로 기원전 300년대에 수록된 것으로 추정합니다. 이 시는 《성서》에 편입되기까지 어려움을 겪다가, 야훼와 이스라엘의 사랑을 노래한 것이라는 알레고리적 해석이 가능해지자 비로소 《성서》에 포함되었습니다. 그리고 신약시대에 이르러 인간적이고 자연적인 것이 더 높은 '은혜'의 차원으로 속량되는 때 이 '연애시'는 있는 그대로 그 자리를 차지하게 됩니다.

성문서의 지혜문학

다음으로 '지혜문학'에 대해 알아보도록 하겠습니다. '철학'이라는 말은 '지혜애'라는 뜻이며, 이것은 민족, 국가, 인종, 문화 등을 제한하지 않고 다만 인간 자체의 본질과 그 삶의 의미를 추구하는 것입니다.

'지혜'의 운동은 고대 근동 지역의 그리스, 이집트, 바빌론, 히브리 등 여러 나라에서 퍼져 나갔습니다. 특히 이집트에서는 기원전 2300년쯤에 지혜문학의 꽃이 만발하였으며 에돔*의 현자賢者도 유명하였습니다. 솔로몬과 인생을 논하기 위하여 예루살렘에 찾아 왔

• 에돔
현 이스라엘 남쪽 지방 사해 주변과 요르단 지방에서 살았던 고대 민족. 《구약성서》에서 야곱의 형 에사오를 에돔인의 시조로 본다.

다는 쉬바의 여왕, 띠로의 왕 히람도 모두 당시의 현자들이라 하겠는데, 이들은 모두 시간과 공간을 초월하여 진리를 찾아 나선 사람들입니다.

히브리의 현자는 지혜가 인격의 원숙, 심리적 성찰 또는 인간 생활의 실태 관찰 등에서만 오는 것이 아님을 말하고 있습니다. 참 지혜는 야훼 하느님으로부터 주어지는 것이라고 주장합니다. 히브리의 지혜 운동은 예언 운동이 쇠퇴한 뒤를 이어 발전된 것이며, 이른바 '중간 시대(그리스 시대)'에 온전히 히브리적 신앙에 동화되었습니다. 그러므로 히브리적 지혜는 그리스의 그것과 같이 추상적이며 논리적으로 발전한 것이 아니라, 인생의 현실 생활을 실패 없이 살게 하는 지혜로서 추구되었습니다. 그중 대표적인 것이 〈잠언〉입니다.

솔로몬 시절부터 '격언집'이 편집되었겠지만, 그것이 온전한 형태를 갖춘 것은 에즈라 시대 이후로 봅니다. 솔로몬이 '지혜의 왕'이었다는 의미에서 모든 지혜로운 말이 그의 이름으로 알려지게 되었습니다.

모두 31장으로 구성된 〈잠언〉에서 현자들은 선한 생활을 위하여 근면, 각성, 근신 등을 권고하였으며, 그러한 생활의 보수로 성공과 행복, 장수 등의 현세적 결실을 받는다고 말합니다. 이런 점에서 히브리 현자는 바빌론이나 이집트의 현자들과 같습니다. 그리고 게으름(6:6-11, 44:20-34), 음주(23:20-21, 29-35), 창녀와의 관계(5:1-10), 어리석은 금전 관계(6:1-5) 등을 극구 경계하였습니다.

이 지혜의 종교성은 더 깊은 데까지 나아갑니다. 초기의 현자들은 지혜가 상식적인 일상생활의 좋은 방편이라고만 생각하였으나, 후기 현자들에게 지혜는 하느님의 창조를 설계하는 전체적인 배경이 됩니다. 그러므로 창조주 하느님을 아는 것이 곧 지혜의 시작이며 근본이라고 믿게 된 것입니다. 그리하여 결국 지혜는 창조의 대행자로 인격화되었습니다.

〈욥기〉는 지혜문학의 최대 걸작품으로 찬사를 받습니다. 〈욥기〉의 배경은 아라비아 사막 경계인 사해 동남방의 에돔 지역입니다. 주인공은 전설적인 고대 의인義人인 욥°이며 욥의 친구인 엘리바스, 빌닷, 소발 세 사람이 조역인 대화 극시입니다. 그 주제는 인과응보因果應報와 고통의 문제가 의로운 하느님과의 관계에서 어떻게 다루어질 것이냐 하는 것입니다. 〈욥기〉는 전반부와 말미에 산문적 설명이 붙어 있고, 본론은 시입니다.

〈욥기〉의 줄거리는 대략 이러합니다. 욥이라는 부요富饒하고 경건한 의인이 있었습니다. 그러나 사탄은 하느님께 허락을 받고 욥의 모든 소유물과 자녀들의 목숨을 빼앗습니다. 게다가 욥은 악질이라는 몹쓸 피부병으로 고생하게 되고, 아내마저도 하느님을 저주하고 욥에게 죽으라고 짜증을 부립니다. 이때 욥의 친구 세 사람이 등장합니다. 처음에 욥은 '하느님이 주시고 하느님이 거두어 가시는 하느님의 이름을 찬송하리라'라는 경건함으로 버텼지만, 고통이 더해 감에 따라 온갖 심리적 동요와 절망, 원한과 저주로 몸을 떨었습니다. 그러나 그의 신앙이 그 근본에서 타락한 것은 아니었으며, 나중에 회개하여 다시 회복되면서 깊

● 욥
가혹한 시련을 견뎌내고 믿음을 굳게 지킨 인물로 알려진 《구약성서》 〈욥기〉의 주인공. 노아·다니엘과 더불어 의인의 전형으로 꼽는다.

〈욥에게 역병을 들이붓는 사탄〉
윌리엄 블레이크, 1826~1827, 런던 테이트 미술관.

은 깨달음을 얻는 내용입니다. 그럼으로써 하느님에게 상을 받게 됩니다.

〈전도서〉는 포로 후 그리스 사상에 영향을 받은 현자가 기원전 250년에서 200년 사이에 쓴 작품으로 평가합니다. 그는 전통적 유다교에 반발했으며, 하느님을 아는 현자라 할지라도 삶의 의의를 안다고 자만할 수 없다고 주장했습니다. 〈전도서〉는 다음과 같이 무기력한 말로 시작합니다.

> 헛되고 헛되다, 설교자는 말한다, 헛되고 헛되다. 세상만사 헛되다.(전도 1:2)

이 책은 체계를 갖춘 철학을 말한 것도 아니며 깊은 신앙을 말한 것도 아닙니다. 하느님과의 계약 관계에 있는 이스라엘의 특권을 내세우지도 않았습니다. 전편을 통하여 '이스라엘'이라는 글자가 단 한 번밖에 나오지 않습니다. 이 책은 삶의 뜻을 찾는 순례자의 꾸밈없는 기록이라 하겠습니다. 그는 무엇보다 먼저 자연과 인생의 면면에서 그 무의미하고 끊임없는 순환에 주목합니다.

후기 역사서

히브리 역사를 편집한 학파가 셋이 있습니다. 그것은 다음과 같습니다.

① 신명기적 역사서(〈신명기〉에서 〈열왕기 하〉까지의 전기 역사서)

② 제사장적 저술(〈창세기〉로부터 〈민수기〉까지의 율법서, 즉 '토라'에 산재한 역사적 기술)

③ 역대기 학파(〈역대기 상·하〉와 〈에즈라〉, 〈느헤미야〉, 즉 후기 역사서)

　여기에서는 후기 역사서에 대해 알아보도록 하겠습니다. 〈역대기 상·하〉와 〈에즈라〉, 〈느헤미야〉는 모두 한 사람의 저작으로 평가됩니다. 그 사람이 누구인지는 알 수 없지만, 에즈라 혹은 그 계보에 있는 사람으로 간주됩니다.

　전기 역사서는 예언자적 정신을 역사 비판의 표준으로 삼았으나, 후기 역사서는 제사장적 정신을 표준으로 하였습니다. 전자는 국가적·정치적 사회를 중심으로 역사를 다뤘고, 후자는 민족적·종교적 집단을 중심으로 하였습니다. 전자는 남북의 왕국에 골고루 관심을 표시하였으나, 후자는 남왕국에만 관심을 집중하고 있습니다. 전자는 여러 인물들을 언급하였으나, 후자는 다윗에 편중하고 있습니다. 다윗 전의 사울 왕이나 다윗 후의 솔로몬에 대해서는 잠깐 언급한 데 불과합니다.

　반면에 후기 역사서의 견해대로 본다면, 이스라엘은 하느님을 예배하는 공동사회입니다. 이것은 '제사장 나라, 거룩한 백성'으로 성별*되어 있다는 후기 유다교적 사상입니다. 그러므로 이스라엘은 하나의 국가나 국민으로가 아니라 하나의 '교회'로 존속할 것을 기대하고 있습니다.

● 성별 聖別
어떤 사람 또는 물건을 신성한 일에 쓰기 위해 따로 구별해 둠.

본래 〈역대기 상〉과 〈역대기 하〉는 하나의 책으로서, 그 내용도 연속적으로 기록되어 있습니다. 아담에서부터 느헤미야가 두 번째로 예루살렘을 방문(기원전 432)한 때까지를 쓴 것입니다. 이 책의 저자는 북왕국의 역사는 거의 다루지 않고 성전 관련 기사를 중심으로 남왕국의 역사만을 기록하고 있습니다.

그리고 〈에즈라〉와 〈느헤미야〉 두 권의 책은 〈역대기〉의 속편입니다. 본래 한 권의 책으로, 에즈라의 수기와 느헤미야의 수기가 중심입니다. 이 책들은 페르시아 시대의 말기 또는 그리스 시대에 편집된 것으로, 기록한 연대는 기원전 300년 또는 200년경으로, 《구약성서》 말기에 속합니다.

에즈라는 성전에서 율법을 선포하고 엄숙한 예배를 성공적으로 드리게 되는데, 이때 읽은 율법서가 '모세 오경'일 것으로 추측됩니다. 그게 사실이라면 모세 오경을 처음으로 경전화한 사람은 에즈라가 될 것입니다. 그러나 에즈라와 느헤미야가 순수한 유다 혈통의 유다인만을 공동사회의 구성으로 받아들이고 이방인과 결혼한 유다인에게 이혼을 강요한 점이라든지, 율법(토라)에 충성하고, 성전 봉사에 충실하며, 안식일을 엄수하고, 십일조 헌금을 독려한 것은 매우 배타적이며 바리사이파* 같은 종교 집단의 모습이라는 측면에서 칭찬할 것은 못 될 것입니다. 그러나 문화혼합주의가 그들에게 심각한 현실적 문제에 직면하게 만들었고, 이로 인해 그들에게 훈련이 절대적으로 필요했을 것이라는 동정적인 입장을 취할 수는 있겠습니다.

〈술 따르는 느헤미야〉

느헤미야는 본래 왕의 술에 독이 있나 보기 위해 먼저 술을 맛보는 사람이었다. 17세기, 파리 생테티엔 수도원의 색유리.

● 바리사이파

예수가 활동하던 시대에 존재한 유다교의 경건주의 분파. 율법의 세목(細目)까지도 철저히 지키는 형식적인 순수함을 근거로 해서 다른 사람들로부터 자신들을 우월적으로 분리시켜 특수층으로 자처한 사람들이다.

세상이 많이 변했네…

에즈라

민족을 넘어서

　흔히 《구약성서》를 이스라엘 민족의 이야기, 즉 이스라엘이 하느님의 선민이라는 우월감에 가득한 책으로 간주하는 이들이 있습니다. 《구약성서》가 이스라엘 민족과 계약을 맺은 이야기를 비롯해서 세계의 많은 민족 가운데 한 무리를 중심에 두고 있다는 측면에서 보면 무리가 아닐 수도 있지만, 그러한 생각은 크나큰 오해입니다.

　《구약성서》가 이스라엘 민족만을 중심에 두지 않다는 것을 알 수 있는 대표적인 책이 〈룻기〉입니다. 〈룻기〉를 중심으로 《구약성서》가 민족을 넘어서 어떻게 보편주의를 향해가고 있는지 보도록 하겠습니다.

　〈룻기〉는 판관시대를 배경으로 하고 있습니다. 유다 베들레헴에 사는 엘리멜렉과 아내 나오미와 두 아들, 네 식구가 모압 지방으로 이사해서 살게 되었습니다. 거기에서 두 아들은 각기 모압 여자와 결혼했는데, 그 며느리들의 이름은 오르바와 룻이었습니다. 그런데 그곳에서 가장인 엘리멜렉이 죽고 두 아들도 모두 죽어 세 과부만이 남게 되었습니다. 시어머니인 나오미는 고향으로 돌아가기로 작정하고, 두 며느리를 불러 그곳에서 재혼하여 살도록 권고합니다. 그리하여 맏며느리 오르바는 시어머니 곁을 떠나갑니다. 그러나 작은며느리 룻은 나오미와 함께 이스라엘 땅으로 가기로 작정하였습니다.(룻 1:16-17)

　그리하여 두 여인(나오미와 룻)은 유다 땅 베들레헴으로 돌아왔습니다. 룻은 시아버지 엘리멜렉의 친척 보아즈의 밭에서 추수 후에 떨어진 이삭을 주워 어머니를 봉양하였습니다. 이삭을 줍던 룻은 주인 보아즈의 눈에 띠어 보아즈의 아내가 됩니다. 그들이 낳은 아들이 오벳이요, 오벳의 아들이 이새요, 이새의 아들이 다윗입니다. 결국 룻은 다윗의 증조모가 되는 것입니다. 《신약성서》의 시작인 〈마태오의 복음서〉에는 예수님의 계보가 기록되어 있습니다. 예수님이 다윗의 후손으로 기록되어 있는 그 계보에는 룻의 이름도 나와 있습니다.

〈보아즈의 밭에 있는 룻〉
슈노어 폰 카롤스펠트, 1828,
런던 국립미술관.

> 살몬은 라합에게서 보아즈를 낳았으며 보아즈는 룻에게서 오벳을 낳았고 오벳은 이새를, 이새는 다윗 왕을 낳았다.(마태 1:5-6)

이스라엘 민족의 영웅인 다윗 왕 역시 이방 여인의 혈통에서 난 것임을 자랑스럽게 기록하고 있는 것이 《구약성서》이며, 그 파장은 《신약성서》까지 이어집니다. 〈룻기〉뿐만 아니라 민족주의를 넘어서는 대표적인 책이 하나 더 있는데, 곧 〈요나〉입니다. 요나*는 이방 민족에게 하느님의 말씀을 전하도록 부르심을 받은 예언자였습니다. 그러나 하느님의 명령을 거역하고 다쉬스(지금의 스페인)로 도망갔습니다. 이에 하느님은 그에게 물고기 뱃속에서 3일간 지내는 고난을 겪게 합니다. 결국 요나는 이방 민족에게 하느님의 의지를 전하는 예언자의 역할을 수행하게 됩니다.

〈요나〉는 이스라엘 민족의 특권이 결국은 이방 민족에게 하느님의 말씀을 전파하여 함께 구원에 참여하도록 이끄는 데 있음을 천명하고 있습니다. 이 책이 쓰인 시기는 페르시아 시대 말기, 기원전

• **요나**
기원전 8세기경 북이스라엘 왕국의 예언자로, 히브리어 《성서》에 기록된 이름이며, 〈요나〉의 중심인물이다.

4세기 무렵으로 추측됩니다.

〈예레미야〉에도 이스라엘을 벌하기 위해 하느님께서 바빌론 제국을 철퇴로 사용한다는 내용이 있습니다. 이렇듯 《구약성서》는 결코 이스라엘 민족만을 선택해서 그들만을 축복한다고 말하지 않습니다. 《성서》는 어떤 관점에서 보느냐에 따라서 수없이 다르게 읽히는 신비로운 책입니다. 그렇기 때문에 바른 시각을 갖지 않는다면 전혀 엉뚱한 해석에 도달할 위험성을 안고 있는 책이기도 합니다.

지금까지 우리는 《구약성서》를 통해서 '나'를 찾아 떠나는 여행을 하였습니다. 《구약성서》와 《신약성서》 사이에는 400년이라는 긴 '침묵기'가 존재합니다. 이것을 보통 '신구약의 중간기'라고 부릅니다. 하느님은 이때 인간을 어떻게 축복해 주어야 할지 고민이라도 하신 것일까요? 400년이라는 침묵의 시간을 넘어 하느님이 우리에게 무엇을 말씀하시는지 계속해서 여행을 떠나 보도록 하겠습니다.

• 신구약의 중간기
유다교의 역사 중 〈말라기〉(기원전 400년경)에서 예루살렘이 파괴되기까지(기원후 70년)의 기간을 말한다. 《성서》에 이 시대의 기록은 없으나 이때에도 많은 역사적 사건이 있었다. 중간기는 페르시아 시대(기원전 400~331), 그리스 시대(기원전 331~63), 로마 시대(기원전 63~70)로 구분된다. 하느님의 계시가 단절된 이 시기에 히브리어 《성서》의 정경화 작업이 이루어졌고, 외세의 지배에 따른 정치적·종교적 자치권 획득을 위한 팔레스타인 유다인들의 투쟁이 일어났으며, 유다교 내부에서 여러 종파운동이 발생했다.

⟨신명기 역사서⟩

어떤 학자들은 오경五經을 살펴보면서, ⟨신명기⟩가 다른 책들과 내용이나 문체상으로 일치하지 않는다는 사실을 발견했습니다. 그런 이유로 ⟨신명기⟩를 오경이 아니라 전기 예언서에 속하는 첫 번째 책이라고 보는 사람들도 있습니다. 여기에는 ⟨신명기⟩의 중심 사상이 전기 예언서에 그대로 반영되어 있었던 이유도 한몫을 했습니다. 이런 이유로 사경四經을 주장하는 학자들이 생겨났습니다. 사경이란 오경에서 ⟨신명기⟩를 뺀 나머지 책, 즉 ⟨창세기⟩, ⟨출애굽기⟩, ⟨레위기⟩, ⟨민수기⟩를 말합니다. 이 같은 주장을 하는 학자들은 ⟨신명기⟩ 1장부터 4장까지가 ⟨신명기 역사서⟩ 전체의 서론에 해당한다고 봅니다. 예컨대 ⟨신명기⟩는 기관차의 머리 부분에 해당하며, 객차 격인 ⟨여호수아⟩, ⟨사사기⟩, ⟨사무엘⟩, ⟨열왕기⟩를 이끌어 간다는 것입니다.

이것은 ⟨신명기⟩에 언급된 역사관 혹은 역사 철학이 그 다음에 오는 네 권의 책에 그대로 반영되어 있다고 보는 입장입니다. 다시 말해, 이 네 권의 책에 나타난 구체적인 사건을 해석하는 척도라는 의미에서 ⟨신명기 역사서⟩라고 부릅니다. 이것 역시 가설이기는 하나 그럴듯한 이야기이며, ⟨신명기 역사서⟩를 이해하는 데 큰 도움이 됩니다.

⟨신명기 역사서⟩는 이스라엘 백성들이 바빌론에 포로로 잡혀 가는 이야기로 끝이 납니다. 이에 대한 학자들의 설명도 다양합니다. 그러나 적어도 한 가지 분명한 것은, ⟨신명기 역사서⟩의 최종적인 형태는 포로기 이후에 나왔다는 사실입니다. 이스라엘 백성들이 포로기 시절을 돌이켜보면서 역사를 재정리한 것이 곧 ⟨신명기 역사서⟩라는 것입니다.

⟨신명기 역사서⟩ 역사가들은 부족의 영웅들을 민족 전체의 영웅으로 만들고, 또 원래는 동시대적인 사건들도 일련의 역사적 사건인 것처럼 판관들의 이야기를 차례대로 소개합니다. 그런데 이 모든 이야기는 ⟨신명기 역사서⟩ 학파들이 설정해 놓은 어떤 공식에 의해서 전개됩니다. 그것은 '배신→ 징벌→ 회개→ 구원→ 배신'이라는 공식으로서, '신명기 신학'을 반영하고 있습니다.

5^부

예수의 십자가 부활, 하느님 나라

5부는 예수 그리스도의 탄생과 그의 가르침, 나아가 십자가 처형과 부활을 다루고 있습니다. 즉 예수라는 인물의 생애를 통하여 하느님의 역사가 어떻게 새롭게 시작하게 되었는지를 소개합니다. 사람들은 하느님의 약속인 그리스도의 오심을 믿지 않았으며, 신성 모독이라는 죄명을 붙여 예수를 십자가에 매달아 사형시킵니다. 그러나 하느님은 그를 다시 살려 내었습니다. 이것을 '예수의 부활 사건'이라고 부릅니다. 이 사건은 오늘날 그리스도교의 핵심적인 가르침입니다.

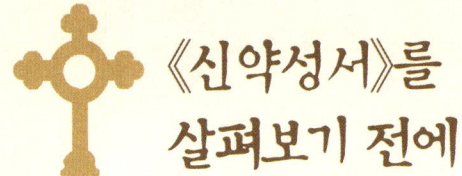

《신약성서》를
살펴보기 전에

　《신약성서》는 이스라엘 백성들의 비참한 현실 속에 등장한 한 청년의 이야기를 그 중심에 두고 있습니다. 그는 목수 일을 하던 '예수'라는 청년으로 십자가에 매달려 처형되었습니다. 그런데 이 예수라는 청년의 삶을 옆에서 지켜본 많은 사람의 증언에 따르면, 그가 온 세계를 구원할 '메시아(구원자)'가 틀림없다는 것입니다. 그가 인간 세상에 온 '하느님' 자신이었다는 것이죠.

　하느님의 아들 예수가 세상의 구원자임을 증언해 주고 있는 책이 공관복음서입니다. 공관복음서는 〈마태오의 복음서〉, 〈마르코의 복음서〉, 〈루가의 복음서〉를 말합니다. 여기에 후대(기원후 90~100경)에 '역사적인 예수'를 해석해서 쓴 〈요한의 복음서〉를 더하여 '4복음서'라고 이릅니다.

　처음 예수를 따르던 무리들은 열두 제자를 비롯한 소수의 사람들이었습니다. 그러나 예수가 로마의 법에 의해 십자가에서 처형되고 3일 후에 부활했다는 소식이 팔레스타인 전역에 서서히 퍼지면서, 그 사실을 믿는 사람들의 수가 늘어나게 됩니다. 그래서 하나둘 모여 예수에 대한 이야기를 나누었는데, 이 모임이 확대되면서 예수 생전의 제자들을 중심으로 교회 공동체가 구성되기에 이릅니다. 처음에 이들은 유다인들이었으므로 유다교의 한 무리에 지나지 않았으며, 특별히 다른 종교적인 모임을 의도한 것도 아니었습니다. 그러나 이들의 생각이 기존 유다교의 교리와 크게 충돌한다는 사실이 알려지면서 결국 유다교인들로부터 배척을 받고 쫓겨나기에 이릅니다.

유다교가 예수를 믿고 따르는 이들을 어떻게 억압했는지는 바리사이파였던 사울(후에 '바울로'로도 알려짐)을 통해 알 수 있습니다. 그러나 사울은 뒤에 아이러니하게도 예수를 믿게 되면서 유다교 밖에까지 예수의 소식을 전하는 예수의 제자가 됩니다. 그는 예수 생전에 예수를 직접 만난 적은 없지만, 자신도 예수의 열두 제자들처럼 '사도'라는 칭호를 직접 사용하면서 《신약성서》에 포함된 여러 편의 편지들을 썼습니다. 그를 통해서 예수가 하느님의 아들이고, 그가 십자가에서 죽어 3일 만에 부활했다는 소식을 믿게 된 사람들은 자신들의 신앙을 유다교의 영역을 넘어서 로마나 다른 이방 민족에게까지 전하는 데 정성을 들입니다. 그러나 그들의 선교가 순탄한 것만은 아니었습니다.

잘 알려진 대로 그리스도교 공동체는 기원후 64~65년 사이에 극도의 박해를 받게 됩니다. 특히 로마시 전역에 불을 지르고도 시를 읊었다는 전설을 만든 네로 황제가 박해를 가속화시킵니다. 로마 제국의 그리스도인에 대한 박해는 96년 박해자 도미티아누스가 암살되면서 잠잠해집니다. 어둠의 시기는 이때 지나간 듯했습니다. 또한 〈마태오의 복음서〉를 통해서 교회의 질서가 확립되어 가고 있음을 확인할 수 있습니다. 그리고 〈루가의 복음서〉는 이때의 역사적 의미를 밝힘과 동시에 그리스도교 밖에 있는 지도층에게 그리스도교의 참모습을 알려주고자 시도합니다. 〈요한의 복음서〉에서는 그리스도교의 사상 체계가 심화되어 가고 있음을 보게 됩니다.

《성서》의 이야기에서 나아가 교회에 관한 이야기까지 하게 되었군요. 하지만 이러한 교회 발전의 역사는 《성서》를 이해하는 데 큰 도움이 될 것입니다. 《성서》를 통해 교회가 생겨나게 되었으며, 모든 그리스도교 교회의 교인은 이 경전을 통하여 가르침을 받고 자신의 삶의 방향을 잡아가고 있으니까요. 그러면 지금부터 《신약성서》가 어떠한 내용을 담고 있는지 살펴보겠습니다.

01 예수의 탄생과 약속의 성취

● 〈에제키엘〉에서는 '선지자'를 자주 '인자'라고 표현한다. 신약 시대에 인자는 〈다니엘〉 7장 13절과 14절의 환상에 근거하여, 최후의 심판 후에 하늘로 부터 와서 권능으로 세상을 다스릴 것으로 기대한 인물이었다. 예수께서는 모든 복음서에서, 인자를 이미 심판과 용서의 권세를 가졌으나 다른 사람들을 구원하기 위해 그의 생명을 버릴 사람으로 진술하고 있다.

● 세례 요한
1세기경에 활동한 유다의 예언자. 팔레스타인 지방에서 사람들에게 설교를 하면서 예수가 세상에 올 것이라고 예고했다. 요르단 강물에서 세례를 주는 세례운동을 펼쳤는데, 이때 예수도 그에게 세례를 받는다.

● ● ● 이스라엘 백성들은 하느님이 세계를 완전히 지배하는 시대가 어서 오기를 기도했습니다. 그들이 믿는 하느님 나라는 다양한 형태로 이해되었는데, 예컨대 힘 있고 부강한 민족을 이루는 다윗 왕조의 재건이나 세계의 종말과 더불어 오는 범우주적 사건을 생각하는가 하면, 메시아 또는 예수가 사용하였듯이 '인자人子'라는 이가 온다는 뜻으로 이해하기도 하였습니다. 그러나 한 가지 분명한 것은 과거의 예언자들에 의해서 전해진 믿음, 즉 하느님의 약속이 성취될 것이라는 생각은 동일하게 가지고 있었습니다.

세례 요한에게 하느님 나라는 분명합니다. 그것은 세계의 심판을 의미하는 것이었습니다. 더불어 자신은 물로 세례를 베풀지만,

성령과 불로 세례를 베풀 이가 올 것임을 선포했습니다. 그는 예수 그리스도입니다. 예수 역시 세례 요한과 같이 하느님 나라의 도래 는 종말적 심판이라고 말하였습니다. 하지만 심판 이전에 새로운 가능성을 의미하기도 합니다. 예수는 광야에서 40일간의 시험을 마치자, 자신의 공적인 삶을 시작하면서 "그때 하늘에서 이런 소리 가 들려왔다. 이는 내 사랑하는 아들, 내 마음에 드는 아들이다."(마 태 3:17)라고 선언합니다.

예수를 만난 많은 이스라엘 사람은 자신들이 기대하던 메시아가 왔음에 "호산나, 호산나" 하고 환호성을 질러댑니다. 구약의 예언 자들이 선언한, 불의한 세계의 종말을 가져올 메시아의 출현이었던 것입니다. 그러나 이러한 기대도 잠시였습니다. 이스라엘 백성들 은 예수에게서 기대하던 메시아의 모습을 발견할 수 없었으며, 예 수는 결국 환호하던 군중들에게 고발당해 로마의 사형 틀인 십자가 에서 처형되고 말았기 때문입니다. 그를 따르던 많은 사람은 실망 하였고, 부푼 기대는 하룻밤의 꿈처럼 모두 물거품이 되는 듯했습 니다. 그러나 십자가 위에서 죽었던 예수가 다시 살아났습니다. 이 것이 '예수의 부활'입니다.

여기저기에서 부활한 예수를 만났다는 사람들이 하나둘씩 늘어 가고, 이 소문은 방방곡곡으로 번져 갑니다. 소문에 의하면 그는 40 여 일 동안 사람들과 지내고 천사들과 함께 하늘로 올라갔다는 것 입니다. 예수는 하늘로 올라가면서 제자들에게 자신이 가르친 것을 세계의 모든 사람에게 전하라고 말합니다. 그리고 자신을 대신할 '성령聖靈'을 보내 주겠다고 약속하였습니다. 약속대로 오순절에

• 호산나
〈시편〉 118편(25절)에서 비롯 된 기도의 외침으로, '오, 도우 소서', '꼭 건져내어 주소서', '구원하소서'라는 뜻.

〈성령강림절〉
엘 그레코, 1596~1600, 마드 리드 프라도 미술관.

• 오순절 五旬節
예수가 부활한 뒤 50일 되는 날, 즉 제7주일. 그리스도교에 서 이날 성령이 강림한 일(사 도 2장)을 기념하여 축일로 삼 는다. 성령강림절이자 교회의 탄생일이라고 할 수 있다. 부 활절이나 크리스마스처럼 성대 하게 행사를 하지는 않는데, 오순절파에서는 비교적 성대히 지킨다.

마르코의 다락방에서 성령의 역사가 시작되었습니다. 이 사건은 그리스도교 역사에서 매우 중요한 사건으로 다루어집니다.

성령의 오심으로 인하여 예수가 "때가 다 되어 하느님의 나라가 다가왔다. 회개하고 이 복음을 믿어라."(마르 1:15)라고 한 선언은 그를 따르는 모든 이들에게 위임委任되었습니다. 예수가 말씀하신 하느님 나라는 어떠한 것일까요? 그럼 이제부터 예수의 삶과 말씀 속으로 들어가 보겠습니다.

예수의 탄생

기준!

라틴어로 'Anno Domini(A.D.)'는 우리말로 '주후主後'라고 하는데, '주님이 오신 후'라는 뜻입니다. 그리고 그 이전의 역사를 영어로 'Before Christ(B.C.)'라고 하고, 우리말로 주님이 오시기 전이라는 의미로 '주전主前'이라고 합니다. 이처럼 현재 세계인들이 사용하는 연대는 예수 그리스도의 탄생을 기점으로 만들어진 것입니다. 그러나 예수의 탄생 연대는 기원후 4년 즈음으로 추정할 뿐 정확히 밝혀지지는 않았습니다. 이는 예수 당시에 사용하던 달력과 지금의 달력에 차이가 있기 때문입니다. 우리가 주로 사용하는 달력은 서구의 전통을 따르는 것으로, 예수가 베들레헴에서 태어나신 해를 첫해로 잡아 작성한 연대입니다.

예수 탄생에 대한 복음서들의 기록은 각기 다릅니다. 복음서 중 가장 먼저 쓰인 것으로 추정되는 〈마르코의 복음서〉(기원후 70년경)에는 아기 예수 탄생에 대한 기록은 전혀 나오지 않고, 바로 성인이

• 〈마르코의 복음서〉
《신약성서》의 두 번째 책. 마르코가 기원후 67~70년 무렵 개종한 이교도와 로마 교회 신자를 위하여 쓴 복음서이다.

된 예수가 나옵니다. 가장 나중에 쓰였다는 〈요한의 복음서〉(기원후 100년경)에도 이에 대한 언급이 없습니다. 예수의 탄생 이야기는 〈마태오의 복음서〉(1:18–25)와 〈루가의 복음서〉(1:26–38; 2:1–20)에 기록되어 있습니다. 특히 〈루가의 복음서〉는 예수의 탄생이 성령으로 잉태된 것이라는 사실을 강조합니다.

그 무렵에 로마 황제 아우구스토°가 온 천하에 호구 조사령을 내렸다.(루가 2:1)

〈마태오의 복음서〉와 〈루가의 복음서〉에 따르면 출생 시점은 헤로데° 대왕이 살아 있는 동안이었다고 합니다.(마태 2:1이하; 루가 1:5) 헤로데는 기원전 4년 봄에 죽었으므로, 예수의 출생 시기는 기원전 27년부터 기원전 4년 사이일 것이라 추정할 수 있습니다.

먼저 〈루가의 복음서〉는 예수의 탄생이 성령으로 잉태된 것이라는 사실을 강조합니다. 팔레스타인의 나자렛이라는 동네에 마리아°라는 처녀와 다윗의 자손인 요셉°이라는 청년이 있었습니다. 요셉이 잠이 들었을 때, 하느님의 천사가 그의 꿈에 나타나 "마리아가 아들을 낳을 터이니 그 이름을 '예수'라 하여라."라면서 그가 '메시아'라는 것을 예고합니다.(마태 1:21)

한편 마리아는 남자를 알지도 못하는데 자신이 임신한 것에 대하여 의문을 갖습니다.

"두려워하지 마라, 마리아. 너는 하느님의 은총을 받았다. 이제 아

• 아우구스토
로마 제국의 제1대 황제인 아우구스투스(기원전 63~기원후 14)를 가리킨다. 세제를 확립하기 위해 제국 전체에 호구 조사령을 반포했다.

• 헤로데 Herod
로마 제국이 임명한 유다의 왕(기원전 73~기원전 4). 친로마 정책과 전제정치로 유다 왕국을 발전시켰고, 예루살렘 신전을 재건하였다. 하스몬 왕조의 혈통을 근절하려고 자신의 아내와 아들마저도 죽이고, 그리스도의 탄생을 두려워하여 베들레헴의 많은 유아를 살해한 잔인한 왕으로 알려져 있다.

• 마리아
예수 그리스도의 어머니로 가톨릭·동방교회 등에서는 성모(聖母) 또는 성모 마리아라고 존칭한다. 천사의 계시로 처녀 잉태하였다.

• 요셉
예수 그리스도를 낳은 마리아의 남편. 그리스도계에서는 요셉을 육신의 아버지·양아버지·호적상 아버지로 이해한다.

〈수태고지 受胎告知〉
천사 가브리엘이 동정녀 마리아에게 예수를 낳을 것임을 알리는 장면, 프라 안젤리코, 1430~1432, 마드리드 프라도 미술관.

기를 가져 아들을 낳을 터이니 이름을 예수라 하여라."(루가 1:30-31)

가브리엘 천사가 하느님의 영(성령)으로 아이가 잉태된 것이라고 말하자, 마리아는 그 사실을 인정하고 고스란히 받아들입니다.

당시 로마 제국 황제였던 카이사르 아우구스토가 영을 내려 천하의 모든 백성에게 고향으로 돌아가 그곳에서 호적을 등록하라고 명했습니다. 이스라엘 민족 역시 로마의 지배권에 있었기 때문에 호적을 등록해야만 했습니다. 호구 조사령을 시행한 이유는 로마의 지배권 아래 두기 위함이고, 더 나아가서는 정치적으로 이스라엘 백성들의 삶을 철저히 감시하고 경제적으로 착취하기 위함이었습니다. 요셉도 다윗의 자손이었으므로, 그는 마리아와 함께 갈릴래아 나자렛 동네에서 유다의 베들레헴이라는 다윗의 동네로 갔습니다. 베들레헴에 이르렀을 때에 마리아가 해산의 징조를 보였는데, 마땅한 여관을 찾지 못하여 결국 마구간에 머물게 되었고, 이곳에서 예수를 출산합니다. 당시에는 결혼하지 않은 처녀가 임신할 경우, 그 여성을 돌로 쳐서 죽이는 풍습이 있었는데, 다행히 마리아는 요셉과 약혼한 상태였기 때문에 목숨을 건질 수 있었습니다.

예수를 마구간에서 낳았다는 것은 그리스도교인들에게 매우 큰 의미를 지닙니다. 일반적으로 생각하면, 예수가 하느님의 아들이고 또 하느님 자신이라면 그분이 세상에 오시는 방식도 화려해야

〈아기 예수 탄생〉
카를 반 루, 18세기경, 아미앵, 피카르디 미술관.

할 터인데, 그분은 초라한 마구간에서 태어나 목수의 아들로 살았습니다. 그러나 역설적으로 바로 이런 이유 때문에 예수의 신성神性이 더욱 잘 드러납니다.

동방 박사*의 이야기는 〈마태오의 복음서〉에만 나옵니다. 예수가 태어나기 전, 동방으로부터 박사들이 예루살렘에 이릅니다. 그들이 별을 보고 유다인 왕의 탄생을 예견하고 경배하러 왔다고 말하자, 모든 유다인이 술렁거렸습니다. 특히 헤로데 대왕은 유다인의 왕이라는 말 때문에 크게 당황하고 위협을 느꼈습니다. 그래서 그는 동방 박사들을 조용히 불러 그 아이가 어디에서 태어났는지 보거든 자신에게도 알려 달라고 말합니다. 경배하겠다는 이유이지만 사실은 아기 예수를 죽일 속셈이었습니다.

동방 박사들은 아기 예수를 찾기 위해 별을 따라가다가 별이 멈추는 곳에서 아기 예수를 찾습니다. 아기 예수를 만난 그들은 아기 예수에게 황금과 유향과 몰약*을 예물로 드리고 엎드려 경배합니다. 그러나 헤로데 대왕을 만나지 말라는 하느님의 명령을 받고 다른 길을 통해 고향으로 돌아갔습니다.

이 기쁜 소식도 잠시, 헤로데 대왕은 유다인 왕의 탄생 소식에 두 살 이하의 아이를 모두 죽이라고 명령합니다. 그러나 예수와 그의 부모 요셉과 마리아는 그 참살사건 전에 이미 이집트로 도피하였습니다. 그런 뒤 얼마 안 되어 헤로데 대왕이 죽고 예수 가족은 팔레스타인의 나자렛이라는 동네로 돌아와 살게 됩니다.

남녀가 성관계를 하지 않고, 성령으로 아기를 잉태할 수 있는 것일까요? 동정녀 마리아의 성령잉태설은 그리스도교계 안팎으로 많

〈동방 박사의 경배〉
엘 그레코, 1619, 마드리드 프라도 미술관.

● 동방 박사
예수가 탄생할 때 베들레헴까지 직접 찾아온 것으로 알려진 동방(페르시아로 추정)의 박사들이다. 한국어 《성서》에서 동방 박사로 번역된 그리스어 마구스는 마술사, 점성술사를 뜻한다.

● 몰약
나무에서 나는 진액으로, 단맛이 나고 아주 값이 비쌌다. 약으로 쓰였으며(마르 15:23), 유다인들은 죽은 사람을 장례하는 데 사용하였다.(요한 19:39)

은 논란이 되어 오고 있습니다. 성령잉태설을 믿는 사람들은 "《성서》에 기록되어 있기 때문에 믿을 만하며, 하느님의 절대 능력으로 충분히 가능한 일"이라고 주장하는 반면, 그 반대편에 있는 사람들은 "성령잉태가 사실이라면 다윗의 자손인 요셉은 예수의 아버지일 수 없으며, 동시에 예수가 다윗의 자손이 아니게 되며, 나아가 《구약성서》가 예언하고 있는 '다윗의 자손 가운데 메시아가 올 것'이라는 약속의 말도 무의미해지는 것이 된다."라고 반박합니다. 덧붙여 "예수 탄생 기록은 위대한 인물이 탄생할 때 사용하는 전형적인 전설 문학의 초자연적인 출생 이야기"라고 주장하고 나섭니다.

우리는 이 사건을 어떻게 이해해야 할까요? 예수가 성령으로 잉태되었다는 것은 인간의 죄성에 오염되지 않았다는 것을 의미합니다. 이는 예수가 인간의 몸으로 태어나셨지만, 실상은 인간과는 다른 신적 존재의 그리스도이심을 밝혀 줍니다. 또한 예수가 이 세상에 오신 것은 인간의 자의적 노력에 의한 것이 아니라, 하느님께서 결정하시고 보내신 것이라는 진리가 담겨 있습니다. 그렇기 때문에 성령잉태론은 그 사건의 사실 여부를 떠나 그러한 문학적인 표현이 주는 참뜻을 발견하는 것이 중요합니다. 《구약성서》에서 노아의 방주 파편을 찾아 과학적인 실증을 찾는 것보다 그에 대한 의미를 파악하는 것이 중요하듯이, 예수의 어머니가 실제로 동정녀였는지, 아니면 사람과 동침하여 예수를 낳게 되었는지의 사실 여부를 파악하는 것보다, 《성서》가 말하고자 하는 참뜻을 발견하는 것이 중요하다는 의미입니다.

교회에서는 예수의 신성을 예수의 참 인간성에서 발견하였습니다. '참 사람이면서 참 하느님'인 인격체가 예수인 것입니다. 예수를 인간적인 성인군자로 파악한다면, 우리는 《성서》를 통해서 예수의 신성을 파악하는 것은 어려워지고, 더군다나 그것은 '우상 숭배'가 됩니다. 하느님은 "나 이외의 다른 신을 섬기지 말라."라고 했기 때문입니다. 하느님의 아들 예수는 사람의 몸을 통해 이 땅에 왔지만, 그의 출생에는 심상치 않은 요소들이 많이 있습니다. 더군다나 그의 삶에서도 초월적인 영역이 많은 부분 발견됩니다. 그러면 《성서》 속으로 들어가 예수의 삶에 대한 기록들을 확인해 보도록 하겠습니다.

공관복음서에 나타난 예수의 생애

공관복음서*에 기록된 예수의 생애를 크게 보면 '예수의 어린 시절', '30세 이후 생활', '예수의 수난기와 죽음' 세 가지로 분류해 볼 수 있을 것입니다. 이것을 다시 세부적으로 아래의 표와 같이 6단계로 나누어서 살펴보도록 하겠습니다.

예수의 어린 시절	탄생과 유아 시절	
30세 이후 생활	1. 공적 활동 준비	3. 갈릴래아 밖 활동
	2. 갈릴래아 활동	4. 예루살렘으로
예수의 수난기와 죽음	예루살렘에서 수난, 죽음	

예수의 어린 시절은 〈루가의 복음서〉에만 잠시 등장합니다. 예수의 나이 열두 살 때 일입니다. 유다인 최대의 명절인 유월절을 지내기 위해 예루살렘에 갔을 때, 예수의 부모인 요셉과 마리아는 어린

• 공관복음서 公觀福音書
《신약성서》 첫머리의 네 복음서 중 〈요한의 복음서〉를 제외한 〈마태오의 복음서〉, 〈마르코의 복음서〉, 〈루가의 복음서〉를 통틀어 일컫는 말. '공관'이란 고대 그리스어의 'syn(함께)'과 'opsis(봄)'가 합쳐진 낱말 'Synopsis'를 한자어로 직역한 것이다.

예수를 잃어 버립니다. 사흘 후에야 예루살렘 성전에서 어린 예수를 만나게 되는데, 그곳에서 예수는 여러 선생들과 《성서》에 대해 토론을 벌이고 있었습니다. 예수의 부모는 그런 예수를 꾸중했습니다. 그러자 예수는 이렇게 말합니다.

> "어찌하여 나를 찾으셨나이까. 내가 내 아버지 집에 있어야 될 줄을 알지 못하셨나이까."(루가 2:49)

이것은 어린 예수가 이미 하느님을 자신의 아버지로 인식하고 있었다는 사실을 알려주는 중요한 구절입니다. 그리고 루가는 예수가 이후에 많은 사람으로부터 사랑을 받으며 자랐다고 말합니다. 하지만 이것이 루가가 말해 주는 예수의 어린 시절 이야기의 전부입니다.

그 밖의 복음서에도 예수에 관한 사적인 이야기(자전적 요소)는 거의 없습니다. 공관복음서의 내용과 구조를 연대기적으로 살펴보면 다음과 같습니다.

내 용	〈마태오의 복음서〉	〈마르코의 복음서〉	〈루가의 복음서〉
1. 탄생 기사, 유아 시절	1~2장		1~2장
2. 목회 준비	3:1~4:11	1:1~13	3:1~4:13
3. 갈릴래아 활동	4:12~15:20	1:14~7:23	4:14~9:50
4. 갈릴래아 밖 활동	15:21~18:35	7:24~9:50	–
5. 예루살렘으로	19:1~20:34	10장	9:51~19:27
6. 예루살렘에서 수난, 죽음	21~28장	11~16장	19:28~24장

〈마태오의 복음서〉, 〈마르코의 복음서〉, 〈루가의 복음서〉에는 예

수가 팔레스타인의 나자렛이라는 동네에서 30세까지 머물렀다고 기록되어 있습니다. 예수가 아버지 요셉과 어머니 마리아의 맏아들이었다는 것과 몇몇 누이 외에 야고보와 요셉과 유다와 시몬이라는 남동생들이 있었다는 것,(마르 6:3) 그리고 아버지가 죽은 후에는 목수 일을 해서 가족을 부양하고 있었다는 것 등이 기록되어 있습니다. 또한 앞서 언급했듯이, 열두 살 때 성전에서 생긴 일화(루가 2:41-51) 정도가 《성서》에 기록된 전부입니다. 이렇듯 복음서는 예수의 사적인 이야기에 관해서는 매우 단편적인 정보만을 제공합니다.

〈성 가족(목수의 가정)〉
목수 요셉의 작업장에 있는 나자렛의 성 가족의 모습이다. 렘브란트, 1640, 프랑스 파리 루브르 박물관.

　그렇다면 예수는 어떠한 교육을 받았을까요? 복음서 기록을 면밀히 살펴본다면 예수가 세 가지의 위대한 책을 통해서 공부했음을 상상할 수 있습니다. 그중 하나는 《구약성서》였을 것이고, 다른 하나는 눈앞에 펼쳐진 '자연'이라는 책입니다. 우리는 예수가 공중의 나는 새, 들에 핀 백합화, 겨자씨, 무화과나무의 성질 등 자연을 세심하게 관찰하고 있다는 것을 알 수 있습니다. 마지막으로 예수는 '인간'이라는 위대한 책을 통해서 공부했음을 알 수 있습니다. 그는 인간에 대한 지식이 깊고도 넓었습니다. 회심할 줄 아는 탕자, 어리석은 부자, 잘난 체하는 바리사이파와 종교인들, 부정을 행하는 청지기 등 다양한 계층의 인간을 꿰뚫어 보고 있었으며, 특히 가난하고 소외된 사람들의 마음을 헤아릴 줄 알았습니다. 그의 말씀 속에 나타나는 인간상과 사회상은 실로 놀랍고도 넓은 것이었습니다.

　예수는 유다인의 풍습에 따라 가정에서 교육을 받았습니다. 그리고 유다교 회당에서 《성서》를 통해서 율법과 선지자 등의 기록들을

〈그리스도의 광야 시험〉
아리 셰페르, 1854, 파리 루브르 박물관.

공부했을 것입니다. 그러나 학자들과 달리 《성서》의 문자에 구애받지 않고 자유롭게 하느님의 경륜經綸 안에서 이해하는 방식이었을 것입니다.

예수가 성령에 이끌리어 광야에서 시험을 당했을 때에도, 십자가 위에서 고난을 당했을 때에도, 그에게 힘을 준 것은 언제나 하느님의 말씀들이었습니다. 특히 그가 즐겨 읽던 말씀은 《구약성서》의 〈신명기〉, 〈시편〉, 〈이사야〉, 〈다니엘〉 등이었습니다.

공관복음서에서 예수의 본격적인 사역은 광야의 시험에서부터 시작됩니다. 가장 먼저 기록된 〈마르코의 복음서〉에는 광야에서 시험을 받는 예수의 이야기가 2절에 걸쳐 짧게 기록되어 있습니다.

그 뒤에 곧 성령이 예수를 광야로 내보내셨다. 예수께서는 사십 일 동안 그 곳에 계시면서 사탄에게 유혹을 받으셨다. 그 동안 예수께서는 들짐승들과 함께 지내셨는데 천사들이 그분의 시중을 들었다.(마르 1:12-13)

하지만 이에 비해 〈마태오의 복음서〉와 〈루가의 복음서〉는 〈마르코의 복음서〉보다 훨씬 더 자세하고 길게 언급하고 있습니다. 먼저 〈마태오의 복음서〉를 살펴보면, 세례 요한으로부터 세례를 받은 예수는 성령에 이끌리어 광야로 나가 마귀에게 시험을 받습니다. 마귀는 먼저 돌을 떡으로 만들어보라고 예수에게 주문합니다. 그랬더니 예수는 다음과 같이 말씀하십니다.

사람이 빵으로만 사는 것이 아니라 하느님의 입에서 나오는 모든 말씀으로 살리라.(마태 4:4)

예수가 당시에 사용하신 이 말씀은 《구약성서》의 〈신명기〉* 8장 3절에 동일하게 기록되어 있습니다. 마귀는 예수를 두 번째 시험 장소인 성전 꼭대기로 데리고 갑니다. 그리고 뛰어내리더라도 하느님의 천사들이 예수를 보호해 줄 것이므로 다치지 않을 것이라고 말합니다. 그래서 예수는 다음과 같이 말씀하십니다.

'주님이신 너의 하느님을 떠보지 말라.'는 말씀도 성서에 있다.(마태 4:7)

이 말씀은 〈신명기〉 6장 16절에 있는 말씀을 인용한 것입니다. 여기에서 우리가 눈여겨볼 것은 마귀 역시 《성서》의 말씀을 인용하고 있다는 것입니다. '천사들이 지켜 줄 것'이라는 말씀은 〈시편〉 9장 11절과 12절에 나오는 말씀입니다. 마지막으로 마귀는 예수를 시험하기 위하여 아주 높은 산 위로 데리고 가서 자신에게 엎드려 경배하면 천하만국을 모두 주겠다고 약속합니다. 이에 예수는 다음과 같이 대응합니다.

"사탄아, 물러가라! 성서에 '주님이신 너희 하느님을 경배하고 그분만을 섬겨라.' 하시지 않았느냐?" 하고 대답하셨다.(마태 4:10)

• 〈신명기〉
《구약성서》의 첫머리에 있는 '모세 오경' 중 마지막 책. 34장으로 이루어졌으며, 모세가 율법을 설명하는 내용이다.

후-후-
한 입 줄까?

사, 사탄아,
물러가라!

〈선한 사마리아인〉
예리고로 가는 길목에 강도를
만나 빈털터리가 된 채 쓰러져
있는 사람을 사마리아인이 구
해 주고 있다. 고흐, 1890, 오테
를로 국립 크뢸러뮐러 미술관.

● **산상수훈 山上垂訓**
《신약성서》에서 〈마태오의 복
음서〉 5~7장에 기록되어 있는
예수의 가르침. 갈릴래아의 작
은 산 위에서 제자들과 군중에
게 행한 설교로, 윤리적 행위
에 대한 가르침을 잘 드러내고
있다.

● **그레코-로만**
'그리스와 로마'라는 뜻.

● **아리스토파네스 Aristo-
phanes**
고대 그리스의 최대 희극 시인
으로 최초의 작품 《연회의 사
람들》을 발표한 이래 계속해서
신식 철학, 소피스트, 신식 교
육, 전쟁과 데마고그(선동 정치
가) 등을 비난하고 풍자했다.

위의 말씀은 〈이사야〉 9장 1절과 2절의 말씀을 그대로 인용
한 것입니다. 이를 통하여 예수가 《구약성서》의 말씀들을 낱낱
이 파악하고 있었음을 알 수 있습니다. 마귀에게 시험을 받으시
는 장면에서 두 번째와 세 번째 시험이 바뀐 것을 제외하면 〈루
가의 복음서〉에서도 유사합니다.

학계에서는 〈마르코의 복음서〉를 〈마태오의 복음서〉와 〈루
가의 복음서〉의 원천자료로 파악하고, 〈마르코의 복음서〉를 중
심으로 예수의 역사적 활동을 파악하려고 노력하였습니다. 그 이유
는 〈마르코의 복음서〉는 예수의 복음 사역에 관심을 갖고 서술하였
기 때문입니다. 그래서 〈마르코의 복음서〉에는 〈마태오의 복음서〉
5장부터 7장까지에 있는 예수의 유명한 말씀인 '산상수훈'● 이 빠져
있습니다. 또 〈루가의 복음서〉에 기록된 선한 사마리아인 이야기나
탕자의 비유와 같은 유명한 예수의 비유도 찾아볼 수 없습니다. 이
처럼 〈마르코의 복음서〉 저자는 예수의 가르침보다는 예수의 행적
에 더 주목했습니다.

예수의 말씀을 담은 복음서

'복음[gospel]'이라는 말은 '좋은 소식을 전하다[to proclaim good news]'
는 뜻입니다. 이 단어는 당시 그레코-로만● 시대에 자주 사용되는
말은 아니었습니다. 그리스 문학에서 처음으로 아리스토파네스● 가
'승리의 소식을 가져오다'는 뜻으로 사용했습니다. 복음이란 말 자
체는 '좋은 소식[euangelion]'이라는 의미입니다. 그리고 이 말은 그리

스–로마 문화권에서 새 황제의 즉위식 등을 알리는 데 사용하였습니다. 그리고 같은 의미의 동사인 그리스어 '유앙겔리조마이 euangelizomai'는 그의 백성을 구하려고 오는 야훼를 선포하는 데 사용되었습니다. 《신약성서》에서 가장 오래된 바울로의 서신에서 '복음'이라는 명사는 예수의 오심과 삶 그리고 죽음과 부활에 관한 그리스도교의 메시지를 의미합니다.

〈마르코의 복음서〉는 나자렛이라는 작은 마을에 사는 목수의 아들인 '예수'를 하느님의 아들이라고 선언하며, 이것이 복음의 시작이라고 선포합니다.(마르 1:1) 여기에는 예수 그리스도께서 온 인류를 위하여 이 땅에 기쁜 소식을 전한다는 깊은 뜻이 내포되어 있을 것입니다. 《신약성서》의 첫 부분을 장식하는 복음서는, 예수의 삶을 그의 인생 여정에 따라 친절하게 안내해 주는 책이라고도 할 수 있습니다. 하지만 이 책들은 예수의 구체적인 생애를 담고 있다기보다 예수가 한 이야기에 더 많은 비중을 두고 있습니다.

각 복음서의 명칭은 저자의 이름을 따서 붙여졌습니다. 학계에서는, 복음서의 편집 시기는 대략 〈마르코의 복음서〉가 70년, 〈마태오의 복음서〉는 80~90년, 〈루가의 복음서〉 90년으로 추측하고 있습니다. 그리고 〈요한의 복음서〉는 90~100년 사이이거나 1세기 초반의 저작으로 평가합니다.

그렇다면 위의 복음서들은 어떠한 경위를 거쳐서 책으로 기록된 것일까요? 예수가 30여 년의 짧은 생을 마감하고 난 후, 40여 년의 세월이 흐르는 동안 그의 이야기는 입을 통해서만 전해 내려옵니다. 오랫동안 예수의 이야기가 글로 기록되지 않은 것입니다. 그렇

〈성 마르코〉
대주교 에보에 의해 필사된 복음서의 삽화. 816~835, 에페르네이 시립도서관.

예수님이 그게 그래가 그랬다 카더라.

맞나? 이건 이래가 이랬다 카던데.

복음서 저자

• 마르코
《신약성서》〈마르코의 복음서〉
의 저자로 간주되는 인물로
'마가'라고 한다.

• 베드로
예수의 열두 제자 중 한 명으
로 예수가 승천한 후, 그리스
도교의 주도적인 지도자가 되
었다. 로마 가톨릭교회를 세우
고 네로의 치하에서 순교하였
다. 로마의 초대 주교이자, 제1
대 교황이다.

• 마태오
예수의 직제자로 열두 사도 중
한 사람이다. 예수의 승천 후
에티오피아에서 선교활동을 했
다. 《신약성서》〈마태오의 복음
서〉의 저자로 알려져 있다.

• 〈Q자료〉
예수의 어록이라고 생각되는
구절들로 이뤄진 가상의 그리
스도교 문서를 말한다. 'Q'라는
명칭은 출처 또는 원천을 말하
는 독일어 '크벨레(Quelle)'에서
유래했다. 주로 예수의 설교를
담은 어록 복음서일 것으로 본
다. Q자료, Q복음서, 어록, 예
수어록이라고도 부른다.

게 된 이유는, 당시는 '구전口傳'의 시대여서 사람들이 '입'으로 자신들이 겪은 사건을 전했기 때문입니다. 그러다 갑자기 '복음서'들이 기록되었는데, 예수의 이야기를 정확히 알고 있는 예수의 측근들이 하나둘 세상을 떠나갔기 때문입니다. 교회 공동체에서는 교인들의 교육을 위해서라도 예수의 이야기를 글로 남겨 분명하게 보존할 필요가 있다고 생각했습니다.

기원후 70년 무렵에 〈마르코의 복음서〉가 최초로 발간되었습니다. 마르코는 예수의 제자 베드로의 통역사로 알려진 사람입니다. 그는 베드로가 예수와 함께 생활하면서 경험한 것들을 듣고 최대한 객관적으로 분석하여 옮겨 적었습니다. 그리하여 〈마르코의 복음서〉는 주로 '예수의 말씀'보다는 '예수의 생활'이 많이 기록되어 있습니다. 마르코의 필체는 기교가 없고 매우 단순하며 소박하지만, 동시에 생동감이 넘칩니다.

〈마태오의 복음서〉는 80~90년 사이에 쓰인 것으로, 예수의 제자 가운데 한 사람인 마태오가 기록했다고 전해집니다. 따라서 원시교회에서는 다른 복음서들보다 인기가 많아 가장 보편적으로 사용하였습니다. 마태오는 이미 나온 〈마르코의 복음서〉와 예수의 어록이 담긴 〈Q자료〉를 참고하여 썼습니다. 그의 문체는 리듬감이 있어서 시적 운율이 느껴지고, 복음서 내용 전체가 세심하게 균형 잡혀 있습니다.

그런데 흥미로운 것은 복음서 가운데 〈마태오의 복음서〉가 《신약성서》의 첫머리에 왔다는 것입니다. 저작 연대별로 수록됐다면 〈마르코의 복음서〉가 먼저일 텐데 말입니다. 〈마태오의 복음서〉는 예수 그리스도의 족보를 기록하면서 시작합니다. 메시아(그리스도) 예수는 다윗의 후손이라는 것을 강조하고, 예수가 아브라함의 후손 이지만 그 족보에는 이스라엘 사람이 아닌 이방인들이 기록되어 있 습니다. 〈마태오의 복음서〉가 쓰일 당시는 유다교와의 갈등이 증폭 되는 시점이었습니다. 그래서 마태오는 예수의 어록 중 유다교의 선민 사상(이스라엘만 하느님께 선택받았다는 주장)과 반대되는 만인 구원의 가르침(전 세계와 전 인류를 향한 복음)을 부각시켜 그리스도교 가 설 자리를 확보해 갔습니다. 〈마태오의 복음서〉에서 유다교적 색채와 그리스도교적 색채가 서로 대비되는 것은 이러한 이유 때문 입니다.

이어 90년에는 〈루가의 복음서〉가 발간되었습니다. 사도 바울로 의 동료이자 의사라고 알려진 그리스 사람인 루가*가 썼습니다. 바 울로와 선교 여행을 함께 한 루가는 《신약성서》의 〈사도행전〉*을 쓴 사람이기도 합니다. 뛰어난 문필 솜씨와 폭 넓은 교양을 갖춘 그 는 〈루가의 복음서〉에서 그리스도교를 정치적 집단 혹은 이단으로 오해하는 이들에게 그리스도교와 그리스도 예수를 이해하기 쉽고, 정확하게 소개하고 있습니다. 〈루가의 복음서〉는 〈마르코의 복음 서〉와 〈Q자료〉 그리고 자신이 수집한 〈L자료〉*로 구성되어 있는 데, 루가는 자신이 수집한 〈L자료〉를 가지고 독특한 예수의 이야기 를 풀어냅니다. 그것은 예수께서 여자와 세리*와 죄인과 사회에서 소외받은 자들에 대해 관심을 보이는 내용입니다. 가난한 사람에 대한 관심과 경제에 대한 관심은 현대적인 느낌마저 줍니다. 그래 서 〈루가의 복음서〉는 원시 교회보다는 현대 독자들에게 흥미 있는

● 루가
《신약성서》 가운데 〈루가의 복음서〉와 〈사도행전〉의 저자이다. 바울로의 전도로 그리스도교로 개종했다.

● 〈사도행전 使徒行傳〉
〈사도행전〉은 예수가 승천한 이후 사도들의 행적을 기록한 책이다.

● 〈L자료〉
〈루가의 복음서〉만의 특별한 자료. 'L'은 독일어 '말씀자료(Logienquelle)'의 철자를 줄인 것이다.

● 세리 稅吏
복음서에서, 로마 정부의 관리로 세금을 징수하는 유다인을 일컫는 말. 그들은 다른 유다인들로부터 매국노로, 그리고 율법의 제의상으로는 '부정한' 사람으로 멸시를 받았다. 그들은 로마 정부를 위해서 상품이나 농산물을 도시로 들여오거나 반출할 때에 세금을 부과해서 받았다. 그들 중의 어떤 사람들은 예수의 말씀을 받아들였다.

예수가 태어나고 자란 팔레스타인

● 히브리어 《성서》에 따르면 히브리인들이 이스라엘을 세우기 전의 팔레스타인을 카난이라고 불렀고 그 후에는 이스라엘이라고 일컬었다. 히브리의 땅이라는 명칭과 더불어 우유와 꿀이 흐르는 땅, 성지, 주님의 땅, 약속의 땅 같은 시적인 묘사들도 찾아볼 수 있다. 특히 《민수기》에서 카난의 지리와 국경을 자세하게 묘사한다. 《여호수아》에서는 레바논을 묘사하는 부분도 찾아볼 수 있다. 히브리 전통에 따르면 카난은 아브라함의 후손들이 이어받은 땅 가운데 일부였다. 그들이 이어받은 땅은 터키 일부도 포함되었다. 네 복음서들은 모두 팔레스타인에서 일어나는 이야기다.

책으로 많이 알려져 있습니다.

이렇게 예수의 이야기를 다양한 측면에서 볼 수 있다는 것은 매우 유익하고 흥미로운 일입니다. 저자의 관점과 상황에 따라 다양하게 기록된 것은, 복음서를 읽는 독자들의 흥미를 유발할 뿐만 아니라 예수를 연구하는 학자들에게도 커다란 관심거리가 되었습니다. 예수의 생애를 이해하기 위해서는 예수가 태어나고 자란 팔레스타인의 지리적 · 사회적 · 정치적 정황을 이해한다면 큰 도움이 될 것입니다.

약속의 성취

《신약성서》의 시작인 〈마태오의 복음서〉의 첫 장을 보면 예수의 계보를 소개하는 글이 있습니다.(마태 1:1-17) 그 시작은 다음과 같습니다.

아브라함의 후손이요, 다윗의 자손인 예수 그리스도의 족보는 다음과 같다.(마태 1:1)

마태오는 예수가 이스라엘 민족의 조상인 아브라함과 다윗의 혈통임을 밝히며, 유다적 전통 속에서 예수를 조명하려고 하였습니다. 이것은 메시아가 다윗의 혈통에서 탄생할 것이라는 《구약성서》의 예언이 성취되었음을 알려 주기 위한 마태오의 의도로 보입니다. 이 기록은 《구약성서》와 《신약성서》가 분리되지 않고 서로 긴밀성을 갖게 한다는 측면에서 《신약성서》의 맨 앞 장에 오게 되었습니다. 이는 그리스도교가 세계의 역사와 연속선상에 있다는 것을 선언하는 것으로, 역사적인 예수는 《구약성서》에서 언급하고 있는 메시아임을 암시합니다. 이러한 의도는 〈마태오의 복음서〉에서 발견되는 열 개의 '성취 인용'에서 드러납니다.

● 성취 인용
〈마태오의 복음서〉에서, 예수를 메시아로 서술하려는 집필 의도에 따라 의도적으로 《구약성서》에서 가져온 열 개의 인용문. 예수에 대한 하느님의 예언이 성취되었음을 밝히기 위한 것이다.

"유다 베들레헴입니다. 예언서의 기록을 보면, 유다의 땅 베들레헴아, 너는 결코 유다의 땅에서 가장 작은 고을이 아니다. 내 백성 이스라엘의 목자가 될 영도자가 너에게서 나리라."(마태 2:5-6)

이리하여 예언자 예레미야를 시켜, "라마에서 들려오는 소리, 울부짖고 애통하는 소리, 자식 잃고 우는 라헬, 위로마저 마다는구나!" 하신 말씀이 이루어졌다.(마태 2:17-18)

"……나자렛이라는 동네에서 살았다. 이리하여 예언자를 시켜 그를 나자렛 사람이라 부르리라." 하신 말씀이 이루어졌다.(마태 2:23)

위의 인용문 외에도 다양한 곳(4:14-16, 8:17, 12:17-21, 13:35, 21:4-5, 27:10 등)에서 메시아의 오심을 언급하고 있습니다. 또한 예언서의 한 부분을 인용할 때마다 다음과 같이 규칙적인 형식으로 시작합니다.

이 모든 일로써 주께서 예언자를 시켜, 동정녀가 잉태하여 아들을 낳으리니 그 이름을 임마누엘이라 하리라." 하신 말씀이 그대로 이루어졌다. 임마누엘은 '하느님께서 우리와 함께 계시다.'는 뜻이다.(마태 1:22-23)

마태오가 이를 인용한 것은 단순히 《구약성서》의 구절과 예수 사이에 전적으로 우연의 일치가 있음을 강조하려는 것이 아닙니다. 그는 예수의 이야기가 하느님의 목적과 일치한다고 확신했기 때문에, 《구약성서》의 예언을 통해서 인용구가 삽입된 부분을 해석하려고 한 것입니다.

그렇다면 《구약성서》가 예언하고 있는 메시아상과 《신약성서》에서 보이고 있는 그리스도상은 일치하는 것일까요? 먼저 《구약성서》에 나타난 메시아상을 보도록 하겠습니다.

구약시대 당시 메시아 예언이 나타난 때, 흥망성쇠를 거듭하던 다윗 왕조가 힘 있는 강대국에 의해 여러 차례 패망하자 이스라엘 민족들은 수세기 동안 나라를 잃은 채 남의 나라에 가서 살게 됩니다. 물론 이스라엘을 지배한 강대국들과 싸워 가며 나라를 되찾기도 하였지만, 그러한 성공은 잠시일 뿐 얼마 지나지 않아 다시 강대국에 의해서 점령당하였습니다. 이때부터 이스라엘 민족들은 스스로 나라를 세울 수 없음을 인식하고, 메시아가 자신들을 구원하러 오시는 것을 대망하게 됩니다. 그렇기 때문에 그들의 메시아상은 '정치적 메시아'였습니다. 다윗 왕 때처럼 흥망성쇠를 이루실 분이 곧 오셔서 자신들을 핍박하는 강대국을 파멸시키고 이 세상을 통치하실 것이라는 소망이었습니다. 예수를 다윗의 자손이라고 말한 마태오의 기록도 이러한 유다인의 메시아 사상이 어느 정도 반영된 것이라고 하겠습니다. 이는 예수가 예루살렘 성에 입성할 때 이스라엘 백성들의 반응에서 두드러지게 나타납니다.

> 앞뒤에서 따르는 사람들이 모두 환성을 올렸다. "호산나! 다윗의 자손! 주의 이름으로 오시는 이여, 찬미받으소서. 지극히 높은 하늘에서도 호산나!"(마태 21:9)

이스라엘 백성은 예수가 화려한 백마를 타고 자신들을 구원하러 올 것이라고 기대했습니다. 그러나 실상 그들이 기대했던 메시아 예수는 마구간에서 태어났습니다. 그리고 예루살렘에 입성하면서도 초라하게 나귀 새끼를 타고 나타났습니다. 이것은 이스라엘 민족이 기대하던 메시아의 모습이 아닙니다. 유다 사회에서 이처럼 초라한 사람이 메시아라고 하는 것은 '신성 모독'●에 해당하는 것입니다.

● 신성 모독
하느님의 존귀함을 손상시키는 말 또는 행위.

하지만 그들이 기대하던 대로 예수가 한낱 유다의 왕으로 와서 세상을 호령했다면, 우주적인 구원을 담보한 그리스도로서의 역할은 수행할 수 없었을 것입니다. 왜냐하면 하느님의 선택된 민족만의 메시아는 다른 민족을 아우를 수 없기 때문이고, 나아가 자연을 포함한 모든 피조 세계까지도 구원하는 하느님의 경륜과도 대치되기 때문입니다.

《성서》의 관점에서 보면, 이스라엘이 선민이라는 입장은 맞습니

다. 그러나 하느님의 입장에서 선민이라는 것은 그 민족 자체만을 구원하기 위한 것이 아니라, 온 인류를 넘어서 모든 세계를 구원하기 위한 선민인 것입니다. 하느님은 이스라엘 민족만을 사랑하시는 것이 아니라, 온 인류와 모든 피조 세계를 사랑하시기 때문입니다. 근간에 그리스도교인들도 이스라엘 민족과 같은 선민 사상에 사로잡혀 있는 경우가 있습니다. 하느님은 예수를 믿는 그리스도교인들만을 사랑하는 것이 아니라, 모든 사람과 자연까지도 사랑한다는 것을 깨달아야 합니다.

산상수훈과 새로운 윤리

02

예수가 30세가 될 무렵, 비범한 예언자 한 사람이 요르단 강가에서 세례를 베풀고 있었습니다. 그가 세례 요한입니다. 그는 예수보다 몇 개월 앞서 태어난, 제사장 즈가리야의 외아들로, 몸에는 가죽을 걸치고 메뚜기와 들꿀을 먹으며 생활하였습니다. 그는 광야에서 다음과 같이 외쳤습니다.

"회개하여라. 하늘 나라가 다가왔다!"(마태 3:2)

세례 요한이 말한 '하늘 나라'는 하느님께서 부패하고 타락한 이 세상을 새롭게 하시는 하느님의 때, 즉 세상의 종말을 선고하는 심판의 때를 말하는 것이었습니다. 외치는 요한을 보고 사람들은 혹시 세례 요한이 그들이 기대하던 메시아가 아닌지 물었습니다. 그러나 요한은 다음과 같이 대답합니다.

"나는 너희에게 물로 세례를 베풀지만 이제 머지않아 성령과 불로 세례를 베푸실 분이 오신다. 그분은 나보다 더 훌륭한 분이어서 나는 그분의 신발끈을 풀어 드릴 자격조차 없다. 그분은 손에 키를 들고 타작 마당의 곡식을 깨끗이 가려 알곡은 모아 곳간에 들이고 쭉정이는 꺼지지 않는 불에 태우실 것이다."(루가 3:16-17)

자신은 세상을 구원할 메시아가 아니라 예언자일 따름이라고 말하는 것입니다. 세례 요한의 회개 운동이 사람들에게 주목받고 있을 때, 예수는 나자렛에서의 사생활을 끝내고, 요르단 강으로 가서 그에게 세례를 받습니다.

이는 놀라운 사건입니다. 예수가 이스라엘 백성이 기다리던 메시아라면, 인간인 요한에게 세례를 받는 것은 큰 문제가 되기 때문입니다. 그러나 예수의 세례 사건을 예수의 참 인간성을 대변하는 것으로 이해한다면, 그 의미는 더욱 깊어집니다. 앞으로도 이야기할 것입니다만, 예수의 신성은 참 인간성에서 발견됩니다. 어떤 학자들은, 예수는 개인이 회개하는 차원에서 세례를 받은 것이 아니라, 이 세상의 죄를 대속•하기 위한 공적인 의미가 있다고 합니다. 예수의 세례 사건은 공적인 생활의 시작을 알리는 이정표와 같은 것이라는 뜻입니다. 그러나 이처럼 확장된 의미로 이해하는 것보다 예수를 인간으로, 이 땅에 오신 하느님이라고 이해한다면 예수가

〈예수 세례〉
피에로 델라 프란체스카, 1448
~1450, 런던 국립미술관.

• **대속 代贖**
남의 죄를 대신하여 벌을 받거나 속죄하는 것.

세례를 받는 것은 지극히 당연한 일입니다. 예수가 인간으로 이 땅에 오지 않았다면 그의 메시아상은 오히려 상실될 것입니다.

예수의 생애

예수는 세례를 받는 순간 놀라운 체험을 합니다. 그는 하늘이 갈라짐과 동시에 성령이 비둘기와 같이 자기에게 내려오는 것을 보았습니다. 하늘로부터 하느님의 음성이 들렸습니다.

"너는 내 사랑하는 아들, 내 마음에 드는 아들이다." 하는 소리가 들려왔다.(마르 1:11)

예수는 이러한 경험을 통해 자신이 하느님의 아들인 것과 메시아로 부름 받았다는 것을 깨달은 것일까요? 그는 부모형제가 있는 나자렛으로 돌아가지 않고, 성령에 이끌리어 광야로 나아갑니다.

《성서》에는 예수가 출가˙를 하게 된 이유에 대한 구체적인 설명이 없습니다. 다만 자신을 향한 하느님의 뜻을 이루기 위해서였으리라고 추측할 따름입니다. 출가 이전의 삶은 앞 장에서 언급하였듯이, 탄생과 유년기의 짧은 기록, 그리고 아버지의 유업을 이어받아 가족을 부양했다는 기록 말고는 현재 남아 있지 않습니다.

예수가 세상에 나온 이후, 하느님의 아들로서 공적인 임무를 본격적으로 수행하기 시작한 때를 보통 '공생애公生涯'라고 이릅니다. 예수가 공생애를 시작한 시점에 대하여 〈루가의 복음서〉는 두 가지

● 출가 出家
집과 세속의 인연을 떠나 종교에 귀의하여 수도 생활을 하는 것.

정보를 제공하고 있습니다. 첫 번째는 서른 살 즈음해서 공생애를 시작했다는 것입니다.

> 예수께서는 서른 살 가량 되어 전도하기 시작하셨다.(루가 3:23)

두 번째는 세례 요한의 출현 시점에 관한 것입니다. 그것은 티베리우스*가 즉위한 지 15년 되던 해였고, 이때는 빌라도*가 유다의 총독으로 또한 헤로데가 갈릴래아의 분봉왕*으로 있었을 때였다고 기록되어 있습니다(루가 3:1-2).

티베리우스가 황제로 즉위한 때가 14년 9월인 점과 예수가 요한에게서 세례를 받은 시점을 감안하면, 공식적인 활동을 시작한 해는 기원후 29년이나 30년경이었을 것으로 추정할 수 있습니다. 이후, 공생애 기간을 〈요한의 복음서〉은 삼 년 가량으로 계산하고, 공관복음서는 일 년 미만으로 잡고 있는데, 대체로 학자들은 공관복음서에 더 무게를 두고 있습니다.

역사적인 예수를 가장 잘 묘사하고 있는 자료는 〈마르코의 복음서〉입니다. 가장 먼저 기록되었기 때문이기도 하지만, 예수의 생애를 순차적으로 서술하였다는 이유가 더 큽니다. 다른 복음서와 달리 〈마르코의 복음서〉에는 예수의 족보나 탄생에 대한 이야기가 없습니다. 예수가 요한으로부터 세례를 받은 후 마귀의 시험을 받고, 제자들을 불러 모아 병든 자를 고치거나 귀신을 쫓아내고 전도여행을 떠난다는 이야기가 모두 첫 장에 기록되어 있습니다. 〈마르코의 복음서〉 1장 1절부터 13절까지의 기록은 〈마르코의 복음서〉 전체의

• 티베리우스
로마 제국 제2대 황제(재위 기원후 14~37). 아우구스투스 황제의 정복 사업을 도왔다. 즉위 후에는 공화정치의 전통을 존중하여 제국통치를 잘 유지하다가 후에 공포정치를 자행하였다.

• 빌라도
로마의 티베리우스 황제 때의 사마리아 · 이도메아 · 유다의 제5대 총독(재임 기원후 26~36). 라틴식 이름은 폰티우스 필라투스이다. 그리스도가 유다인들의 고소로 그에게 잡혀오자, 그리스도의 무죄를 인정하면서도 민중의 강요에 굴복하여, 그리스도 대신에 강도 바라빠를 석방하고 그리스도에게 사형을 선고했다.

• 분봉 分封王
한 나라의 왕이 다스리는 영토 일부를 나누어 다스리도록 통치권을 위임받은 왕을 말한다.

서문 격이라고 할 수 있습니다. 〈마르코의 복음서〉는 예수 그리스도의 출현이 《구약성서》의 이사야의 예언에 나타난 하느님의 계획이었음을 선언하면서 시작합니다.

하느님의 아들 예수 그리스도에 관한 복음의 시작. 예언자 이사야의 글에, "이제 내가 일꾼을 너보다 먼저 보내니 그가 네 갈 길을 미리 닦아놓으리라." 하였고, 또 "광야에서 외치는 이의 소리가 들린다. '너희는 주의 길을 닦고 그의 길을 고르게 하여라.'" 하였는데……(마르 1:1-3)

여기에서 '광야의 외치는 이의 소리'는 예수의 길을 예비하는 세례 요한을 의미하는 것입니다. 세례 요한 역시 예수의 출현을 위해서 하느님께서 예비한 사람이라는 뜻이지요.

서문에 이어서 1장 14절에서 10장 52절까지는 "때가 다 되어 하느님의 나라가 다가왔다. 회개하고 이 복음을 믿어라."(1:15)라는 예수의 말씀 선포 이후에 갈릴래아 호수 주위 그리고 갈릴래아 밖에서 행해진 예수의 행적에 대한 기록입니다.[●] 제자를 만들고 귀신을 쫓아내고 병자를 고치면서 예수는 하느님 나라가 임박했음을 선포합니다. 이러한 일련의 과정을 통해 예수가 하느님의 아들이라는 사실을 이해시키려고 시도합니다. 이것은 반대자들이 예수를 해치려는 음모가 있다는 것을 언급하면서 절정에 이릅니다.(마르 3:6) 예수는 하느님의 아들이며, 전능한 신적 능력을 소유한 인간이라는 것과 예수를 배척한 이야기가 두 개의 플롯으로 계속됩니다.

● 《신약성서》에 따르면, 갈릴래아는 갈릴래아 호수 주변과 그 남쪽 지역을 가리키며, 북쪽으로는 페니키아, 동쪽으로는 시리아를 경계로 하고 있었다. 이 지역은 남쪽에 위치한 사마리아와 유다 지방과 비교하여 경제적으로 빈곤한 사람들이 모여 살았던 것으로 전해진다. 이 지방의 나자렛이라는 작은 마을은 예수의 고향으로 알려져 있다.

갈릴래아와 예루살렘

예수의 공생애 무대는 '갈릴래아 주변 지역'과 '예루살렘 지역' 두 곳으로 나뉩니다. 이 두 지역은 사회·정치적·종교적으로 서로 극명한 차이를 보입니다. 갈릴래아 주변 지역은 구약시대의 젖과 꿀이 흐르는 가나안처럼 농사짓기 좋은 비옥한 땅이었습니다. 그렇지만 그 지역은 빈익빈부익부 현상이 심한 곳이었습니다. 비옥한 토질의 특성 때문에 부자가 땅을 독점하여 대지주가 되었는데, 그들이 가난한 사람들을 지배했기 때문입니다. 또 지배당할 수밖에 없는 사회구조가 횡행했습니다. 피지배자들은 천민처럼 대우받았으며, 이런 사회구조 속에서 병든 자들과 귀신들린 자들, 그리고 길거리에 나앉은 자들이 많이 생겼습니다. 그들은 곧바로 유다교 전통에 따라서 하느님께 저주받은 백성으로 인식되었습니다.

예루살렘 지역은 유다교의 핵심 요지*로서, 거룩한 성전이 있는 곳이었습니다. 그곳의 사람들은 이스라엘 민족들 가운데 권력과 자본을 가지고 다윗 자손의 순수 혈통을 잇는다고 믿는 후손들이었습니다. 그들은 하느님께 선택받은 백성이라는 '선민 사상'을 자긍심으로 생각하면서 살았습니다. 그렇기 때문에 모세의 율법을 신봉하는 율법주의자들이 많았습니다. 이들은 주로 바리사이인들과 서기관*들이었는데, 그들의 율법주의에 대항하는 예수를 죽이려고 모함한 자들이었으며, 결국엔 예수를 십자가에 못 박히게 하였습니다. 이곳은 지형적으로 갈릴래아처럼 농사짓기에 적합한 땅은 아니었지만, 부와 명예를 가진 이들이 상당수여서 갈릴래아 지역의 사

• 서기관
다른 사람을 위해서 문서를 쓰거나, 기록된 문서를 필사복사)하는 사람. 복음서에서는 전통적으로 '율법학자'를 가리킨다.

람들보다 훨씬 풍요로운 삶을 살았습니다. 예수는 이 두 지역의 배경을 가늠하시고 활동의 성격을 달리하였습니다.

갈릴래아 이야기

광야 시험에서 당당히 승리한 예수는 한동안 유다 지방에 머물게 되는데, 그곳에서 뜻밖의 소식을 듣습니다. 세례 요한이 헤로데에게 붙잡혀 투옥된 것입니다. 세례 요한이, 분봉왕 헤로데가 형 필립보의 아내 헤로디아와 결혼한 것을 비난하였기 때문입니다. 예수의 공적인 활동의 시작은 이때부터입니다.

> "때가 다 되어 하느님의 나라가 다가왔다. 회개하고 이 복음을 믿어라."(마르 1:15)

이것은 예수가 갈릴래아에서 사역할 때 선포한 첫 설교 내용입니다. 세례 요한의 선포와 다를 것이 없어 보입니다. 그러나 예수의 회개 촉구는 세례 요한과 전혀 다른 맥락에 있습니다. 세례 요한이 하느님 나라를 심판의 날로 기억했다면, 예수는 하느님 나라를 복된 날로 보았습니다. 기쁜 소식(복음)을 전해 줄 하느님 나라가 곧 올 것이기 때문에 그날에 합당한 자가 되도록 준비하라고 촉구한 것입니다. 예수의 하느님 나라 선포는 공적인 활동의 핵심 주제입니다.

산상수훈

〈산상설교〉
칼 하인리히 블로흐, 1890.

예수는 걸어서, 때로는 배를 타고 갈릴래아의 촌락들을 여행하면서 많은 가르침을 베풀었습니다. 그의 가르침은 유다인의 전통적인 속담과 격언이 담아낼 수 없는 놀라운 재치와 감각이 담겨 있었습니다. 특히 그리스도교의 근본 사상을 담고 있는 '산상수훈'은 예수의 놀라운 통찰력을 담고 있기 때문에 깊이 음미해 볼 필요가 있습니다.

〈마태오의 복음서〉 5장부터 7장까지에는 〈마르코의 복음서〉에서 언급되지 않은 예수의 설교 내용이 상세하게 기록되어 있습니다. 이것을 산 위에 올라서 가르쳤다는 의미에서 '산상수훈' 또는 '산상설교'라고 부릅니다. 산상수훈은 유다인들의 율법과 달리 보복하지 말고 원수까지도 사랑해야 한다고 가르칩니다. 이처럼 '의義'를 강조하는데, 〈마태오의 복음서〉에는 이 말이 일곱 번이나 나옵니다. 특히 '의'는 여덟 가지 복[八福]을 받는 사람 이야기에서 강조되고 있는데, 산상수훈에서 말하는 '팔복'은 다음과 같습니다.

마음이 가난한 사람은 행복하다. 하늘 나라가 그들의 것이다.
슬퍼하는 사람은 행복하다. 그들은 위로를 받을 것이다.
온유한 사람은 행복하다. 그들은 땅을 차지할 것이다.
옳은 일에 주리고 목마른 사람은 행복하다. 그들은 만족할 것이다.
자비를 베푸는 사람은 행복하다. 그들은 자비를 입을 것이다.
마음이 깨끗한 사람은 행복하다. 그들은 하느님을 뵙게 될 것이다.

평화를 위하여 일하는 사람은 행복하다. 그들은 하느님의 아들이
될 것이다.

옳은 일을 하다가 박해를 받는 사람은 행복하다. 하늘 나라가 그들
의 것이다.(마태 5:3–10)

〈마태오의 복음서〉에서 정의란 하느님께서 사람들에게 요구하는
의로운 행위를 일컫는 것입니다. 여기에서 '옳은 일에 주리고 목마
른 사람'(5:6)이란 하느님의 뜻을 행하는 사람을 말합니다. 그리고
'옳은 일을 하다가 박해를 받는 사람'(5:10)에게는 천국이 약속되었
습니다. 나아가서 "너희도 이와 같이 너희의 빛을 사람들 앞에 비
추어 그들이 너희의 착한 행실을 보고 하늘에 계신 아버지를 찬양
하게 하여라."(5:16)라고 하는데, 여기에서 '착한 행실'은 '의義'의 동
의어로 파악됩니다.

팔복 설교와 마찬가지로, 이어지는 '소금과 빛'에 대한 비유 설교
에서도 정의로운 삶에 대하여 계속 언급하고 있습니다.

"너희는 세상의 소금이다. 소금이 짠맛을 잃으면, 무엇으로 짠맛을
내겠느냐? 그러면 아무데도 쓸데가 없으므로 바깥에 내버리니, 사람
들이 짓밟을 뿐이다."(마태 5:13)

소금은 부패를 방지하는 역할을 합니다. 빛은 어두운 곳을 밝히
는 역할을 합니다. 예수는 빛은 환하게 비추는 역할을 하기 때문에
어디에서나 드러난다는 점을 강조합니다. 정의로운 삶에 대한 강조

는 다음의 말씀에서 절정에 이릅니다.

> 잘 들어라. 너희가 율법학자들이나 바리사이 사람들보다 더 옳게 살지 못한다면 결코 하늘 나라에 들어가지 못할 것이다.(마태 5:20)

예수의 삶은 이스라엘 사람들이 중시하던 율법을 업신여긴 것처럼 보일 수 있지만, 오히려 율법의 더 높은 수준에 이르기를 강조하고 있는 것입니다. 이러한 이유 덕분에 사랑으로 상징되는 예수를 '율법의 완성'으로 파악합니다.(로마 13:10) 예수가 설파한 정의로운 삶의 가르침은 아버지의 뜻을 알고 그것을 행하는 것이라고 말하고 있습니다. 그렇다면 하느님의 뜻은 어떻게 알 수 있을까요? 계속해서 예수의 행적을 통해 하느님의 뜻을 알아보도록 하겠습니다.

예수의 제자들

예수를 따르던 사람들은 서서히 세상의 진리가 아닌 하느님의 진리를 깨달아 갔으며, 병 고침과 귀신 축출의 기적 같은 사건* 등을 겪으면서 예수에 대한 신뢰를 굳혀 갔습니다. 그들은 예수를 '랍비'라고 부르는가 하면, '유다인의 왕 그리스도 예수'라고 외치기도 했습니다. 유다교의 율법학자인 바리사이인이나 서기관 등의 지배 계층은 예수를 시기하고 미움과 적개심을 품지 않을 수 없었습니다. 예수가 전문 종교인인 자신들의 자리를 대신하여 이스라엘 백성들을 선동하고 유다교의 율법을 마음대로 가르치고 있다고 판단했기 때문입니다. 의사로 치자면 불법 시술을 행하고 다니는 것처

* 하느님 나라가 예수 설교의 중심 내용이라면, 치유와 귀신 축출은 예수 활동의 중심이다. 예수는 병자를 고치고, 귀신을 쫓아내는 기이한 일을 일으켰다. 예수의 기적을 다룬 전승은 수없이 많은 전승층에서 확인되고 있기 때문에, 쉽게 무시할 수 없다. 복음서 저자들은 예수의 치유 기적을 강조하면서, 이러한 치유는 예수가 하느님께서 주신 치유 능력으로 귀신 들리고 병든 사람들을 치유함으로써 하느님 나라의 도래를 선언한 사건임을 보여 주려고 하였다.

럼 보였겠지요. 더군다나 예수의 언행은 때로 폭력적이기도 했습니다. 종교지도자인 율법학자나 바리사이인 등을 '독사의 자식들', '마귀의 자식들'이라며 비판과 저주를 일삼았습니다. 예수는 그들이 율법을 생명이 없는 규범 전통으로 변질시키고, 그 규범의 전통을 이용하여 신도들을 억압하고 착취하고 있다고 보았습니다.(마르 7:6 이하) 이스라엘을 통치하던 로마의 입장에서도 이러한 예수의 행태가 반가울 리 없었습니다. 그들의 입장에서는 예수가 로마 제국을 반역하는 선동 세력으로서, 그 위험성이 내재되어 있다고 본 것이죠. 이러저러한 정황 속에서 예수는 열두 제자를 선택합니다.

앞으로 펼쳐질 자신의 활동을 위해서 제자를 선택하는 일은 매우 중요한 사항이었을 것입니다. 왜냐하면 자신을 따르는 사람들이 점차 늘어남에 따라서 여러 가지 업무들이 생겼기 때문입니다. 예수는 이 일을 위하여 밤새도록 고요한 곳에서 기도를 했습니다.(루가 6:12) 그리고 열두 제자 베드로와, 안드레아, 제베대오의 아들 야고보와 그의 동생 요한, 마태오, 빌립보, 바르톨로메오, 토마, 타대오, 혁명당원 시몬, 알패오의 아들 야고보, 그리고 예수를 팔아 넘긴 가리옷 사람 유다를 부릅니다. 이들은 갈릴래아의 어부와 세리로서, 사회적으로나 문화적으로 상류층에 속하는 이들이 아니었습니다. 그런데도 예수가 이들을 선택한 이유는 그들의 가능성을 보았기 때문입니다. 이 가능성이란 앞으로 예수 자신이 펼칠 하느님 나라의 운동을 이어갈 일꾼으로서의 가능성을 말합니다.

예수의 제자들은 예수의 곁에서 늘 함께 먹고 마시면서 예수의 말씀을 들었습니다. 예수의 말씀은 결국 이들의 증언으로 보존된 것입니다. 예수의 초창기 제자이던 베드로와 야고보와 요한 이 세 사람은 특히 예수와 가까이 지냈습니다. 〈마르코의 복음서〉는 다음과 같이 기록하고 있습니다.

예수께서 산에 올라가 마음에 두셨던 사람들을 부르셨다. 그들이 예수께 가까이 왔을 때에 예수께서는 열둘을 뽑아 사도로 삼으시고 당신 곁에 있게 하셨다. 이것은 그들을 보내어 말씀을 전하게 하시고, 마귀를 쫓아내는 권한을 주시려는 것이었다.(마르 3:13-15)

예수가 제자들에게 가르친 것은 여러 가지였지만, 먼저는 "아무것도 가지지 말라."라는 것이었습니다. 자신을 따르려거든 세상에 대한 일체의 소유권을 포기하라는 것이었습니다. 하느님의 자녀가 되고 예수의 제자가 된다는 것은 이러한 결단을 요구합니다. 유다 전통에서처럼 율법의 계명을 지키는 것만으로는 부족하고, 실로 자기 자신까지도 부정해야 하는 결단이 요구됩니다.

예수는 인간이 소유하고 있는 전부를 팔아서 가난한 자에게 과감히 나누어줄 수 있어야 한다고 가르칩니다.(마르 10:21) 예수 자신도 하느님의 소명을 받고 복음 전도의 사명을 수행하기 위해서 집과 가족을 떠났으며, 세상의 안락을 버리고 세상의 모든 사람을 위해서 자신의 목숨까지도 내놓았습니다. 제자가 스승보다 클 수는 없습니다.(마태 10:23) 그러나 이 세상에 대한 포기와 초탈ˇ의 결단을 요구하는 예수는 그와 동시에 하느님 나라의 복을 약속하였습니다.

예수가 심혈을 기울여 하느님 나라에 대한 비밀을 가르침에도 제

● 초탈 超脫
세상의 명예나 권력, 물질로부터 벗어남.

자들은 쉽게 이해하지 못했습니다. 그들은 여전히 세상의 관점에서 벗어나지 못했기 때문입니다. 열두 제자들은 어떻게 하면 하느님 나라의 높은 자리에 앉아서 세속적 영달을 더 많이 누릴 것인가에 대하여 관심을 갖기도 합니다.(마태 9:33 이하; 루가 9:46)

그리하여 예수가 몸소 제자들의 발을 씻겨 주며 서로 사랑하고 공경하기를 가르쳤음에도 스승을 배반하고 공동체에서 이탈해 버린 제자도 있었습니다. 그는 유다*였습니다. 사실 열두 제자들의 각자 다른 모습은 하느님과 인류 사이의 관계를 단적으로 보여 주는 것입니다. 구약시대의 이스라엘 민족과 현재 인류의 역사를 보더라도, 가난한 계층이든 부유한 계층이든 간에 세속의 관점에 사로잡혀 하느님에게 반역하는 일들은 끊임없이 반복되어 왔습니다. 그럼에도 하느님은 이러한 우리들을 버리지 않고 끝까지 은혜를 베풀어 줍니다. 예수께서는 이 어리석은 제자들을 훈련시켜 하느님 나라의 복음을 전하는 사도라는 중대한 직분을 맡깁니다.

유다는 또한 셈이 빠른 사람이었습니다. 예수가 베다니아*에 있는 나병 환자인 시몬의 집에 머무를 때 한 여자가 와서 향유 옥합을 깨뜨려 예수의 머리에 부었습니다. 그때 유다가 이렇게 외칩니다.

"왜 향유를 이렇게 낭비하는가? 이것을 팔면 삼백 데나리온*도 더 받을 것이고 그 돈을 가난한 사람들에게 나누어줄 수 있을 터인데!"
(마르 14:4-5)

그러나 예수는 여자를 괴롭히지 말라고 타이릅니다. 오히려 여자

• 유다
예수 그리스도의 12사도 가운데 한 사람이었으나, 나중에 예수를 배반하였다. 이로 인해 그리스도교계 최대의 죄인이자 악마의 하수인, 배신자의 대명사로 불린다. '이스가리옷'이라는 말에는 '가리옷(남부 유다의 지명) 사람' 외에 '암살자', '가짜', '위선자', '거짓말쟁이', '단검' 등의 의미가 있다.

• 베다니아
《신약성서》 중 복음서에 나오는, 예루살렘에서 3킬로미터 정도 떨어진 지역. 또는 세례 요한의 활동 장소로 요르단 강 건너편 '베다니아'라고 언급되는 지역.

• 데나리온
한 데나리온의 무게는 3.8그램이며, 기원전 268년부터 셉티미우스 세베루스 시대까지 만들어졌다. 《신약성서》에서 많이 언급된 은화로, 1데나리온은 노동자들의 하루 품삯이었다. 《마태오의 복음서》 20장 9~10절의 '포도원 품삯' 이야기에 데나리온에 관한 내용이 있다.

가 한 일에 대하여 칭찬합니다. 유다는 순식간에 삼백 데나리온(지금의 우리 돈 삼천만 원에 해당)을 계산해 내었습니다. 여인의 행동은 유다의 눈에 도무지 이해할 수 없는 행위였습니다. 이것이 이성적인 사람들의 한계입니다. 이성적인 사람들은 예수의 행적을 보면서도 끊임없이 자신이 생각하고 있는 범위 안에서 이해하려고 하였습니다. 결국 유다는 예수가 자신이 기대한 메시아상에 부합하지 않는다는 생각에 은 30냥에 스승인 예수를 제사장들에게 팔았다가 후회하고 자살합니다.

  예수의 제자들은 각기 다른 성향들을 지니고 있었기 때문에 서로 다툼도 잦았을 것입니다. 각기 다른 성향의 이들은 예수의 부활 소식을 접한 후, 자신의 성향대로 세계 각처로 나가서 복음을 전하였습니다. 그리고 일설에 의하면 예수의 뒤를 따라 순교자의 길을 가게 되었다고 합니다.

죄인들과 함께한 예수

  예수는 갈릴래아에서 나그네 신세였습니다. 그는 갈릴래아 호수 주변을 떠돌면서 무방비 상태에서 하느님의 말씀을 전하면서 지냅니다.

  여우도 굴이 있고 하늘의 새도 보금자리가 있지만, 사람의 아들은 머리 둘 곳조차 없다.(루가 9:59)

복음서에 있는 예수의 방랑 생활 이야기 가운데 무주택(마태

10:23), 무가족(마르 10:28-29; 마태 8:22; 루가 8:19-21), 무소유(마태 6:19-26; 루가 6:24-25), 그리고 무보호(마태 5:41, 10:17 이하)에 관한 말씀들은 자주 언급됩니다.

그러나 그러한 방랑 생활은 당시의 다른 은둔자나 금욕주의자 들과는 다른 형태를 띠었습니다. 그는 병자의 몸을 고쳐 주고 가난한 사람들과 사회에서 격리되거나 소외된 자들과 함께하며, 하느님 나라가 어떠해야 하는지를 보여 주었습니다.(루가 10:3-11; 마르 6:10-13) 예수와 함께한 소외된 사람들이란 나병 환자, 병자, 장애인, 이방인, 사마리아인, 로마의 앞잡이인 말단 세리, 그리고 천한 여인들과 아이들이었습니다. 이들은 종교적으로나 사회적으로 부정한 사람들이었기 때문에 추방되거나 격리되어 지내야 했습니다.

예수는 이들을 불러들여 함께 먹고 마시면서 하느님 나라의 축제를 벌였습니다. 자신이 말하던 하느님 나라를 몸소 실천하면서 보여 준 것입니다. 이러한 예수의 행동들은 당시 모세의 율법을 지키던 유다인들에게는 불편하기 짝이 없는 행동이었습니다. 왜냐하면 이스라엘의 율법을 어기는 일이기 때문입니다. 이것은 유다인 공동체에 위협이 될 지경이었습니다. 그러므로 예수의 활동은 늘 비판의 대상이 되곤 하였습니다. 한 사람이 유다인의 율법에 따라 남들은 모두 금식을 하는데 왜 금식하지 않는지 예수에게 묻자, 그는 다음과 같이 말합니다.

"잔칫집에 온 신랑 친구들이 신랑이 함께 있는 동안에야 어떻게 단식을 할 수 있겠느냐? 신랑이 함께 있는 동안에는 그럴 수

없다."(마르 2:19)

또한 예수의 제자들이 밀밭을 지나가다가 밀 이삭을 잘라 먹는 것을 본 바리사이인들이 안식일에는 노동을 할 수 없다고 따져 묻자, 예수는 《구약성서》의 다윗 왕을 비유로 다음과 같이 맞섭니다.

"안식일이 사람을 위하여 있는 것이지, 사람이 안식일을 위하여 있는 것은 아니다. 따라서 사람의 아들은 또한 안식일의 주인이다."(마르 2:27-28)

이와 같은 예수의 사상은 율법을 목숨처럼 지키던 당시 지배자들에게는 위협이 될 만한 것입니다. 더군다나 스스로를 안식일의 주인이라고 표현함으로써 예수 자신의 신성을 간접적으로 표현하고 있는 것은, 제사장이나 율법학자들에게 불편하기조차 합니다. 기득권자들의 삶의 터전은 율법이었습니다. 따라서 율법을 건드리는 예수의 행위는 기득권자들의 생명을 위협하는 매우 적대적인 것입니다.
당시 이스라엘에서 '율법'은 가난한 사람들을 억압하는 지배 도구로 사용되고 있었습니다. 예수는 이러한 사실을 간파하고 이스라엘 사회의 지배자들을 향해 폭로한 것입니다.

병을 고치고 귀신을 쫓아냄
예수 시대에 병에 대한 진단은 현대인들이 인식하듯이 의학적인 지식을 요구하는 것이 아니라 종교적인 것이었기 때문에, 사제들이 판단을 내리고 처방을 내렸습니다. 그들은 유다교의 정결법*에 따라서 병을 죄의 결과로 인식하였습니다. 유다교의 정결과 부정의 체제는 유다 사회를 구성하는 가장 강력한 규범이자 가치관으로 작용했습니다. 병자들은 부정한 사람들이었고 하느님의 율법을 어긴 죄인으로 간주한 것입니다. 따라서 이들은 제사장의 인준을 통해 죄인으로 간주하여 공동체에서 격리시켰습니다. 예수는 그러한 이유 때문에 나병 환자를 고치신 후에 그 모습을 제사장에게 보여 주었습니다.(루가 5:14)

예수는 안식일에 손이 오그라든 사람을 고침으로써 유다 당국자들을 분노케 했다고 합니다.(마르 3:1-6) 그는 의도적으로 안식일에 병자를 고침으로써 경직된 안식일 법이 약한 자들의 사회적 권리를 억압한다는 사실을 폭로한 것입니다. 예수의 병 고침 기적이 지니는 사회적 의미는 병자들의 사회적 복권에서 찾을 수 있습니다. 복음서의 이야기 중 예수가 문둥병자의 병을 고친 뒤 제사장에게 병의 회복을 추인받으라고 한 이야기는 병자를 공동체에 복귀시키는 것을 의미합니다.

병을 고치고 귀신을 추방하는 일은 당시 유다교와 헬레니즘 세계에서는 보편적인 일이었습니다. 이러한 능력은 하느님의 능력에 힘입어 행해지는 것이라고 보통 인식하고 있었으며, 예수를 따르는 사람들은 이 사역을 통하여 하느님 나라가 이루어진다고 확신하였습니다.

● 정결법
정결함과 부정함에 대한 율법을 말한다. 죽은 자의 정결법, 신체의 정결법, 음식 정결법, 가족 정결법(월경법) 등이 포함된다.

"나는 하느님의 능력으로 마귀를 쫓아내고 있다. 그렇다면 하느님의 나라는 이미 너희에게 와 있는 것이다."(루가 11:20)

〈마르코의 복음서〉에 따르면 예수가 제자 넷을 부르시고 가장 먼저 하신 일은 귀신 들린 사람과 병든 사람들을 고치신 일입니다.(마르 1:21-34) 예수는 갈릴래아 해변에서 고기를 잡는 베드로와 그 형제 안드레아 그리고 제베대오의 아들 야고보와 그 형제 요한을 제자로 삼으시고, 그들과 함께 가버나움•에 갔습니다. 예수는 그곳의 회당에 들어가 사람들을 가르쳤습니다. 여느 율법학자들보다 권위 있게 가르치시는 예수를 보고서 더러운 악령에 들린 사람이 다음과 같이 외칩니다.

"나자렛 예수, 어찌하여 우리를 간섭하시려는 것입니까? 우리를 없애려고 오셨습니까? 나는 당신이 누구신지 압니다. 당신은 하느님께서 보내신 거룩한 분이십니다."(마르 1:24)

예수를 하느님께서 보낸 분임을 가장 먼저 인식한 사람은 귀신 들린 사람이었습니다. 예수는 귀신에게 호통치면서 그 사람에게서 나가라고 하자, 귀신은 그 사람에게서 떠나갑니다. 이 소문은 갈릴래아 전역에 두루 퍼져 나갑니다. 이것은 예수가 하느님의 능력에 힘입어 귀신을 축출한 것을 의미하며 동시에 하느님의 아들임을 밝혀 주는 중요한 구절입니다. 보통 병이 들고 귀신이 들리는 일은 가난한 사람들에게 해당되는 일입니다. 이러한 일들은 보통 전쟁이나 굶주림 등 정신적으로 피폐한 상황일 때 생깁니다. 예수는 이 일을

• 가버나움
이스라엘의 갈릴래아 호수 북쪽 끝에 있는 마을. 가파르나움이라고도 한다. 예수의 제2의 고향으로 불리는 곳이다.

중요하게 인식하였습니다. 이 소문은 갈릴래아 전역에 두루 퍼져 나갑니다. 귀신 축출과 병 고침의 사역은 당시의 사람들에게 가장 시급한 문제였으며, 또한 개인의 죄와 직결되는 문제로 인식하였기 때문에 예수의 입장에서는 먼저 풀어야 하는 급박한 문제였습니다. 예수의 마음은 언제나 불평등한 사회 속에서 생겨나는 가난한 사람들을 향해 있었습니다.

비유로 가르치시다

예수는 사람들을 가르칠 때 주로 비유를 사용했습니다. 예컨대 하느님 나라의 정체를 묻는 제자들에게 예수는 직접적인 정의를 피하고 '겨자씨', '밭에 감추어진 보화',• '포도원 품삯' 등과 같은 비유를 통해 말합니다. 예수의 비유는 은유의 일종이라고 할 수 있습니다. 〈마르코의 복음서〉는 "(예수께서) 그들에게는 이렇게 비유로만 말씀하셨지만"(마르 4:34)이라고 할 정도입니다.

예수는 무엇 때문에 비유로만 하느님 나라를 이야기했을까요? 첫 번째 이유는, 예수는 교육을 받지 않은 하층민을 상대로 말씀을 전할 때가 많았습니다. 따라서 그들이 이해하기 쉬운 말로 전했을 것입니다. 농촌 상황을 통해 설명한 것이 이를 증명해 줍니다. 두 번째 이유는, 언어의 한계성을 들 수 있습니다. 정체성을 분명히 드러내기 위해서는 언어적 한계성을 넘어서 설명되어야 했기 때문에 여러 가지 비유를 동원할 수밖에 없었을 것입니다. 자연의 보편적인 섭리를 통해 설명하는 예들은 이러한 해석을 가능케 합니다.

비유를 통해 사회 체제를 뒤집는 이야기의 예로 〈마태오의 복음

• 《성서》의 내용은 "하늘 나라는 밭에 묻혀 있는 보물에 비길 수 있다. 그 보물을 찾아낸 사람은 그것을 다시 묻어 두고 기뻐하며 돌아가서 있는 것을 다 팔아 그 밭을 산다."(마태 13:44)이다. 이 비유에는 자신이 가진 모든 것을 내놓을 만큼 소중한 것이 진리라는 의미가 담겨 있다.

〈포도밭 품꾼들〉
렘브란트, 1637, 상트페테르
부르크 에르미타주 미술관.

서〉 20장에 등장하는 포도밭 품꾼들의 이야기만큼 적절한 것이 없어 보입니다. 이른 아침에 포도밭 주인이 노동 시장에서 자신의 포도밭에서 일할 일꾼을 채용합니다. 그는 일꾼에게 하루 품삯으로 1데나리온을 약속합니다. 당시 1데나리온은 팔레스타인 노동자들의 하루 품삯이었습니다. 일손이 부족했는지 주인은 아침 9시와 12시에 또 다른 일꾼을 채용합니다. 그리고 오후 3시와 5시에도 장터에 나가 일거리가 없어 빈둥거리는 사람들을 데려와 자신의 포도밭에서 일하게 합니다. 저녁이 되어 맨 나중에 온 사람부터 일당을 주기 시작하는데, 1데나리온이었습니다. 노동한 것에 비해 풍족한 임금을 받든 이들은 주인의 호의에 감사했을 것입니다. 그리고 처음에 일터로 불려온 사람들은 이 광경을 보면서 당연히 자신들은 품삯을 더 받을 것으로 기대했을 것입니다. 그러나 그들이 기대한 것과 달리 1데나리온을 받자 그들은 주인에게 항변합니다. 그들의 항의는 당연해 보입니다. 그러나 포도원 주인은 원래 약속한 대로 1데나리온을 주지 않았느냐고 반문합니다.

이 비유의 초점은 포도원 주인의 자비를 말하고자 한 것입니다. 주인은 일거리가 없는 사람에게 일을 주고, 이미 일하고 있는 품꾼들의 일을 덜어 주기 위해서, 그들을 고용한 것입니다. 이처럼 예수의 비유에서는 사람을 구분하는 가치가 여지없이 무너집니다. 여기에서 하느님에 대한 이스라엘 백성의 이해는 뒤집혔습니다. 사람들은 흔히 하느님을 자신들의 가치관에 비추어 추정해 냅니다. 그렇기 때문에 《성서》에서 예수는 이스라엘 백성들이 갖고 있는 하느님에 대한 오해를 비유를 통해 설명하고자 합니다.

예수의 가르침은 하늘의 계시를 받은 예언자(선지자)처럼 "나 야훼가 말하느니라. 너희는 어찌어찌하라."라고 하지 않았습니다. 예수는 외적 권위의 힘을 빌리려 하지 않고, 하느님의 대리자처럼 버젓이 하느님 나라가 도래하였다고 가르쳤습니다. 예수는 올바른 믿음이나 건전한 도덕을 가르치는 선생이 아니었으며, 유다교의 경전을 가르치는 율법학자도 아니었습니다. 예수의 가르침은 지나치게 단순하다고도 할 수 있습니다. 하지만 이는 자연의 법칙과 같이 당연한 것이었습니다. 당시의 율법학자들의 가르침은 너무도 복잡했기 때문에 가난해서 배우지 못한 사람들이 지키기에는 어려운 요소들이 내포되어 있었습니다.

오늘날도 마찬가지이지만, 지배자들은 언제나 자신들의 규칙을 만들어서 그것을 지키게 하고 만일 지키지 못하면 죄인으로 몰아 지배하려고 합니다. 또한 책임을 운운하면서 가난한 자들에게 책임을 지우려고 합니다. 이러한 지배 구조를 간파한 예수의 하느님 나라 운동은 가히 체제 전복적 성격을 가지고 있었습니다.

이 운동은 오히려 부자가 화를 당하고 가난한 자가 복된 자가 되는 세상을 지향하였고,(루가 6:20, 23) 첫째가 꼴찌가 되고 꼴찌가 첫째가 되는 세상을 추구하였습니다.(마르 9:35) 그것은 누구든지 자기를 낮추는 자가 높아지고, 반대로 자기를 높이는 자가 낮아지는 세상이기도 합니다.(루가 14:11, 18:14) 인습을 타파하는 지혜에 기초한 세상이 예수가 꿈꿔 온 새로운 세상이었다면, 그 세상은 일종의

'대안적 세상'이라고 할 수 있습니다.

비유를 통하여 가르친 의미는 시적詩的이며, 해학적인 요소가 있습니다. 먼저 시적이라는 표현은 언어의 범위를 풍성하게 하여 이해의 폭을 넓혀 줍니다. 그리고 해학적인 요소는 대체로 지배자들을 조롱하는 백성들의 언어에서 찾을 수 있습니다. 못 배우고 가난한 이들을 시원스럽게 해주기 위해서 사용한 비유는 예수가 가난한 이들과 적절히 소통할 수 있는 수단이 되었습니다.

갈릴래아 밖 이야기

예수의 거침없는 하느님 나라 운동을 지켜본 이스라엘 백성들은 예수가 자신들이 기다리던 메시아라고 술렁거리면서 숭배하기에 이릅니다. 소외되고 억압받던 이스라엘 백성들의 숭배는 예수가 군중들에게 기적과 이적을 행할 때 더욱 절정에 이릅니다.

유월절이나 특별한 명절에 예수는 제자들을 데리고 예루살렘에 올라가 성전에서 가르치고, 여러 가지 질문도 받으며, 권능을 행하였습니다. 다수의 군중들에 둘러싸인 예수를 제사장들이나 율법학자들은 불만스럽더라도 어쩌지를 못했습니다. 예수는 활동이 끝나면 다시 갈릴래아 지방으로 돌아와 지냈습니다.

예수의 갈릴래아 선교 활동은 갈릴래아 호수 북단의 가버나움, 베싸이다, 고라신 등지에서부터 시작되어 점차 그 인근 지방에 미쳤습니다. 추수할 것은 많으나 일꾼이 적음을 탄식한 나머지, 70인의 제자를 둘씩 짝지어 보냅니다.(루가 10:1-16) 파견한 제자들이

● 베싸이다
갈릴래아 서북안 가버나움 근처의 마을. 필립보, 안드레아, 베드로의 고향으로 알려져 있다.

● 고라신
갈릴래아 호수 북쪽에 위치한 고대 성읍으로, 현재는 이스라엘 국립고고학공원으로 지정되어 있다.

수확물을 가지고 기쁨에 넘쳐 돌아오자, 예수는 그들에게 한적한 곳에 가서 쉬도록 하였습니다. 그러나 4, 5천 명 군중이 앞질러 따라온 까닭에 한적하지도 않았고 휴식할 수도 없었습니다. 예수는 이처럼 돌봐 주는 목자 하나 없는 불쌍한 양 떼를 차마 흩어 보낼 수가 없었습니다. 그리하여 그들 앞에서 온종일 가르치고, 해가 저물 때 그들과 친교의 만찬을 나누기로 하였습니다. 광야의 초원에 50명씩, 100명씩 떼를 지어 앉게 하여 빵과 물고기를 나누어 주었습니다. 남자 5천 명이 넘는 대중이 배불리 먹고도 남은 부스러기가 열두 바구니였다고 제자들은 증언합니다.(마르 6:30~44) 그러자 군중은 예수를 왕으로 모시자고 수군거리기도 하고,(요한 6:15) 예수에게 다시금 표적을 보여 달라고 애원하기도 합니다. 그러나 예수는 사람들의 속마음을 알기에 그들의 말을 들어주지 않았습니다.(요한 2:24~25)

유다교 율법학자들은 눈엣가시 같은 예수를 없애려고 결의하였으나, 수천 명의 군중이 따라다니므로 함부로 손을 댈 수 없었습니다. 자신들이 봉변당할 뿐 아니라 대규모의 반란이 일어날 수도 있었기 때문입니다. 그래서 그들은 자신들의 세력을 구축하면서, 예수에게 시험거리를 던져 함정에 빠뜨리려는 궁리를 하기 시작합니다.

〈마르코의 복음서〉의 기록에 의하면 예수는 자신이 죽게 될 것이라는 것을 미리 알고 있었습니다. 그래서 그들에게 잡히기 전에 게쎄마니 동산에서 하느님께 다음과 같이 기도합니다.

게쎄마니(겟세마네)
예루살렘의 동쪽, 키드론 계곡을 앞에 둔 감람 산의 서쪽 기슭에 있는 동산. 예수가 가끔 제자들과 이 동산에 올라 기도를 드렸는데, 죽기 전날 밤에도 최후의 만찬을 끝내고 제자들과 이곳에서 슬픔과 고뇌에 찬 최후의 기도를 드렸다고 한다. 유다의 배반으로 예수가 체포된 극적인 장소로도 유명하다.

"아버지, 나의 아버지! 아버지께서는 무엇이든 다 하실 수 있으시니 이 잔을 나에게서 거두어 주소서. 그러나 제 뜻대로 마시고 아버지의 뜻대로 하소서."(마르 14:36)

결국 예수는 이스라엘의 지도자들이 보낸 무리에게 체포되어, 재판 권한을 가진 로마 제국에게 넘겨지고, 식민지 정치범에게 가하는 잔혹한 처형인 십자가에 매달리게 됩니다.

예수의
십자가 처형과 부활

03

　　● ● ● 흔히 〈마르코의 복음서〉 14장부터를 '예수의 수난사'라고 부릅니다. 죽음을 앞둔 예수의 모습은 오히려 결의에 찬 모습이었습니다.(마르 10:32) 예루살렘에 입성했을 때 이스라엘 백성들의 환영은 예수의 신변에 위험이 닥칠 것을 암시합니다. 〈마르코의 복음서〉는 이에 대해 침묵하지만, 〈루가의 복음서〉는 바리사이파가 항의했다고 적습니다.(루가 19:39) 그렇다면 이쯤에서 우리는 다음과 같은 질문을 할 수 있겠습니다.

　　왜, 예수는 자신의 죽음을 알면서도 예루살렘에 입성한 것일까?

　　이 질문의 답을 찾기 위해 예수께서 예루살렘의 입성하던 그 시기로 거슬러 올라가 보도록 하겠습니다.

예루살렘으로 입성한 예수

• 고난 주간
예수가 로마군에 붙잡혀 빌라
도의 재판을 거쳐 십자가에서
사형을 받기까지 지상에서 겪
은 고난을 기념하는 한 주간을
뜻한다.

• '주의 날'
예수가 이 땅에 다시 오시는
날로 세상을 심판하고 역사를
완성한다.

예수가 예루살렘에 입성한 시점은 그의 공생애 가운데 마지막 일
주일간의 첫 날입니다. 그리스도교에서는 이 기간을 '고난 주간'으
로 삼고, 예수가 십자가에 매달린 날은 '성금요일'로 거룩하게 보냅
니다. 《성서》의 기록에 예수가 부활한 날을 안식 후 첫날(마르 16:1)
이라고 상정하므로, 당시 유다교 전통의 안식일인 토요일 다음이
'주의 날'이 됩니다. 교회가 대체로 일요일에 예배를 드리는 것은
예수의 부활을 기념하기 위한 것입니다. 예수는 금요일과 토요일을
지나 일요일 아침, 죽은 지 3일 만에 부활한 것입니다.

《성서》의 기록에 의하면, 예수는 죽어야만 하는 자신의 운명을
일찍이 알고 있었습니다. 이는 많은 고난을 받고 장로들과 대제사
장들과 율법학자들에게 배척을 받아, 죽임을 당하고 사흘 뒤에 살
아날 것을 제자들에게 가르쳤던 점에서 알 수 있습니다.(마르 8:31)
이에 대하여 제자인 베드로는 스승의 죽음을 인정할 수 없다면서
항의하지만, 예수는 다음과 같이 꾸짖습니다.

"사탄아, 물러가라. 하느님의 일은 생각하지 않고 사람의 일만 생각
하는구나!"(마르 8:33)

예수는 여기에서 사람의 일과 하느님의 일을 엄격하게 구분하고
있습니다. 그리고 하느님의 일을 방해하는 행위를 사탄의 일로 간
주한 것입니다.

베드로는 스승의 말씀에 놀라 그런 일이 없게 해 달라고 간청했습니다. 그러나 예수는 "사탄아 물러가라!"라고 단호하게 함으로써 그 자리에 있던 제자들까지 어리둥절하게 했습니다. 나아가 "누구든지 나를 따라오려거든 자기를 거부하고 자기 십자가를 지고 나를 따르라."(마르 8:34)라고 준엄하게 가르칩니다.

그는 이제 예루살렘을 향하여 최후의 길을 떠납니다. 엿새 뒤에 벌어진 타보르 산의 사건*(마르 9:2-8)은 제자들의 신앙을 독려하기 위함이었습니다. 예수의 길을 함께 가는 제자들에게 하느님의 뜻을 알고 가는 것은 매우 중요하고 반드시 필요한 일이었을 것입니다. 그곳을 떠나 갈릴래아 지방을 통과할 때에도 예수는 제자들에게 이 사실을 알리지 말라고 당부합니다. 그것은 그의 수난과 부활에 대하여 제자들에게 더 자세히 가르치기 위함이었다고 마르코는 설명하고 있습니다.(마르 9:32)

예수는 제자들과 함께 예루살렘으로 향합니다. 이때 제자들은 예수의 늠름하고 당당한 걸음걸이에 또 한 번 놀랐을 것입니다. 죽음을 앞두고도 단호했기 때문입니다. 그러나 예루살렘 성에 입성하는 예수의 행색은 초라하기 이를 데 없었습니다. 군중들은 그가 멋진 말을 타고 성 안에 있는 지배자들을 쳐부수고 승리의 함성을 내지르기를 기대했을지도 모릅니다. 그러나 예수가 타고 온 것은 나귀 새끼였습니다. 초라한 행색이기는 하더라도 예수에게 뭔가 비장한 것이 있을 것이라고 생각했는지 군중들은 이렇게 외칩니다. 한 번 더 인용해 봅니다.

● 타보르 산의 사건
타보르 산은 이스라엘 나자렛의 남동쪽 약 10킬로미터 지점의 평원에 있다. 《구약성서》에 의하면 기원전 1200년경 여판관 데보라(Deborah)가 인솔한 이스라엘 부족이 이 산에 진을 치고 가나안군의 전차대와 싸워서 승리를 거두었다고 한다. 또한 예수가 제자 베드로와 야고보와 요한 앞에서 갑자기 모습이 변해서 모세, 엘리야와 이야기했다는 '그리스도의 변모(transfiguration)'가 일어난 산이다.

저 사람 누구야? 뭐야?

웅성웅성

"호산나! 주의 이름으로 오시는 이여, 찬미받으소서! 우리 조상 다윗의 나라가 온다. 만세! 높은 하늘에서도 호산나!"(마르 11:9-10)

하지만 군중들의 기대는 완전히 빗나갔습니다. 예수의 목적은 그들이 생각한 것처럼 기득권 세력을 쳐부수고 새로운 나라를 세우기 위한 것이 아니었으며, 오히려 온 세상 사람이 보도록 십자가에 못 박혀 죽는 것이었습니다. 이것이 예수가 미리 예언한, 사람의 일과 하느님의 일의 차이였던 것입니다. 많은 사람의 환호성 속에서 예루살렘 성에 입성한 예수는 제자들과 함께 베다니아로 나갑니다.(마르 11:11)

예수가 만일 자신의 힘에 의지해 기득권 세력을 쳐부수고 유다의 왕이 되었다면, 그 지역 사회는 구원하였을지라도 범우주적인 구원자의 반열에 들지는 못했을 것입니다.

예루살렘에서의 수난과 처형

예루살렘 성에 입성한 다음날, 예수는 성전부터 깨끗이 정화합니다. 당시 성전 안에서는 율법학자들과 바리사이인들이 율법을 멋대로 해석하여 생활 법규를 제정하고, 이스라엘 백성들에게 그 법규대로 살 것을 강요하였습니다.

로마 제국과 이스라엘 지배 계층은 서로 암묵적인 거래가 있었을 것입니다. 이스라엘 지배 계층은 강력한 외세의 힘에 의존해서 성전을 점유했을 뿐 아니라 하느님까지 독점하고, 그것을 미끼로 유다인들이 갖고 있는 돈을 부정한 돈이라며 이스라엘 돈으로 환전하게 하여 수수료를 갈취하였습니다. 또 성전에 재물로 바치는 짐승을 독점하여 이익을 남겼습니다. 성전을 위해 전체 유다인에게서 모든 소득의 십일조를 강요했을 뿐만 아니라, 그 민족을 대표하는 권력인 성전의 '장'이라는 직책을 매관매직하는 경우도 허다했습니다.

> 예수께서는 성전 뜰 안으로 들어가 거기에서 팔고 사고 하는 사람들을 다 쫓아내시고 환금상들의 탁자와 비둘기 장수들의 의자를 엎으셨다. 그리고 그들에게 "성서에 '내 집은 기도하는 집이라고 불리리라.' 했는데 너희는 이 집을 '강도의 소굴'로 만들었다."하고 나무라셨다.(마태 21:12-13)

성전을 정화하는 예수의 모습은 분노로 가득 찬 백성의 모습을 보는 듯합니다. 〈마르코의 복음서〉에 따르면 예수의 성전 정화 사건이 그가 로마 군대에 체포되는 직접적 이유라고 합니다.(마르 11:18) 이는 예수의 죽음이 종교적·경제적·정치적 문제와 깊이 관련되어 있음을 시사합니다.

예수는 성전 안팎으로 하느님의 말씀을 전했습니다. 함정에 빠뜨리기 위한 술수도 교묘하게 빠져나갔습니다. 그러나 예수의 모함 세력들은 유월절이 토요일과 겹치자 하루 앞당긴 금요일에 예수를 해치울 계략을 꾸밉니다. 그들은 예수의 열두 제자 가운데 유

〈성전에서 환전상들을 쫓아내는 그리스도〉
렘브란트, 1626, 모스크바 푸슈킨 미술관.

다를 은 30냥에 꼬드겨 예수가 있는 곳으로 안내하도록 했습니다. 예수는 '때가 온 것'을 알고 목요일 밤에 열두 제자와 함께 최후의 만찬을 가집니다. 예수는 제자들이 식사를 하고 있을 때에 빵을 들어 축복하고 다음과 같이 말합니다.

"받아먹어라. 이것은 내 몸이다."(마르 14:22)

또 잔을 들어서 다음과 같이 말씀하십니다.

"이것은 나의 피다. 많은 사람을 위하여 내가 흘리는 계약의 피다."
(마르 14:24)

예수는 떡과 포도주를 '내 피로 세운 새 언약'이라고 하며 이 '성찬° 규례를 지키도록 권하였습니다. 오늘날 교회에서 행해지는 성찬식의 유래는 '최후의 만찬'에서 예수가 말한 예수 자신을 기념하라는 권고에서 출발한 것입니다. 이러한 성찬식에 대한 이해는 교회마다 조금씩 다릅니다.°

식사를 마치고 예수는 제자들과 〈시편〉을 노래하고, 키드론 시내를 거쳐 감람 산에 올라, 게쎄마니 동산에서 기도하십니다. 이 기도는 땀방울이 피가 되도록 드린 간절한 기도가 되었습니다. 그는 자신의 뜻이 아니라 하느님의 뜻에 순종함으로써 십자가를 향해 걸어갑니다.

이미 유다를 길잡이로 군병들이 몰려오고 있었습니다. 제자들은

• 성찬 聖餐
그리스도가 제정한 성사 중의 하나. 그리스도가 죽기 전날 밤 예루살렘에서 열두 제자들과 함께 최후의 만찬을 하면서 자신의 죽음을 기념하여 의식을 거행하도록 제자들에게 명령하였다.

• 성찬식에서 떡과 포도주가 예수의 살과 피로 모두 변한다는 주장(가톨릭교회)과 부분적으로 변한다는 주장(루터교회), 그리고 영적 차원에서 그것은 상징적이라는 주장(개혁교회)이 있다.

〈최후의 만찬〉
레오나르도 다 빈치, 1493~
1497, 밀라노 산티마리아 델
라 그라치에 성당.

● 가야파
예수의 처형에 참여한 유다의
대제사장. 본명은 요셉, 가야파
는 별명이다. 예수 승천 후에
는 사도들을 핍박했다.

두려움에 떨며 모두 흩어지고, 예수는 대제사장 가야파●에게로 끌
려갑니다. 그곳에는 서기관과 장로 들이 모여 있었습니다. 대제사
장들과 함께 온 공회당원들은 예수를 죽이기 위해 거짓 증인 두 사
람을 데려옵니다. 그들은 "우리는 이 사람이 '나는 사람의 손으로
지은 이 성전을 헐어 버리고 사람의 손으로 짓지 않은 새 성전을 사
흘 안에 세우겠다'라고 큰소리치는 것을 들은 일이 있습니다."(마르
14:58)라고 말합니다. 그러나 두 사람의 증언은 일치하지가 않습니
다. 그러자 대제사장은 단도직입적으로 예수에게 "네가 하느님의
아들 그리스도냐?"라고 묻습니다. 이에 예수는 당당히 다음과 같이
대답합니다.

"그렇다. 너희는 사람의 아들이 전능하신 분의 오른편에 앉아 있는
것과 하늘의 구름을 타고 오는 것을 볼 것이다."(마르 14:62)

예수의 말을 들은 대제사장은 이를 '신성 모독' 행위로 규정하고,

그 자리에 있던 사람들은 모두 예수를 죽여 마땅하다고 고발합니다. 그리고 예수의 얼굴에 침을 뱉으며, 그의 얼굴을 가리고 주먹으로 치면서 다음과 같이 비아냥거리기도 합니다.

"자, 누가 때렸는지 알아맞혀 보아라."(마르 14:63)

그 무렵 대제사장 집 뜰에서 이 상황을 몰래 지켜보던 베드로는 옆에 있던 여종들이 "너도 예수와 같은 패거리가 아니냐?"라고 세 번 묻자 세 번 모두 부인하고 도망쳤습니다. 그때 닭이 울었고, 베드로는 자신이 닭이 두 번 울기 전에 세 번 부인할 것이라는 스승의 예언이 생각나서 통곡합니다.(마르 14:30)

한편 유다가 뒤늦게 자신의 잘못을 뉘우치고 대제사장과 장로들에게 찾아가 죄를 고백하니, 그들은 오히려 그에게 죄를 덮어씌워 버립니다. 그래서 그는 은 30냥을 성소에 던져 버리고 자살을 선택합니다. 대제사장과 장로들은 성소에 던져진 은 30냥을 보고 피값이라 성전고에 넣을 수 없다고 판단하여 의논 끝에 토기장이의 밭을 사서 '나그네의 묘지'로 삼았습니다. 오늘날까지 그 밭을 '피밭'이라고 부릅니다.

다음날 새벽, 예수를 죽이기로 결정을 내린 대제사장과 장로 들이 예수를 총독 빌라도에게 끌고 갑니다. 빌라도가 예수에게 "네가 유다인의 왕이냐?" 하고 묻자, 예수는 "네 말이 옳도다."(마르 15:2)라고 짧게 대답한 뒤 침묵합니다. 유다인들이 빌라도에게 거짓증언을 해도, 예수는 아무런 대꾸도 하지 않았습니다. 빌라도는 죄목이 없는 예수를 사형시킬 수 없어 난감해하다가, 군중들에게 한 가지 제안합니다.

명절이 되면 총독은 군중이 요구하는 대로 죄수 하나를 놓아주는 관례가 있었다. 마침 그때에 바라빠라는 이름난 죄수가 있었다. 빌라도는 모여든 군중에게 "누구를 놓아주면 좋겠느냐? 바라빠라는 예수냐? 그리스도라는 예수냐?" 하고 물었다.(마태 27:15-17)

그러자 대제사장들과 장로들 그리고 군중들은 모두 하나같이 "바라빠"라고 외칩니다. 이에 빌라도는 예수란 자가 죄목이 없다는 것을 알았지만, 그냥 지나치면 군중들이 폭동을 일으킬까 걱정이 되었습니다. 빌라도의 입장에서 군중의 폭동은 자신의 출세와 깊은 연관이 있었습니다. 유다인들을 로마 제국의 지배를 받고 있었으나, 그 세력은 무시할 수 없을 정도로 영향력이 컸습니다. 그리하여 빌라도는 바라빠를 놓아주고, 예수를 채찍질한 뒤에 십자가에 매달아 처형시킵니다.(마르 15:15)

로마인들이 예수의 죽음에 동참했다는 것은, 그들이 예수를 위험한 정치 선동가이자 지배 세력인 자신들을 위협하는 자로 생각했기 때문일 것입니다. 만일 유다의 지배층이 유다의 최고의결기구에 해당하는 산헤드린*에서 예수의 사형 집행 허가를 받아냈다면, 그들은 예수를 돌로 쳤을 것입니다. 왜냐하면 십자가형은 사실상 로마의 형벌이기 때문입니다.

총독의 로마 군병들은 예수를 골고다* 언덕길로 데리고 가는 동

• 산헤드린
모든 유다의 도시에 유다교 법에 의해 세워진 23명의 판관들의 모임. 대산헤드린은 유다교의 판관들의 모임으로 최고 법원(현대의 대법원) 역할을 하는 고대 이스라엘의 재판 기구였다. 대산헤드린은 지도자인 나쉬(대제사장), 코헨 가돌(대사제), 아브 베잇 딘(부판관), 그리고 69명의 평의원으로 이루어졌다. 산헤드린은 재판기구 외에 그리스도교를 세우는 중요한 회의로서의 역할도 했다.

• 골고다
《신약성서》의 《마태오의 복음서》에 나오는, 그리스도가 처형당한 장소. 예루살렘 성벽 밖에 있으며, 아람어로 '해골의 장소'라는 뜻이다.

〈십자가에 못 박힌 그리스도〉
히에로니뮈스 보스, 1480~14
85, 안트베르펜 왕립미술관.

안 예수를 희롱하며 학대하였습니다. 그럼에도 예수는 저항하지 않고 묵묵히 그들의 조롱과 폭력을 감싸안았습니다. 예수의 죽음은 강자가 약자를 죽이고 약자가 역으로 강자가 되어 승리하고자 하는 악순환의 고리를 없애기 위한 진정한 죽음을 의미하는 것이었습니다. 예수는 침묵 속에 온갖 능욕과 곤고(困苦)를 당하면서, 자신의 몸이 달릴 육중한 십자가 형틀을 지고 골고다 언덕을 향해 올라갑니다.

예수는 로마의 사형틀인 십자가에 매달린 채 하늘과 땅 사이에 높이 올려졌습니다. 죄명이 아닌 '유다인의 왕'이라고 쓴 팻말이 달린 십자가에 못 박힌 채, 갖은 조롱과 모욕을 당했습니다.

> "하하, 너는 성전을 헐고 사흘 안에 다시 짓는다더니, 십자가에서 내려와 네 목숨이나 건져 보아라."(마르 15:29-30)

구경꾼들과 함께 대제사장들과 서기관들이 희롱하면서, 다음과 같이 외칩니다.

> "남을 살리면서 자기는 살리지 못하는구나!"(마르 15:31)

복음서에 따르면, 예수는 십자가 위에서 일곱 번 말하였으며, 이에 대한 해석들이 구구합니다. 그러나 〈마르코의 복음서〉에 따르면, 단 한 번 크게 소리치면서 숨을 거둡니다.

"엘로이, 엘로이, 레마 사박타니?"(마르 15:34)

이 말은 당시 사용하던 아람어인데, 번역하면, "나의 하느님, 나의 하느님, 어찌하여 나를 버리셨나이까?"라는 뜻입니다. 이 말은 앞서 언급한 대로 《구약성서》의 〈시편〉을 인용한 말입니다.(시편 22:1) 예수는 아버지인 하느님께도 철저하게 버려진 상태가 된 것입니다. 인간의 죄와 이에 대한 형벌의 죽음이 진실한 것이라면, 지금 인간의 죄를 대신하여 죽는 예수의 죽음 또한 진실한 것이어야 합니다. 그는 하느님의 아들임에도, 하느님으로부터 버림을 받고 완전히 죽지 않으면 안 되었습니다. 그러나 이것은 세상에 대한 하느님의 패배를 의미하는 것이 아닙니다. 그의 마지막 말로 전해지는 "다 이루었다."(요한 19:30)라는 말은 그가 완전히 승리했음을 뜻하는 진실한 선언입니다. 그는 죽음에 이르기까지 하느님이 주신 마지막 잔을 마시고 '많은 사람의 대속물'로 자신의 생명을 바친 것입니다.

예수는 십자가에 달린 지 여섯 시간 만인 오후 세 시경에 운명하였습니다. 그가 숨을 거두는 순간, 성전에서는 하느님이 계신 지성소와 사람들 사이에 가로놓인 휘장이 찢어졌습니다. 이 장면을 목격한 로마군의 백부장은 다음과 같이 말합니다.

"이 사람이야말로 정말 하느님의 아들이었구나!"(마르 15:39)

이것은 인간과 하느님 사이를 가로막고 있던 요소들이 예수의 죽음을 통해서 제거되었음을 의미하는 것입니다. 누구든지 예수가 우리의 죄를 없애 주기 위해서 죽었다는 것을 믿기만 한다면 구원을 얻는다는 그리스도교적 대속의 교리는 여기에서 출발하는 것입니다. 바울로는 다음과 같이 예수를 평가합니다.

한 사람의 불순종으로 많은 사람이 죄인이 된 것과는 달리 한 사람의 순종으로 많은 사람이 하느님과 올바른 관계를 가지게 될 것입니다. ……그래서 죄는 세상에 군림하여 죽음을 가져다주었지만, 은총은 군림하여 우리 주 예수 그리스도로 말미암아 모든 사람을 하느님과 올바른 관계에 있게 하고 영원한 생명에 이르게 합니다.(로마 5:19, 21)

이것은 그리스도교 신앙의 핵심입니다. 사람들은 이로 말미암아 하느님을 직접 볼 수 있게 된 것입니다. 유다인들의 성막*의 지성소에는 제사장만이 들어갈 수 있었습니다. 지성소에 들어가는 제사장은 방울을 달고 들어가야만 했습니다. 하느님을 뵙다가 죄 때문에 죽는 제사장들이 있었기 때문이죠.

그러나 이제 지성소의 출입은 예수를 통해서 누구든지 가능해졌습니다. 이것은 온전히 예수가 십자가 위에서 죽었기 때문에 이뤄진 일입니다. 이때는 기원후 30년경이었으며, 예수의 나이는 35세 정도 되었을 것으로 추정합니다.

예수의 죽음은 당시 권력을 거머쥔 제사장들과 율법학자들과 빌라도 같은 로마인 지배자들의 합작품이라고 할 수 있습니다. 죽음을 맞이한 예수는 십자가에 달린 채로 저녁 무렵까지 방

• 성막 聖幕
이스라엘 민족이 광야에서 생활할 때 이동할 수 있게 만든 성전. 내부는 성소와 지성소로 나뉘었다.

치되었습니다. 그러나 아리마태아*에 사는 요셉*이라는 사람이 빌라도에게 찾아가서 예수의 시신을 내어 달라고 요청합니다. 죽음을 확인한 빌라도는 요셉에게 시신을 내어 줍니다. 요셉은 예수의 시신을 베에 싸서 바위를 깎아 만든 무덤에 장사를 지내고 돌로 무덤을 막아 두었습니다. 이것으로 예수에 대한 사건은 모두 종결되는 것으로 여겨집니다. 그러나 하느님의 역사는 이제부터 시작됩니다. 사람들이 '끝'이라고 선언할 때, 하느님은 '시작'을 말하기 때문입니다. 그렇다면 하느님의 '시작'은 어떠했는지 살펴보도록 하겠습니다.

부활 사건

한동안 예루살렘 안팎에서 요동치던 예수라는 청년이 죽은 뒤, 이스라엘 사람들은 각자 자기의 자리로 돌아가고 예수를 따르던 무리들도 모두 낙담했을 것이 분명합니다. 그중에는 여기저기 숨어 있는 제자도 있었을 것이고, 고향으로 돌아가는 제자도 있었을 것입니다.

전통적으로 이스라엘 사람들은 십자가에 매달려 죽은 사람을 '저주받은 사람'으로 인식하였기 때문에 그의 무덤을 찾아가는 것은 대단한 용기가 필요한 일이었습니다. 그러나 몇 사람의 여성들, 즉 막달라 마리아*와 야고보의 어머니 마리아와 살로메*는 예수의 시신에 기름이라도 부어 영결*의 성의를 표하려고 안식일 다음날 새벽에 무덤을 찾았습니다.(마르 16:1-2) 그러나 무덤에 있던 흰옷을 입은 한 청년이 여인들에게 다음과 같이 말합니다.

- **아리마태아**
  예루살렘 서북 32킬로미터 지점의 유다인 마을. 현재의 세펠라(Shephelah) 지방 구릉지대에 있는 렌티스(Rentis)로 보고 있다.

- **요셉**
  《신약성서》에 나오는 에프라임 아리마태아 출신의 예수의 제자. 산헤드린의 의원이었으며, 은밀히 예수를 따르며 제자가 되었다.

- **막달라 마리아**
  그리스도의 여제자이자 성녀로, 막달라 마리아로 통칭된다. 갈릴래아 서쪽에 위치한 막달라가 고향이다. '일곱 악령'에 시달리다가 예수가 병을 고쳐 준 덕분에 살아났고, 이후 예수를 따르게 되었다.

- **살로메**
  《신약성서》에 나오는 인물로, 예수의 어머니인 마리아와 자매지간으로 알려져 있다.

- **영결 永訣**
  산 사람과 죽은 사람이 영원히 이별함.

"겁내지 마라. 너희는 십자가에 달리셨던 나자렛 사람 예수를 찾고 있지만 예수는 다시 살아나셨고 여기에는 계시지 않다. 보아라. 여기가 예수의 시체를 모셨던 곳이다. 자, 가서 제자들과 베드로에게 예수께서는 전에 말씀하신 대로 그들보다 먼저 갈릴래아로 가실 것이니 거기서 그분을 만나게 될 것이라고 전하여라."(마르 16:6-7)

예수 자신이 예고한 대로 부활한 것입니다.(마르 14:28) 여기에서 주목해야 할 것은 공관복음서에 나타나는 차이입니다. 〈루가의 복음서〉는 예루살렘에서 죽은 그가 그곳에서 부활했을 뿐 아니라 또한 그곳에서 나타날 것을 전제하면서, "갈릴래아에 계셨을 때 너희에게 말한 것을 기억하라."(24:6-7)라고 구체적으로 표현하고 있습니다. 예루살렘에서 부활한 예수가 다시 나타날 것이며 필연적으로 그래야만 한다고 보는 〈루가의 복음서〉의 내용은 〈마르코의 복음서〉와 차이가 있습니다.

부활하신 예수는 신비한 몸이었습니다. 부활 후 여러 곳의 제자들에게 나타났습니다. 닫혀 있는 방안에 모여 있던 제자들에게 홀연히 나타나는가 하면, 제자들과 함께 음식을 잡수시기도 했고, 제자들이 그의 몸을 만질 수도 있었습니다. 이로써 십자가 사건을 통해 좌절하고 있던 제자들과 예수를 따르던 무리들에게 희망을 불어넣어 주었습니다. 이것이 하느님의 '시작'입니다.

예수 부활 사건에 관한 복음서 기록에는 두 가지 공통점이 있습니다. 하나는 무덤이 비었다는 점이며, 또 하나는 예수가 여러 번 제자들 앞에 나타났다는 점입니다. 빈 무덤을 발견했다는 것은, 어

베드로야, 안 자고 뭐 하니?

짠

뿅

헉!

야호

끄헤헤

떤 의미에서든 예수의 부활이 단순한 환상이 아니라 분명히 신체의 변화가 있었음을 의미한다는 점입니다. 그러나 죽은 육체가 다시 이전의 육체로 살아났다는 의미는 아닙니다. 육체가 영생할 수는 없기 때문입니다. 부활체란 영생하는 몸입니다. 부활체는 이 세상에 속한 육체가 아니라, 하느님 나라에 속한 것입니다. 이러한 까닭에 복음서에서 말한 것과 같이 문이 닫힌 방에도 능히 나타날 수 있으며, 예루살렘과 갈릴래아에서도 순식간에 나타날 수 있었습니다.

〈예수의 부활〉
노엘 쿠아펠, 1700, 브르타뉴 렌 미술관.

부활은 죽음에 대한 승리였습니다. 하느님이 언젠가 죽게 되는 인간을 생명으로 구원하는 사업은 예수의 십자가와 부활 속에서 이루신 것입니다. 십자가의 의미는 부활에 있고, 부활의 의미는 십자가에 있습니다. 십자가의 속죄를 믿는 이들은 부활의 생명도 믿게 되었습니다.

하느님 나라

예수의 핵심적인 사상은 '하느님 나라'의 선포에 있다고 하겠습니다. 매우 추상적으로 들리는 이 말은 〈마르코의 복음서〉에 의하면 40일간의 광야 생활을 끝낸 후 가장 먼저 외친 말씀 속에 있습니다.

"때가 다 되어 하느님의 나라가 다가왔다. 회개하고 이 복음을 믿어라."(마르 1:15)

하느님 나라가 임박했음을 고쳐시키는 구절이라고 하겠습니다. 이 구절에서 '때'는 그리스어 '카이로스kairos'를 번역한 것입니다. 카이로스는 인간이 일상적으로 느끼는 시간이 아니라, 하느님의 종말 시간과 관련된 결정적인 시간을 지칭할 때 사용하는 단어입니다. 따라서 하느님의 뜻이 완성될 시간이 최종적으로 도래했음을 뜻합니다. 원시 교회 공동체는 이러한 예수의 선포를 오해하여 하느님의 '때'를 세상의 심판적인 종말과 멸망으로 이해하기도 하였습니다. 그러나 이러한 오해는 곧 수정되었습니다.

예수를 그리스도라고 고백하는 것은 '하느님께서 하늘 보좌를 버리시고 이 땅에 오셨음'을 믿는 것입니다. 그것은 하느님이 이 세상을 사랑한다는 '기쁜 소식(복음)'이 되는 것입니다. 한없이 부족한 인간을 사랑한 하느님을 믿는 것, 그것이 바로 예수의 '하느님 나라 운동'입니다. 이 하느님 나라 운동은 예수의 부활 사건 이후 '성령의 능력'으로 이어지게 되었고, 모든 교회에 위임되었습니다. 그렇기 때문에 하느님 나라 운동은 예수를 믿는 모든 이들이 성령의 능력에 힘입어 계속되었습니다.

〈마르코의 복음서〉에서 하느님 나라가 이미 예수의 치유, 귀신 축출, 기적 들을 통해 도래하였음을 가시적으로 보여 주었습니다. 예수 시대의 우주관에 따르면, 질병과 자연 재앙의 위력은 모두 인간의 생명을 위협하고 파괴하는 악마의 세력들에 의한 것으로 간주되었습니다. 하느님의 통치는 이러한 악마적 세력을 멸하는 하느님의 권능과 관련되어 있습니다. 〈루가의 복음서〉에서 예수는, 〈이사야〉 61장 1절부터 2절까지를 인용해 하느님 나라 운동이 희년의 정치적, 경제적 해방과 연관되어 있음을 시사합니다.

주님의 성령이 나에게 내리셨다.

주께서 나에게 기름을 부으시어

가난한 이들에게

복음을 전하게 하셨다.

주께서 나를 보내시어

묶인 사람들에게는 해방을 알려주고 눈먼 사람들은 보게 하고,

억눌린 사람들에게는 자유를 주며

주님의 은총의 해를 선포하게 하셨다. (루가 4:18-19)

〈루가의 복음서〉를 통해 예수가 선포한 '하느님 나라'가 어떤 의미를 지니는 것인지 구체적으로 알 수 있습니다. 하느님 나라는 우리가 살아가는 세상과 무관한 피안적인 세계가 아니라, 우리가 발붙이고 살아가는 이 땅에서의 구원의 감격을 만끽하면서 살아가는 것입니다. 하느님 나라는 축제의 한마당과도 같은 장소를 의미합니다. 그래서 하느님 나라의 비유 중 많은 부분이 잔치로 묘사됩니다. 〈마태오의 복음서〉와 〈루가의 복음서〉는 하느님 나라를 모든 이에게 개방된 종말의 메시아 잔치에 비유합니다.

"많은 사람이 사방에서 모여들어 하늘 나라에서 아브라함과 이사악과 야곱과 함께 잔치에 참석할 것이다." (마태 8:11)

"하늘 나라는 겨자씨에 비길 수 있다. 어떤 사람이 밭에 겨자씨를 뿌렸다. 겨자씨는 모든 씨앗 중에서 가장 작은 것이지만, 싹이 트고 자라나면 어느 푸성귀보다도 커져서 공중의 새들이 날아와 그 가지에 깃들일 만큼 큰 나무가 된다."(마태 13:31-32, 루가 13:18-19)

"어떤 여자가 누룩을 밀가루 서 말 속에 집어넣었더니 온통 부풀어 올랐다. 하늘 나라는 이런 누룩에 비길 수 있다."(마태 13:33, 루가 13: 21)

예수는 하느님 나라를 구체적으로 정의하지는 않지만, 그의 삶과 말씀을 통해서 어떠한 세상을 꿈꾸었는지 가늠할 수 있습니다. 앞에서 살펴보았듯이 예수는 비유를 통해 하느님 나라의 성격을 은유적으로 표현할 뿐입니다. 예수의 화법에서 우리는 하느님 나라를 실재하는 어떤 장소로 전제하지 않았다는 사실을 알게 됩니다. 그것은 우리들이 이루어야 할 세상을 말하는 것입니다. 하느님은 특정한 사람들에게 그 임무를 부여한 것이 아니라 이 땅을 살아가는 우리들 모두에게 풍요로운 삶의 장소가 되도록 노력해야만 하는 책무를 주었습니다. 이것은 인간의 필연적인 요소이지, 해도 되고 안 해도 되는 선택의 문제가 아닙니다. 예수의 하느님 나라에 대한 선포는 저 멀리 있는 막연한 세계를 그리는 것이 아니라, 이미 우리 눈앞에 펼쳐진 가시적인 세계를 가리킵니다. 그리스도교적 종말이란 마지막에 완성될 하느님 나라가 아니라, 지금 여기에서 우리 모두가 누리며 행하는 그 시간을 뜻합니다.

그리스도교적 인간관

그리스도교적 인간관은 인간에 대해 '하느님의 형상Imago Dei'을 따라 지음 받은 하느님의 피조물이라고 합니다.(창세 1:26) 최초의 아담은 하느님의 형상을 한, 영원한 생명력을 지닌 존재였습니다. 하지만 하느님의 말씀을 어기고 뱀의 말을 듣고 죄를 짓게 되면서 무한성(영원한 생명)을 잃고 유한한(죽음) 존재가 되었습니다. 그리고 인간은 이 죄로 인하여 노동하여 그 소산물을 먹고 살아가는 존재가 되었습니다. 그뿐만 아니라 여자는 해산하는 고통을 얻게 되었습니다. 그리스도교의 전통은 이러한 《성서》의 전거를 들어 노동을 천한 것으로, 여자를 죄인으로 간주하였습니다. 또 남자의 갈비뼈로 만든 여자가 남자를 꼬드겨 죄를 짓게 되었으니, 여자로 인하여 죄가 세상에 들어왔다고 봐왔습니다. 이러한 이유로 수천 년 동안 남성은 여성을 억압했습니다. 그러나 갈비뼈의 상징은 남녀가 한 몸이라는 것에 있는 것이지, 우열을 가리기 위한 것이 아닙니다. 죄의 문제도 그렇습니다. 죄는 남녀의 합작품이지 어느 누구의 책임을 묻기 위한 소재가 아닙니다. 하느님은 우열을 가리는 것이 아니라, '함께'하는 것에 관심을 두고 있습니다.

인간은 누구나 혼자서는 존재할 수 없습니다. '나'라는 존재는 '너'가 있을 때에 가능해집니다. 하느님 역시도 '스스로 존재하는 자'(출애 3:14)이지만, 피조 세계 없이는 존재할 수 없습니다. 그래서 예수는 "서로 사랑하라."라는 말을 끊임없이 한 것입니다. 그리고 예수 그리스도는 '부활' 사건을 통해, 인간이 유한한 세계에서 유한한 존재로 살지만, 본래 무한한 생명을 가지고 태어났음을 입증합니다.

예수를 믿는 자들은 그 부활 신앙을 믿는 것으로부터 출발하는 것입니다. 이는 이 땅에서 살아가는 동안 목숨을 다해서 이웃 사랑을 실천할 수 있는 근거가 되기도 합니다. 예수는 '하느님 형상'의 표본이 되었는데, 그리스도교적 인간관은 '예수 그리스도'에 대한 믿음입니다.

6부

교회 공동체와
선교 운동

6부는 예수 그리스도의 승천 이후, 그의 제자들이 어떻게 교회 공동체를 이루어 가는지에 대한 과정을 다루고 있습니다. 유다교의 바리사이인이던 사울의 회심은 그리스도교의 전기를 마련하는 중요한 사건이 되었습니다. 사울은 바울로로 개명하고 목숨을 아끼지 않는 선교 여행을 통하여 예수 그리스도의 가르침과 자신이 경험한 '부활한 예수'를 사람들에게 전하면서 그리스도교의 초석을 놓습니다. 그가 가는 지역마다 교회 공동체가 세워졌다는 사실은 그가 쓴 서신들을 통해 잘 드러납니다. 이처럼 6부에서는 교회 공동체가 세워지는 배경과 과정 그리고 바울로의 선교 여행 등을 낱낱이 소개합니다. 오늘날 교회는 그들의 노력에 힘입어 세워진 성도들의 교제의 장소이자, 하느님에 대한 예배처소가 되었습니다.

교회의 시작과
사도 바울로의 공헌

    가시적인 교회가 언제부터 출현했는지 명확하게 규명하는 일은 쉽지 않습니다. 예수가 승천昇天하면서 제자들에게 "너희는 온 세상에 나가서, 만민에게 복음을 전파하여라."(마르 16:15)라고 말한 것이 교회의 본질적인 사명이 되었습니다. 대부분의 학자들은 교회의 시작을 〈사도행전〉 2장의 '마르코의 다락방' 모임에서 찾습니다.

    여기에서 예수가 약속한대로 불같은 성령이 오순절 마르코의 다락방에 임하고, 각기 다른 지방에서 온 사람들의 언어가 서로 소통되는 경험을 합니다. 그들의 모습이 참으로 뜨겁고 활기차서 신자가 아닌 사람들이 그들에게 "술에 취했다."(사도 2:13)라고 조롱할 정도였습니다.

    베드로가 예수 그리스도의 이름으로 세례를 받고 죄의 용서함을 받으라고 선포하였을 때, 신도의 수가 삼천 명이나 늘어났다고 합니다. 모여든 신도들은 사도들의 가르침에 몰두하며, 서로 사귀는 일과 함께 음식을 먹는 일과 기도에 힘썼습니다. 믿는 사람은 모두 함께 지내면서, 모든 것을 공동으로 소유하고, 재산과 소유물을 팔아서, 모든 사람이 필요한 만큼 나누어 가졌습니다.(사도 2:42-45)

    당시 이스라엘 민족은 유다교를 믿었습니다. 유다교의 입장에서 예수를 '그리스도'라고 믿는 것은 신성 모독이었기 때문에 그들은 그리스도인들을 박해하고 죽이기까지 했습니다. 원시 교회의 집사 7인 가운데 스데파노 집사와 예수의 제자 야고보가 그들에게 순교 당할 정도로 그리스도인 박해는 절정에 다다랐습니다. 그럼에도 원시 교회 신자들은 예수가 그리스도라는 사실을 온 유다 지방과 이방 지역인 사마리아에까지 퍼뜨렸습니다. 이때 앞장서서 그리스도인들을 박해하던 바리사이파인이 있었으니, 그가 바로 '사울(바울로)'이라는 사람입니다.

그는 히브리 문화와 그리스 문화에 정통한 학자였습니다. 사울은 처음에는 그리스도교를 유다교의 변종 내지는 이단, 또는 하느님을 모독하는 집단으로 여겼습니다. 예수 시대 당시에 율법학자들이 주장한 내용을 사울은 철저히 지켰기 때문입니다. 그러나 다마스쿠스에서의 사건은 사울이 그리스도교의 지도자가 되는 계기가 되었으며, 이후 그는 '사도 바울로'라는 역사적 인물로 우뚝 서게 되었습니다. 그는 이방 선교의 주역으로 수많은 지역을 돌아다니면서 교회를 세웁니다.

예루살렘 교회가 예수의 제자들을 중심으로 유다인 신자들이 모인 곳이라면, 안티오키아 교회는 사도 바울로를 중심으로 이방인 신자들이 모인 곳입니다. 안티오키아 교회는 세계 선교의 중심지였습니다. 바울로는 안티오키아 교회를 중심으로 소아시아(지금의 터키), 그리스, 로마에 이르기까지 이방 세계에 널리 복음을 전하였습니다. 오늘날 그리스도교가 전 세계적으로 퍼진 것은 바울로의 공헌이라고 해도 과언이 아닙니다. 〈사도행전〉은 안티오키아 교회를 중심으로 바울로가 1, 2, 3차 선교 여행을 하는 것과 마지막에 예루살렘에서 체포되어 로마에 압송되는 일까지 자세히 묘사합니다.

이제부터 그리스도교 교회의 시작과 파란만장한 사도 바울로의 삶을 통해 《성서》로의 여행을 떠나 보도록 하겠습니다.

01 바울로의 생애와 그의 전환

● ● ● 오늘날 전해지는 그리스도교의 교리는 바울로에 의해서 체계화되었다고 해도 과언이 아닙니다. 언급하였듯이 그는 본래 유다교 교리에 정통한 학자였으며, 부활한 예수를 만나면서 '사도使徒'라는 호칭을 사용하게 됩니다. 사도라는 칭호는 복음 전파를 위해 부름 받은 예수의 열두 제자에게 사용하는 언어이지만, 바울로는 자신도 부활한 예수를 만났기 때문에 스스로 사도라고 합니다. 이것은 예수를 직접 만나지 않았더라도 성령을 통해 예수를 믿게 된다면 누구든지 예수의 제자가 된다는 신앙을 가능케 하는 것입니다.

흔히 사용하는 '인생 역전'이라는 말은 복권에 당첨되어 부자가 된다든지, 자신의 열악한 주변 환경을 극복하고 삶이 발전적으로 달라졌을 때를 가리켜서 사용하곤 합니다. 그러나 바울로는 남부럽지 않은 지위와 명예를 가지고 있었음에도 예수의 말씀을 전하기 위해 인생 역전을 감행한 사람입니다. 세상의 논리와 거꾸로 간 인물이지요. 그는 유다교의 율법학자인 바리사이인으로서 높은 사회적 지위와 명성을 가지고 있었으나, 그 자리를 포기하고 복음을 전하기 위해 갖은 핍박을 당하면서 도처를 찾아다녔습니다. 그리고 《신약성서》의 열여섯 권에 달하는 많은 책들을 썼다고도 전해집니다.

이번 장에서는 바울로가 어떤 계기를 통하여 삶이 변화되었는지 그리고 그 이후의 삶은 어떠했는지에 대해서 구체적으로 살펴보겠습니다.

열광적 실천가 사울

사울은 예수와 동시대의 인물이었습니다. 그는 엄격한 디아스포라 유다인의 가정에서 태어났습니다. 그가 출생한 다르소● 시는 로마의 통치를 받고 있던 길리기아 지방의 수도였습니다. 사울은 당대의 대학자이며 바리사이파의 지도자급인 가믈리엘의 문하에서 율법의 엄격한 방식에 따라 교육을 받았다고 자신을 소개합니다.(사도 22:3)

사울은 자신이 "하느님에 대하여 최선을 다해 섬겼다."라고 고백하였는데, 이로써 자신의 신분에 대하여 대단한 자부심을 갖고 있었던 것으로 판단됩니다. 더불어 자신은 "이스라엘 백성 가운데서

바울로
초기 그리스도교의 포교와 신학에 주춧돌을 놓은 사도. 로마 가톨릭 교회(Roman Catholic Church)에서는 '바오', 개신교 (Protestant Church)에서는 '바울'이라는 이름으로 잘 알려져 있다. 성공회(聖公會)에서는 공동번역성서의 번역에 따라 바울로라고 하는데, 바울이라고 부르기도 한다. 세 차례 대선교 여행을 하며 '이방인의 사도'로서 사명을 다하였다. 오늘의 그리스도교가 있게 한 사상가 가운데 가장 중추적 인물이다.

● **다르소**
소아시아 지방의 고대 도시. 현재명은 타르수스로, 터키 중남부 이첼 주에 있는 도시이다.

● 할례

남자 성기의 표피를 자르는 행
위. 하느님이 그의 백성과 맺
은 '언약'의 표시로서, 이스라
엘의 남자 어린이들은 출생한
지 8일 후에 할례를 받는 것을
율법으로 규정하고 있다. 할례
를 받지 않은 자는 이방인으로
간주되었다.

도 베냐민 지파에 태어났으며 난 지 여드레 만에 할례˚를 받았고
히브리 사람 가운데서도 히브리 사람입니다. 나는 율법으로 말하면
바리사이파 사람이며 열성으로 말하면 교회를 박해하던 사람입니
다. 율법을 지킴으로써 올바른 사람으로 인정을 받는다면 나는 조
금도 흠이 없는 사람입니다."(필립 3:5-6)라고 평가합니다.

사울 자신의 진술대로라면 그는 유다인 율법에 대하여 흠이 없다
고 여겼고, 열심을 다해 하느님을 섬겼기 때문에 교회, 즉 예수를
그리스도라고 믿는 사람들을 핍박하였다고 고백합니다. 사울은 당
시의 그리스 문화, 즉 헬레니즘 분위기에서 자라났습니다. 그가 유
다인들 중에서도 그리스어로 번역된 《성서》를 사용하였고 예루살
렘에서는 히브리어 《성서》와 갖가지 바리사이인 전승을 연구했다
는 등의 기록을 보면, 범상치 않은 인물임을 알 수 있습니다.

사울은 율법을 문자 그대로 고집하는 유다교 정통주의자는 아니
었습니다. 오히려 개혁적인 계통의 유다인에 속했습니다. 한마디
로 그는 개방적인 종교 의식을 갖추고 있었던 것입니다. 그런데 사
울에게도 절대 용인할 수 없는 것이 있었습니다. 그것은 바로 예수
를 '그리스도'라고 믿는 그리스도교인들이었습니다. 모세의 율법과
하느님을 모독하는 나자렛 출신의 30대 청년 예수가 자신들의 '구
원자'라고 믿는 것은 덕망 있는 율법학자 사울에게 도무지 용인될
수 없는, 신성 모독에 해당하는 것이었습니다. 즉 변두리 출신의 청
년 예수가 곧 메시아요, 하느님 아들이요, 주님이라는 신앙은 하느
님을 모독하는 광신적인 것이 아닐 수 없었습니다. 모세의 율법과
성전을 자신의 권위 아래 둔다는 것은 종교적 오만이 아닐 수 없었

고, 3일 만에 죽은 자 가운데서 부활했다는 것 또한 황당한 미신이 아닐 수 없었을 것입니다.

그리하여 사울은 혈안血眼이 되어 그리스도인 박해의 선봉에 나서게 된 것입니다. 이스라엘 백성이 스데파노˙ 집사를 죽이는 현장에서도 사울은 그의 죽음이 정당한 것이라고 생각하였습니다.(사도 8:1) 사울은 국외인 시리아 수도 다마스쿠스에까지 가서 그곳에 있는 그리스도인을 체포하기 위해 대제사장을 찾아가 그 권한을 받아 냅니다. 그는 그리스도인들을 예루살렘으로 잡아들여 유다인의 율법에 따라 심판하는 것이 절대적인 하느님의 일이라고 생각하였고, 자신의 일에 최선을 다했습니다.

바울로로의 변화

말을 탄 사울 일행이 다마스쿠스 시에 거의 당도했을 때의 일입니다. 갑자기 하늘로부터 빛이 쏟아지면서 사울은 땅바닥에 널브러져 신비한 체험을 하게 되었습니다. 하늘에서 내리쬐는 무서운 섬광과 함께 소리가 들려옵니다.

"사울아, 사울아, 네가 왜 나를 박해하느냐?"(사도 9:4)

사울은 갑자기 들려오는 소리에 놀라 누구냐고 묻습니다. 그때 빛으로부터 나오는 소리가 대답합니다.

- 스데파노
《신약성서》 〈사도행전〉에 나오는 인물로, 그리스도교 역사상 최초의 순교자. 구제 사업에 힘썼고 설교를 잘하였다.

다마스쿠스 Damascus
시리아의 수도. 현존하는 도시 중 역사가 가장 오래된 도시로서, 이슬람 문화의 4대 도시(메카, 메디나, 예루살렘, 다마스쿠스)에 속한다. 수많은 이슬람 학자들의 수련장이었으며, 메소포타미아와 이집트를 연결하는 대상 무역로, 아라비아 반도와의 통상로 등 교통의 중심지였다. 대부분의 볼거리들은 바자르를 둘러싸고 있는 로마 시대의 성벽 안에 밀집해 있다. 미나렛(첨탑)과 우마이야 모스크, 유리로 천장을 만든 모스크, 로마 시대의 기둥들과 성문들, 그리고 사도 바울로의 눈을 치료한 아나니아의 교회 등이 있다.

"나는 네가 박해하는 예수다."(사도 9:5)

사울은 부활한 예수를 만난 것입니다. 이토록 신비로운 체험이 어떻게 가능한지에 대해서 《성서》는 대답하지 않습니다. 이 사건은 그리스도인의 박해자요, 덕망 있는 율법학자인 사울을 그리스도교의 창시자인 바울로로 변화시키는 역사적 계기가 되었습니다. 그리고 빛으로부터 나온 소리는 덧붙여 말합니다.

"일어나서 시내로 들어가거라. 그러면 네가 해야 할 일을 일러줄 사람이 있을 것이다."(사도 9:6)

〈성 바울로의 개종〉
바울로는 그리스도교인들을 박해하기 위해서 다마스쿠스에 가던 중 예수의 나타남을 보고 예수의 제자 아나니아에게 세례를 받았다. 그리스도교인이 된 후 성 바르나바의 중재로 사도들과 교제하였다. 하지만 바울로가 활동하던 시기에는 그리스도교가 독립된 종교가 아니라, 나자렛 사람, 즉 나자렛 예수를 메시아로 믿는 유다교 소종파였기 때문에 개종으로 보는 것은 바람직하지 않다고 보는 시각도 있다. 카라바조, 1600~1601, 로마 산타마리아 델 포폴로 성당.

사울과 동행하던 사람들은 이 소리만 들었을 뿐 아무것도 보지 못했습니다. 사울은 땅에서 일어났으나, 그때부터 앞이 보이지 않아서 사람들의 손에 이끌려 다마스쿠스로 갑니다. 사울은 사흘 동안 보지 못하고 아무것도 먹지 않았으며, 다만 하느님께 기도할 따름이었습니다. 다마스쿠스로 가는 길에서 겪은 신비한 체험은 율법학자인 사울에게 너무도 큰 충격이었던 듯합니다. 《성서》는 하느님께서 사울을 다음과 같은 목적으로 불렀다고 기록합니다.

"그래도 가야 한다. 그 사람은 내가 뽑은 인재로서 내 이름을 이방인들과 제왕들과 이스라엘 백성들에게 널리 전파할 사람이다."(사도 9:15)

위의 말씀은 다마스쿠스에 살고 있던 아나니아라는 예수의 제자에게 나타난 하느님의 계시 말씀입니다. 하느님은 아나니아에게 사울을 만나도록 주선합니다. 하느님의 지시를 받은 아나니아의 방문으로 사울은 세례를 받고 시력을 다시 찾은 후, 즉시 다마스쿠스의 회당에서 '예수가 하느님의 아들'임을 전파하기 시작합니다.(사도 9:20) 사울의 이런 모습을 목격한 사람들은 누구라도 놀라지 않을 수 없었을 것입니다. 그 뒤 그는 기도와 명상과 그리스도교적 진리 탐구와 그리스도와의 영적 교제를 위하여 아라비아 사막에서 3년을 보냈습니다. 그리고 다시 다마스쿠스에서 그리스도의 복음을 전파합니다. 그러나 유다인들은 그를 죽이려 음모를 꾸몄습니다. 이 사실을 안 그의 제자들이 사울을 광주리에 담아 성밖으로 넘겨주었습니다. 사울은 예루살렘으로 가서 베드로를 만난 뒤 고향인 다르소로 돌아와 숨은 전도자로 10여 년을 지냅니다.

유다인과 이방인으로 혼성된 안티오키아 교회가 급속히 자라남에 따라 창의적이고, 유능한 지도자가 필요해졌습니다. 예루살렘 교회에서는 그 최적임자로 바르나바를 파송했습니다. 바르나바는 그 교회의 위치가 중대함을 느끼고 다르소 시로 찾아가 바울로를 데리고 옵니다. 그들은 1년 동안 함께 그 교회에서 봉사합니다.

바르나바
《신약성서》〈사도행전〉에 나오는 키프로스 태생의 유다인. 히브리 이름은 요셉이며, 바르나바는 사도들이 '위로의 아들'이라는 뜻으로 지어준 애칭이다. 사울이 부활한 예수의 목소리를 듣는 경험으로 회심했다는 사실을 사도들에게 알려줌으로써 서로 교류할 수 있도록 하였다. 또한 안티오키아 교회에서 같이 목회하는 등 사울이 사도로 성장하는 데 큰 도움을 주었다.

복음을 위하여

제1차 선교 여행 : 예루살렘 회의
바울로의 개종은 그리스도교의 세계 선교가 시작됨을 의미하는 사건입니다. 안티오키아 교회에 세계적인 비전을 가진 예언자와 교사 다섯 사람이 있었습니다. 그 다섯은 바르나바, 니게르라고도 하는 시므온, 키레네 사람 루기오, 분봉왕 헤로데의 젖동생 마나엔, 바울로였습니다. 이들이 세계 선교를 염원하면서 금식하고 주를 섬기며 성령의 지시를 기다릴 때, 성령께서 다음과 같이 말합니다.

> "내가 불러 시키는 일을 위하여 바르나바와 사울을 따로 세우라."
>
> (사도 13:2)

하느님의 지시에 따라 그들은 바르나바와 사울에게 안수하고 키프로스 섬으로 보냅니다. 그리하여 바르나바와 바울로의 제1차 선교 여행이 발족되었습니다. 그들은 키프로스 섬에 들려 소아시아 반도 해안 베르게 항에 상륙하여 지금의 터키 중앙부 일대의 도시를 찾아 다니며 선교하였습니다. 그리스도를 믿음으로써 구원을 얻을 수 있다는 것을 전하였고, 믿는 자에게는 성령이 임하여 새 생명을 받는 것을 보았으며, 성령의 권능으로 병이 치유되는 기적을 체험합니다. 가는 곳마다 믿는 자가 생김과 동시에 또 적극적으로 반발하는 무리들도 생겨나 박해를 받기도 합니다. 박해는 받더라도 성령의 위로와 평화가 동시에 쏟아지는 체험을 합니다.

이들은 시리아 안티오키아에서 출발하여, 실류기아에 내려가 거기에서 배를 타고 키프로스의 살

● **니게르**
시므온의 로마식 이름. '검다'라는 뜻. 시므온은 북아프리카 출신이었다.

● **젖동생**
자기의 유모(乳母)가 낳은 아들이나 딸.

● **안수 按手**
기도를 할 때 또는 성직 수여식이나 기타 교회의 예식에서, 주례자가 신자의 머리 위에 손을 얹는 일.

바울로가 매 맞은 바포
북키프로스의 서쪽에 있는 항구 도시. 현재명은 파포스. 바울로와 바르나바가 1차 선교 여행 때 터키의 실류기아에서 배를 타고 살라미스로 가서 섬 중앙을 통해 육지로 이곳에 도착했다.(사도 13:4~6)

라미스에 이르러 회당에서 복음을 전합니다. 그리고 바포, 밤필리아, 베르게를 거쳐 비시디아 안티오키아에 이르러 회당에서 또 복음을 전합니다. 그리고 이고니온*에서는 많은 사람이 그들을 믿게 되지만 대적자들이 능욕과 돌로 치려 하는 음모를 알고, 루가오니아 지방의 리스트라 성과 데르베 성으로 도망갑니다. 그리고 다시 이고니온, 비시디아 안티오키아, 베르게, 아딸리아, 실류기아를 거쳐 시리아 안티오키아로 다시 돌아옵니다.

바울로와 바르나바가 기쁨에 넘쳐 제1차 선교 여행을 마치고 돌아왔을 때, 원시 교회* 내부에서는 선교 방법에 대해 신학적으로 크게 두 갈래로 나뉘어 심한 논쟁이 벌어졌습니다. 원시 교회의 적극적인 노력으로 인해 유다인이 아닌 주변 이방 민족들까지도 예수를 그리스도라고 믿게 되자, 이들을 어떻게 그리스도교 교인으로 입교시킬 것인지에 대한 신학적 해석에 관한 논쟁이 벌어진 것입니다. 이것이 그 유명한 '예루살렘 회의'인데, 학계에서는 예루살렘 회의를 일컬어 최초의 '에큐메니컬 공의회'*라고도 합니다. 에큐메니컬 회의는 신학적인 차이를 조율하는 긴급하고 중요한 종교회의입니다.

예루살렘 회의에서 먼저 언급된 것은 할례와 모세율법에 관한 문제였습니다. 먼저 전통적으로 유다인들은 남자 아이가 태어나면 할례를 받아야 했는데, 이방 민족의 경우에는 할례를 받지 않았으므로 문제가 된 것입니다. 원시 교회는 그리스도교를 유다교에 뿌리를 둔 것으로 이해한 것입니다. 따라서 한편에서 이방인의 입교 시에 우선 할례부터 받아야 하며 유다인처럼 모세율법을 지켜야 한다

● 이고니온
터키 중부의 도시 코니아의 옛 이름. 세계에서 가장 오래된 도시로 손꼽히며, 통상 요로로 유명했다.

● 원시 교회
30년경 사도 시대부터 180년까지 형성된 그리스도교 공동체를 통칭하는 말.

● 에큐메니컬 공의회
로마 제국의 모든 지역 대표자들이 참석하는 고대의 교회 회의. '에큐메니컬'이라는 말은 그리스어 오이쿠메네에서 유래하는데 '사람이 살고 있는 전 세계'를 의미한다. 이 공의회의 결정은 모든 교회의 여론을 대표하며, 이때 제정한 신조를 에큐메니컬 신조라고 불렀다.

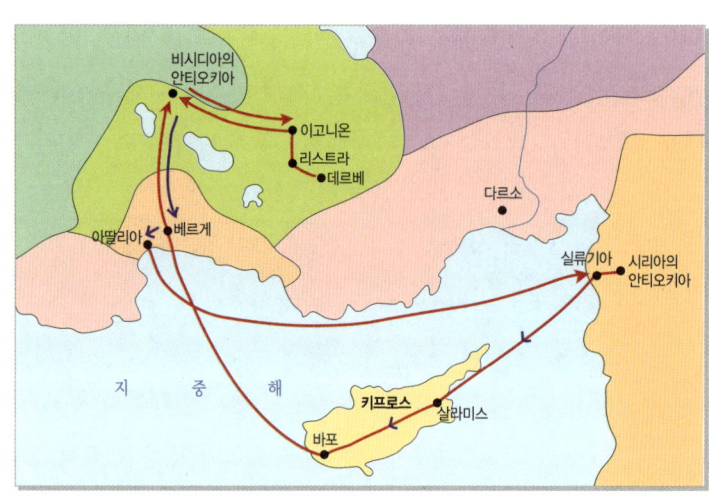

고 주장했습니다. 이에 대하여 베드로는 이방 민족과 유다 민족 사이에 어떠한 차별도 존재하지 않기 때문에 그러한 행위는 이방 민족에게 멍에를 메우게 하는 가혹한 행위라면서 반대하고 나섭니다.

그리고 바울로와 바르나바 역시 선교 현장에서 일어난 일들을 상세히 설명하면서 여행 중 나타난 하느님의 일에 대하여 보고합니다. 마지막으로 예수의 제자인 야고보는 옛 선지자들의 말을 인용하면서 다음과 같이 결론을 내립니다.

"내 의견은 하느님께로 돌아오는 이방인들을 괴롭힐 것이 아니라, 다만 우상에게 바쳐서 더러워진 것을 먹지 말고 음란한 행동을 하지 말고 목 졸라 죽인 짐승의 고기와 피를 먹지 말라고 편지를 띄웠으면 합니다."(사도 15:19~20)

이것은 그리스도교의 이방인 선교에 매우 중요한 이정표를 찍는 말입니다. 먼저의 주장은 구원의 조건으로 할례와 모세율법을 지키도록 하여 그리스도교 신앙인으로서의 증거를 보여야 한다는 것이었으며, 후자는 그리스도 신앙만이 유일한 구원의 조건이기 때문에 이방 민족의 전통을 존중하되 거룩하지 못한 행위에 대해서는 경고하는 것으로 족하다고 결론 내립니다. 바울로와 예수의 제자들은 전자에 대하여 절대적으로 반대의 입장을 취하였는데, 그것은 예수 그리스도 구원의 의미를 약화시키는 행위라고 보았기 때문입니다. 바울로가 쓴 〈로마인들에게 보낸 편지〉, 〈갈라디아인들에게 보낸 편지〉 등에는 이러한 입장, 즉 이방인에 대한 어떠한 차별도 존재하지 않는 하느님의 경륜에 대하여 구체적으로 언급하고 있습니다.

예루살렘 회의의 결과, 할례와 모세율법에 대한 강요를 하지 않게 되었으며, 몇 가지 윤리적인 문제만을 환기시켜 바울로와 바르나바를 다시 안티오키아 교회로 보냅니다. 바울로와 바르나바는 그곳에 머물면서 많은 사람에게 복음을 전하였습니다. 그러나 유다교의 정통주의자들은 이방 선교를 위해 보내진 바울로를 끊임없이 괴롭혔습니다.

제2차 선교 여행

바울로의 2차 선교 여행은 기원후 50년부터 52년 사이에 행해진 것으로 파악됩니다. 안티오키아에서 출발한 이 여행에서는 1차 여행의 동반자 바르나바 대신 실라를 동반합니다. 그리고 시리아와 길리기아 지방을 두루 다니며 모든 교회에 힘을 북돋아 줍니다. 그

2차 선교 여행 경로

뒤 바울로는 데르베에 들렀다가 리스트라로 갑니다. 리스트라에서 디모테오라는 신도를 만난 바울로는, 평판이 좋은 디모테오를 데리고 떠나기로 결심하고 그에게 할례를 베풀었습니다. 바울로 일행은 여러 도시를 두루 다니면서 예루살렘에 있는 사도들과 원로들이 정한 규정을 전해 주며 지키라고 하였습니다. 이로 인해 교회들의 믿음은 점점 더 굳건해졌으며, 신도의 수도 나날이 늘어갔습니다.

성령께서 소아시아에는 말씀을 전하지 못하게 하시므로 바울로 일행은 트로아스로 갑니다. 이곳에서 그는 마케도니아 사람이 그의 앞에 나타나 "마케도니아로 건너 와서 우리를 도와주십시오."라고 간청하는 신비로운 영상을 보게 됩니다. 그 영상을 보고 난 뒤에 그들은 마케도니아로 떠났습니다. 이것이 복음이 유럽게 들어간 첫 기록입니다.

이후 바울로 일행은 필립비로 갑니다. 그리고 그곳에서 귀신 들린 여종을 치료해 줍니다. 그 뒤 바울로와 실라는 데살로니카에 이르게 됩니다. 그곳에는 유다인의 회당이 있었는데, 바울로는 늘 하던 대로 유다인들의 모임에 가서 《성서》를 놓고 토론을 했습니다. 많은 그리스인과 적지 않은 귀부인들이 그들을 따르자, 이를 시기한 유다인들이 폭동을 일으킵니다. 바울로 일행은 베레아를 거쳐 아테네에 이르게 되고, 그곳에서 에피쿠로스와 스토아 철학자들과 논쟁을 벌입니다. 아테네를 떠난 바울로는 고린토로 갔는데, 그곳에서 바울로는 안식일마다 회당에서 유다인들과 그리스인들과 함께 토론을 벌이고 그들을 설복시키려 애씁니다. 일 년 육 개월 동안 거기에 머물면서 사람들에게 하느님 말씀을 전한 바울로는 그곳에서 만난 유다인 아퀼라와 함께 배를 타고 에페소로 갑니다. 에페소에 이른 바울로는 다시 가이사리아로 내려가서 예루살렘의 교회에 인사를 한 다음, 안티오키아로 갑니다. 여기에서 머무는 동안 갈라디아 지방의 교회들(제1선교 여행 때 설립된 여러 교회)이 이른바 할례당이라는 유다교적 그리스도교인(예루살렘이 본거지임)의 선전술에 넘어가서 바울로보다도 그들을 따라 율법주의로 전락해 간다는 소문을 듣고, 짧으나 대문서인 〈갈라디아인들에게 보낸 편지〉를 써 보냅니다.

바울로는 선교를 위해 세워진 사람이었습니다. 그의 복음에 대한 열정은 식을 줄을 모르고 계속되는데, 총독 페스도는 열정적으로 예수를 전하는 바울로를 두고 "미쳤다."(사도 26:24)라고까지 하였습니다. 그렇습니다. 바울로는 예수에 미친 사람이었습니다.

제3차 선교 여행

바울로의 3차 선교 여행은 기원후 53년부터 57년까지 행해진 것으로 파악됩니다. 그는 갈라디아 지방을 역방하고, 다시 에페소에 체류하며 부근 도시들에서 선교합니다. 역시 출발지는 시리아 안티오키아였습니다. 갈라디아와 프르기아에 차례로 들러 제자들의 믿음을 돌봅니다. 에페소에서는 요한의 세례만 아는 아폴로라는 유다인이 있었는데, 그에게 예수의 도를 전하고 귀신을 쫓아내고 마술책을 불사릅니다. 그리고 트로아스를 거쳐 배를 타고 밀레도스까지 갑니다. 밀레도스에서는 에페소 장로들을 청하여 고별 설교를 했는데, 장로들이 예루살렘에 가는 것을 만류합니다. 만류에도 불구하고 바울로는 띠로와 가이사리아를 거쳐 예루살렘에 도착합니다. 여기에서 바울로는 야고보와 장로들 앞에서 선교 보고를 합니다.

한편 고린토 교회가 분쟁과 윤리적 탈선 등으로 위기에 빠졌다는

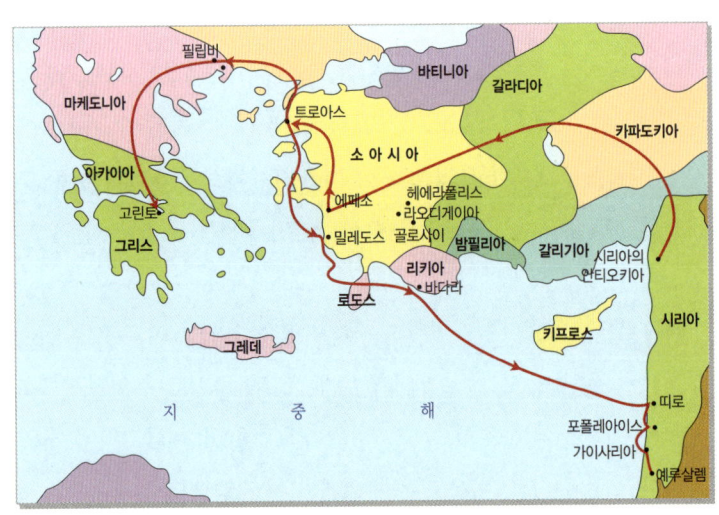

3차 선교 여행 경로

소문을 듣고 수차례에 걸쳐 서한을 보냄과 동시에 디도를 보내어 수습한 일도 있었습니다. 그 서한의 대부분이 〈고린토인들에게 보낸 편지〉에 수록되어 있습니다. 그는 '땅끝'이라고 생각하던 스페인에 십자가를 세우는 전초전으로 우선 로마에 머물기로 작정하였습니다. 그는 이방인 교회와 예루살렘 교회의 친교를 조장하기 위하여 마케도니아와 그리시아 지방 교회를 방문하며 사랑의 징표인 구호금을 모아서 예루살렘을 방문하기로 결심합니다. 그 길이 죽음으로의 행진임을 예감하면서도 그는 오히려 더 단호하였습니다.

● 디도
그리스 사람으로, 사도 바울로를 만나서 그리스도교로 개종했다. 디모테오와 더불어 바울로의 충실한 두 제자였다. 바울로가 크레타 섬의 주교가 된 디도에게 쓴 편지를 모은 〈디도에게 보낸 편지〉가 있다.

교회 공동체를 위하여

제3차 선교 여행에서 바울로는 자신의 예루살렘행을 만류하는 에페소 교회 장로들에게 예루살렘으로 가는 것은 하느님의 일이라는 것을 강조하면서, 다음과 같이 언급합니다.

"내 사명을 완수하고 하느님의 은총의 복음을 전하라고 주 예수께서 나에게 맡겨 주신 임무를 다할 수만 있다면, 나는 조금도 목숨을 아끼지 않겠습니다."(사도 20:24)

바울로는 장로들에게 '결박과 환란'이 기다리는 예루살렘으로 가는 것은, 성령에 사로잡혔기 때문이라고 말합니다. 에페소 교회의 장로들에게 "주는 것이 받는 것보다 복이 있다."(사도 20:35)라는 말로 고별 인사를 한 바울로는 하느님께 무릎을 꿇

에페소
서부 소아시아의 에게 해 연안(현재의 터키)에 위치한 도시. 고대 그리스의 아테네에 의해 기원전 7~6세기에 건립된 식민도시로, 그리스도교 초기 역사에서 빼놓을 수 없는 중요한 도시다. 〈사도행전〉에 따르면, 바울로가 전도와 사목을 한 교회 중 하나가 에페소 교회이다. 또한 〈요한의 묵시록〉에 등장하는 소아시아의 일곱 교회 중 하나가 에페소 교회일 정도로 1세기 그리스도교 역사에서 매우 비중 있는 곳이다.

고 기도합니다. 그 자리에 모인 장로들은 큰소리를 내며 울면서 바울로에게 입을 맞추고 배까지 배웅을 합니다.

바울로는 그의 일행과 배를 타고 코스, 바다라, 페니키아를 거쳐 띠로에서 일주일간 신도들과 함께 지내는데, 거기에서도 신도들이 그의 예루살렘행을 막으려고 합니다. 역시 바울로는 거절하고 기도 드린 후 배를 타고 떠납니다. 그리고 프톨레마이스를 거쳐 가이사리아에 도착, 일곱 집사의 한 사람으로 알려진 빌립보의 집에 머무는데, 또다시 사람들이 예루살렘으로 가지 말라고 말립니다. 그러나 바울로는 단호하게 거절하며 결연한 자세로 다음과 같이 이릅니다.

"왜들 이렇게 울면서 남의 마음을 흔들어 놓는 겁니까? 주 예수를 위해서 나는 예루살렘에 가서 묶일 뿐만 아니라 죽을 각오까지도 되어 있습니다."(사도 21:13)

바울로는 주위 사람들이 만류하는데도 갖은 핍박이 기다리고 있는 예루살렘에 도착합니다. 바울로는 먼저 유다교의 전통을 그대로 지키고 있는 사도 야고보를 중심으로 한 예루살렘 교회 지도자들을 방문합니다. 그는 그 지도층에게는 인정을 받았으나 교회 내의 유다교적 그리스도인들이 바울로에 대해서 분노하고 있으므로 그들에게 반율법적이지 않음을 확인시켜 줄 것을 권유받습니다. 바울로는 그들의 권유대로 따랐지만, 성전에서 유다주의 골수분자들의 선동에 의해 군중들에게 끌려 나오게 됩니다. 그리고 그들에게 구타를 당합니다. 이때 소동이 일어날 것을 염려한 로마의 천부장*이

● 천부장
그리스어 《성서》에 나오는 재판관 또는 1천 명을 거느리는 군대의 지휘관. 히브리어 '사르 엘레프'를 옮긴 말로, '천 명의 장(長)'을 뜻하며 재판관에 대해서도 쓰였다. 신약시대에는 군대의 계급을 가리키는 명칭으로, 천 명을 지휘하는 장교를 가리켰다. 예수를 체포하여 결박한 인물도 천부장의 지위를 가진 사람이었다.(요한 18:12)

이 소문을 듣고 급하게 군대를 이끌고 옵니다.(사도 21:31-32)

천부장은 바울로를 쇠사슬로 결박한 후에 그에 대한 자초지종을 묻습니다. 바울로는 변론의 기회를 얻어 자신이 유다교에 충실했다는 것과 예수를 따르는 그리스도교에 개종하게 된 과정을 이야기합니다. 그러나 유다 군중들은 분노의 함성을 내지르며 바울로를 죽이려고 합니다. 천부장은 바울로의 설교 도중에 유다 군중이 내지르는 분노의 함성이 높아지자 그를 다시 병영으로 데려 가도록 합니다. 이는 바울로를 보호하기 위해서였으나, 오히려 바울로는 채찍질당하고 가죽끈으로 결박되었다가 다음 날 그의 죄상을 알리기 위한 유다 민족 공의회인 산헤드린에 회부됩니다. 그러나 여전히 고소는 없고 바울로의 연설이 다시 시작됩니다. 여기에서 바리사이파와 사두가이파•의 쟁론이 벌어지는데, 천부장은 바울로에게서 죄를 발견하지 못하고, 총독 펠릭스에게 그가 무죄라는 편지와 함께 인계합니다. 그날 밤에 하느님은 바울로에게 다음과 같이 말합니다.

"용기를 내어라. 너는 예루살렘에서 나에 관하여 증언한 것처럼 로마에서도 증언해야 한다."(사도 23:11)

바울로가 로마로 가는 것은 이미 기정사실이 된 것처럼 보입니다. 《성서》에 따르면 그 모든 것이 하느님의 계획이었습니다. 펠릭스는 그를 감옥이 아니라 헤로데 관저에 연금해 두었습니다. 그리고 닷새 후 대제사장 아나니아가 친히 바울로를 다음과 같이 고소

• 사두가이파
신약시대에 있었던, 유다인의 한 종교 파벌. 작은 집단이었으나 상당한 영향력을 가지고 있었으며, 이들 중에서 많은 사람이 제사장이었다. 그들의 신앙은 주로 모세 오경에 기초를 두고 있었다. 바리사이파와 대조적으로 죽은 자의 부활과 천사와 영을 믿지 않았다.

합니다.

"우리가 알아본 결과, 이 자는 몹쓸 전염병 같은 놈으로서 온 천하에 있는 모든 유다인들을 선동하여 반란을 일으키려는 자이며, 나자렛 도당의 괴수입니다."(사도 24:5)

이에 대해 바울로는 자신이 율법에 비추어 흠이 없다는 것과 단지 '죽은 자들의 부활'을 설교한 것뿐임을 말하며 다시 한 번 자신을 변호합니다. 여기에서 중요한 것은 펠릭스 총독이 이미 그리스도에 대한 이야기를 알고 있었던 것 같다는 사실입니다. 그래서 부하들에게 바울로를 감금시키되 보호해 줄 것을 이릅니다. 그리고 펠릭스는 유다인인 자신의 아내와 함께, 수감된 바울로를 찾아 '예수를 믿는 도'에 대하여 듣습니다.

펠릭스의 후임은 페스도 총독입니다. 결국 바울로의 죄명을 밝히지 못한 펠릭스는 그를 2년 동안 그대로 투옥시켰다가 그의 후임인 페스도에게 인계합니다. 페스도는 그의 주재지에서 다시 예루살렘의 유다 종교 지도자들의 고소에 따라 심문을 하게 됩니다. 유다인들이 종교 재판에 넘겨 달라고 했으나, 바울로가 로마 카이사르에게 항소함으로써 그것은 거절됩니다. 바울로는 우연히 예루살렘을 방문한 아그리빠 왕 앞에서도 심문을 받습니다. 이때 바울로는 자신이 회심한 이야기를 들려주면서, 예수 그리스도에 대하여 증언합니다. 이에 대하여 아그리빠 왕은 바울로에게 다음과 같이 이릅니다.

● 카이사르 Caesar
본래 로마 공화정 말기의 정치가 카이사르와 그 양자(養子)인 아우구스투스의 성(姓). 아우구스투스에 의하여 로마 제국이 세워진 뒤에는 황제의 칭호이 되었다.

바울로의 로마 호송 지도

　　"그대는 그렇게 쉽게 나를 설복하여 그리스도인으로 만들 수 있다고 생각하는가?"(사도 26:28)

　　그러자 바울로는 다음과 같이 받아칩니다.

　　"쉽게든 어렵게든 저는 전하뿐 아니라 오늘 제 말을 듣고 있는 모든 사람이 다 저와 같은 사람이 되기를 하느님께 빕니다. 물론 이 쇠사슬만은 제외하고 말입니다."(사도 26:29)

　　아그리빠 왕과 그곳에 있던 모든 사람들은 바울로의 무죄를 인정하면서도, 이미 로마의 카이사르에게 상소했으므로 석방할 수 없다는 결론을 내립니다.

바울로는 로마로 호송되어 그곳에서 머물면서 생을 마감하는데, 그의 상소가 어떻게 되었는지는 알 길이 없습니다. 물론 교회 전통에 따르면, 그는 네로 황제 때 로마에서 순교했다고 전해질 따름입니다.

바울로의 편지

세계 각처에 예수를 전하기 위해 바울로는 도보로, 때로는 배로, 지중해 연안의 도시들을 찾아다녔습니다. 그리고 그가 가는 곳이면 어디든지 교회가 생겨났습니다. 교통이 불편하던 시절, 안티오키아에서 로마까지 한 번도 아니고 세 번씩이나 오가면서 예수의 복음을 전한 것에서 우리는 그의 선교 열정이 얼마나 뜨거웠는지를 알 수 있습니다.

그러나 바울로의 열정으로 생겨난 교회들이 순탄하게 유지된 것만은 아닙니다. 때로 교회에는 여러 가지 문제가 발생하게 했는데, 교회 관계자들은 이러한 고민을 감옥에 갇혀 있던 바울로와 편지를 통해 나눕니다. 그런 편지들에는 당면한 문제들에 대한 해결책뿐 아니라 신앙에 대한 지침이 될 만한 내용이 많았으므로, 교회는 그런 편지들을 귀하게 여기고 애독하게 되었습니다. 이때의 편지들이 나중에 《신약성서》로 묶이게 되었는데, 예를 들면 〈로마인들에게 보낸 편지〉, 〈갈라디아인들에게 보낸 편지〉, 〈고린토인들에게 보낸 첫째 편지〉, 〈고린토인들에게 보낸 둘째 편지〉, 〈필립비인들에게 보낸 편지〉, 〈데살로니카인들에게 보낸 편지〉, 〈필레몬인들에게 보낸 편지〉 등입니다. 바울로의 서신서들은 복음서들보다 수십 년 앞서 쓰인 것으로 《신약성서》 가운데 가장 오래된 문서라 할 수 있습니다.

처음 편지인 〈데살로니카인들에게 보낸 둘째 편지〉가 약 50년에 쓰였고 최후의 편지들인 〈필립비인들에게 보낸 편지〉와 〈필레몬인들에게 보낸 편지〉 등이 60년 이전에 쓰였으니, 결국 10여 년 동안에 그 많은 편지들을 쓴 것입니다. 이 편지들은 바울로가 직접 쓴 것, 그의 제자들이 쓴 것, 저자를 추측할 수 없는 것 등으로 나뉘는데, 실상 바울로가 쓴 편지는 10여 통 정도일 것으로 추측하고 있습니다.

이른바 '옥중서간'은 바울로가 감옥에 있을 때 쓴 것으로, 〈에페소인들에게 보내는 편지〉, 〈골로사이인들에게 보낸 편지〉, 〈필립비인들에게 보낸 편지〉, 〈필레몬인에게 보낸 편지〉입니다. 옥중서간에는 그리스 문화와 복음을 접목시키려는 바울로의 노력이 엿보입니다. 〈로마인들에게 보낸 편지〉와 〈갈라디아인들에게 보낸 편지〉에는 복음과 유다교를 접목시키려는 노력이, 〈고린토인들에게 보낸 편지〉에는 대도시 변두리에 사는 공동체들의 구체적인 생활 문제와 복음을 접목시키려는 노력이 반영되어 있습니다. '목회서신'으로는 〈디도에게 보낸 편지〉와 〈디모테오에게 보낸 편지〉가 있습니다. 이 두 편지에서는 1세기 말에 공동체들이 처한 어려운 상황을 반영하고 있고 또 그런 상황을 조정하기 위해 질서를 유지하고 올바른 교리를 전파하려는 노력이 엿보입니다.

바울로의 편지에서 발견되는 예수의 전승은 두 가지 성격을 지닙니다. 하나는 부활절 이전의 지상적 예수에 관한 구전 전승과, 둘째는 부활절 이후의 그리스도에 관한 전승입니다. 여기에서 입에서 입을 통해 유포되던 예수의 이야기를 바울로가 전수받아 기록했다는 것을 알 수 있습니다. 이러한 사실은 베드로나 야고보, 요한과 같이 예수와 함께 생활한 제자들에게서 전해 들었을 것입니다. 바울로는 복음서에서 빈번히 이야기되는 예수의 기적 수행이나 병자 치유에 대해서는 침묵하고 있습니다. 또 복음서에서 중요하게 다루어지는 예수의 수난사도 빠져 있습니다. 바울로의 초점은 예수의 죽음에 맞춰져 있을 뿐, 십자가 처형의 역사적 · 정치적 의미에 대해서는 관심을 두지 않습니다.

옛 존재와
새로운 존재

02

    • • • •   바울로가 다마스쿠스로 가는 길에서 보고 경험한 것은 무엇일까요? 〈사도행전〉에 따르면 바울로는 어떤 광채를 보고 눈이 어두워졌다고 하는데, 이 빛에 대하여 중요하게 언급하지는 않습니다. 바울로의 서신에서는 당시의 상황을 자주 언급하고 있습니다. "그리스도를 내 안에 보여 주었다."(갈라 1:6)라고 묘사하기도 하고, 〈고린토인들에게 보낸 둘째 편지〉에서는 "하느님의 영광을 아는 빛"(2고린 4:6)으로 묘사하기도 합니다.

  바울로는 '빛'을 〈창세기〉의 하느님 말씀과 연관시켰으며, 또 예수 그리스도와 상관시켜 자신의 경험을 풀어내고 있습니다. 바울로는 다마스쿠스의 체험을 자연 현상으로 표현하지 않고, 이 체험으로 인해 내면에서 어떠한 변화가 일어났는지에 관심을 두었습니다.

바울로의 회심

바울로의 고백은 부활한 예수를 만난 후 자신이 어떤 존재가 되었는지 보여줍니다.

"낡은 것은 사라지고 새것이 나타났습니다."(고후 5:17)

새로운 삶을 살게 된 바울로는, 이전에 삶의 유익한 부분들로 생각하던 '해로운 것'으로 여기게 되었고 '예수 그리스도를 아는 지식이 고상하다'라고 고백합니다. 부활한 예수를 만난 사건은 이전의 지식들이 '배설물'로 여겨질 정도로 강력한 체험이었습니다. 이 사건으로 그는 '새로운 피조물'이 되었습니다. 바울로의 이 경험을 '회심回心'이라고 부릅니다. 그러나 그것을 어떤 내적 고민이나 또는 죄책감에서 비롯된 회심으로 생각해서는 안 됩니다. 그는 과거의 삶을 단순히 잘못된 것이라고 말하거나 과거 자기의 삶이 부끄럽다고 말하지는 않습니다. 오히려 율법에 대해 흠이 없었음을 자랑하고 있습니다.(필립 3:6) 단지 예수를 통해 자신이 목숨처럼 지켜오던 율법에서 자유로워졌을 뿐만 아니라, 더욱 완전해졌음을 드러내고자 하는 것입니다. 그에게 예수는 '진리'이며 모든 피조 세계의 창조 질서입니다. 따라서 어느 누구도 '그리스도의 사랑'에서 우리를 끊을 수 없는 것이고,(로마 8:35) 어떤 피조물도 '하느님의 사랑'에서 끊을 수 없다고 선언

〈아테네에서 설교하는 사도 바울로〉
라파엘로, 1513~1514, 런던 빅토리아 앨버트 박물관.

합니다.(로마 8:39)

바울로의 회심은 하나의 새로운 결단을 의미하는 것입니다. 예수 그리스도의 은혜는 이스라엘 백성이 생각하던 율법의 차원을 넘어서 좀 더 포괄적인 의미를 내포하는 것이므로, 바울로는 이방 선교를 위하여 보내진 하느님의 사람으로 자각하기에 이른 것입니다.

"이제부터는 이방인 여러분에게 말씀드립니다. 나는 이방인들을 위한 사도로서 내가 맡은 직책을 영광으로 생각합니다."(로마 11:13)

바울로는 다른 사도들과는 달리 직접 예수와 생활하지 못했다는 약점을 가지고 있었습니다. 그럼에도 자신을 '사도'라고 자신 있게 말합니다. 이러한 주장이 어떻게 가능한 것일까요? 〈사도행전〉에서는 이에 대해 휘황찬란한 빛, 바울로가 땅에 엎어짐, 예수의 음성, 그리고 바울로가 눈이 멀게 됨 등의 사건으로 그림을 보여 주듯 극적으로 묘사합니다. 그러나 바울로 자신은 〈갈라디아인들에게 보낸 편지〉에서 그 과정을 '예수 그리스도께서 나타나심', '그 아들을 나에게 기꺼이 나타내 보이심'이라고 아주 짧게 묘사합니다.(갈라 1:11-16) 이것은 예수 그리스도에 대한 신앙에서 비롯된 것이라고 여겨집니다.

'예수 그리스도의 나타나심'이라는 구절은 《개역 성경》에서는 '예수 그리스도의 계시'로 번역하고 있습니다. 흔히 우리가 쓰는 말로는 '나타나심'과 '계시'는 상당히 다른 것처럼 느껴집니다. '나타나심'은 눈으로 볼 수 있는 것이지만, '계시'는 흔히 신비한 경험 가운데 어떤 지식이 전달되는 것을 의미하는 경우가 많기 때문입니다. 그러나 여기에 사용된 그리스어 '아포칼뤼프시스apokalypsis'는 이 두 가지 의미를 모두 포함하고 있습니다.

〈갈라디아인들에게 보낸 편지〉는 바울로가 자신을 모함하는 적대자들을 향해 쓴 글입니다. 그들이 바울로를 공격한 요점은, 바울로가 예수를 직접 뵌 제자가 아니기 때문에 그에게 사도 자격이 없다는 것입니다. 또 바울로는 예루살렘 사도들에게 의존하고 있는 처지이면서도, 예루살렘 사도들을 배반하고 자기 멋대로 무할례 이방 선교를 하고 있다고 비난을 퍼부었습니다. 바울로는 이런 비난에 대응하여, 자신이 전한 복음은 사람에게서 비롯된 것이 아니라, '예수 그리스도의 나타나심'으로 시작된 것임을 강조했습니다.

여기에서 바울로가 '예수 그리스도의 나타나심'이라는 구절을 어떤 의미로 썼는지 분명해집니다. 예수를 직접 뵙지 못해서 사도 자격이 없다고 모함하는 자들이 있는 상황에서, 바울로 자신이 예수 그리스도에 대한 지식을 계시받았다고 말할 리가 없습니다. 바울로는 그런 의미가 아니라 실제로 그 앞에 나타나신 분을 눈으로 뵈었다는 의미로, "내가 전한 그 복음은, 예수 그리스도께서 나타나심으로 받은 것입니다."라고 분명하게 밝히고 있습니다. 이는 그 다음에 나오는, "그 아들을 이방 사람에게 전하게 하시려고, 그 아들을 나에게 기꺼이 나타내 보이셨습니다."라는 구절에서 더욱 분명해집니다. 이것은 그의 앞에 예수 그리스도가 또렷이 나타난 사건, 즉 '다마스쿠스 사건'을 말하는 것입니다.

바울로가 다마스쿠스로 가는 길에서 체험한 것은 베일에 싸여 있지만, 그 사건의 결과는 바울로의 삶을 통해 매우 명확하게 드러나 있습니다. 다마스쿠스 도상의 사건을 계기로 그는 이전의 삶에서 돌아서서 완전히 새로운 삶을 살았다는 것입니다. 예수의 삶이 그러했듯이 바울로도 기존의 삶을 버리고 낮고 소외된 집단을 위한 존재로 새롭게 태어났습니다. 그리고 그는 예수의 전 생애를 신학적으로 새롭게 해석해 내는 강력한 인물이 되었습니다.

바울로가 이해한 예수 그리스도

바울로가 예수에게 사로잡힌 계기는 예수의 죽음과 부활 사건이었습니다. 바울로에 따르면 예수는 죽기 위해서 이 땅에 보내심을 받았으며, 그 죽음은 인간의 죽음을 대신한 희생이라고 보았습니다.(1고린 5:7) 바울로는 율법이나 제사 의식에서 생각하는 대속의 사상으로 그리스도의 죽음을 설명합니다.(로마 3:25) 지금부터는 바울로가 예수의 삶을 어떻게 이해했는지 크게 세 가지로 나누어 살펴보겠습니다.

먼저 예수를 하느님과 피조 세계의 화해자로 이해했습니다. 바울로는 인간을 포함한 모든 생명을 하느님과의 관계에서 보고 인간을 하느님 앞에 선 존재로 보았습니다. 그러나 인간은 하느님과의 관계를 스스로 끊음으로써 죽음에 이르는 존재가 되었는데, 그리스도가 죽으심으로 말미암아 인간과 하느님 사이에 막힌 담이 헐리고 서로 정상적인 교류가 가능하게 되었습니다.

둘째로 예수를 인간에게 자유를 준 분으로 이해했습니다. 여기서

폴리스

고대 그리스의 도시국가. 촌락이 모여 군주제에 대립하는 국가 형태로 발생하였으며, 기원전 10세기에서 기원전 8세기 사이에 형성되었다. 자연 풍토나 사회적·종교적 요인에 따라 수많은 폴리스가 분립하였으나, 그 규모는 대부분 아주 작았으며, 식민시로 성립한 것도 많다. 폴리스는 중심 시가와 농경지로 이루어졌으며, 자유와 자치를 그 이상으로 삼았다. 시민은 씨족 및 종교 공동체의 일원이었을 뿐만 아니라, 국가 공동체의 일원으로서 정치와 국방에 종사하였다.

● **봉건주 封建主**
봉건주의 제도에서 봉토를 소유한 영주나 제후.

자유란 당시의 그리스, 로마 시민이 누리던 자유가 아니라, 노예제도에서 벗어난 완전한 자유를 의미합니다. 그리스에서의 자유 개념은 폴리스와 관련이 있습니다. 폴리스에 속한 시민은 폴리스에서 해야 할 의무를 수행했을 때 모든 권리를 향유할 수 있었습니다. 그러므로 폴리스의 시민들에게는 자신의 일은 자신이 결정하는 권리가 주어졌습니다. 그런데 상업이 발달하면서 자주적으로 생계를 유지할 수 있는 계층이 도시를 형성하였습니다. 그 도시에서 시민권을 얻을 만큼 경제력을 마련한 자는, 봉건주의 예속에서 탈출해서 도시에 들어감과 동시에 자유인이 되는 사회 구조였습니다. 반면 경제력을 갖추지 못한 자는 노예로 전락할 수밖에 없었습니다. 따라서 봉건주 가족 외의 노동자는 봉건주에게 예속되어 일생동안 노동해야만 했습니다. 그들은 이 세상에 살고 있지만 사실상 죽은 몸이나 다름없었습니다. 바울로는 그리스도가 인간을 해방시킴으로써 인간이 자유의 몸이 되었다고 합니다.(갈라 5:1-15) 그는 무엇보다도 '어찌하라' 또는 '어찌하지 말라'로 된 율법으로부터의 자유, 그리고 율법에 의해서 규정된 죄로부터의 자유를 생각한 것입니다.

셋째는 인간을 의롭게 한 분으로 예수를 이해했습니다. 유다교에서 의롭다는 것은, 하느님과의 관계에서 가장 중요한 열쇠입니다. 의롭다고 함은 사람의 편에서 보면 하느님이 기뻐할 만한 자격을 갖추는 일이며, 하느님 편에서 보면 그가 완전무결하다는 것을 의미합니다.

어떤 사람들은 착한 일을 많이 하면 천국에 간다고 생각합니다. 하지만 그리스도교에서 이러한 생각은 통하지가 않습니다. 그렇다고 나쁜 행동을 하면서 살아도 좋다는 말은 아닙니다. 인간은 스스로 구원에 이를 수 없는 존재이기 때문에 하느님이 직접 재물이 되어 인간을 구원하신 것입니다. 그것이 예수 그리스도의 '십자가 사건'입니다. 이스라엘 민족의 율법주의에도 율법을 통해 구원에 이를 수 있다고 생각한 인간의 공로주의*가 내포되어 있다고 하겠습니다.

● 공로주의
인간의 공로로 구원받는다는 유다교의 사상.

> "하느님께서는 그리스도 예수를 통해서 모든 사람을 죄에서 풀어주시고, 당신과 올바른 관계를 가질 수 있는 은총을 거저 베풀어 주셨습니다." (로마 3:24)

하느님은 예수 그리스도를 통해서 불완전하여 죄인이 될 수밖에 없는 존재를 의롭게 여겨 주었습니다. 또 불완전한 존재인 인간을 가엽게 생각하시고 사랑으로 품어 주었습니다. 바울로의 구원은 자신의 공로에 있지 않고, 하느님께서 의롭다고 해 주신 은혜에 대한 인식에서 출발하였습니다.

새로운 존재

어떤 신학자들은 바울로 신학을 곧 '인간학'이라고 했습니다. 그러나 '인간학'이라고 보는 견해는 다소 편협할 수 있습니다. 바울로는, 인간 예수에 대한 자신의 생각을 말하였고 하느님이 예수를 통하여 인간을 포함한 모든 피조 세계를 구원하였음을 언급하고 있습니다. 문자가 인간의 표현수단이라는 것을 감안할 때, 《성서》는 인간을 위한 그리스도교 경전이라는 인식이 필요합니다. 사람들은 오랫동안 자신들이 우주의 중심이라고 생각하였지만, 바야흐로 인간이 우주의 일부라는 인식이 대두되면서 자연과 더불어 살아야 한다는 사실을 인식하기에 이르렀습니다. 따라서 여기에서 '이웃'이라는 언어를 사용할 때는 모든 피조 세계를 염두에 두어야 할 필요가 있습니다.

바울로를 비롯한 《성서》의 기록자들은 인간을 중심에 두는 것이 아니라 모든 피조 세계를 창조하신 하느님의 경륜 안에서 인간을 바라보고 있음을 잊지 말아야 합니다. 인간을 중심에 두고 《성서》를 읽어 간다면, 그것은 진정한 하느님의 말씀이 될 수 없습니다. 하느님의 말씀은 전 우주적인 피조 세계를 향해 있어야만 '하느님의 말씀'으로서 진정성이 부여될 것입니다.

앞을 향해 달리는 삶

예수를 믿기만 하면 천국에 간다고 말하는 이들이 있습니다. 그러나 여기에서 예수 그리스도를 향한 믿음이란 어떤 의미인지 깊이 생각해 보아야 합니다. 하느님께서 우리의 죄를 위하여 예수를 이 땅에 보내주심을 믿는 것은 매우 복된 일입니다. 하느님 편에서는 그것이 구원의 완성이라고 말할 수 있겠으나, 인간의 편에서 완성은 아닙니다. 사람이 구원에 이르는 과정을 그리스도교에서는 '거룩함의 성화*'라고 부르는데, 바울로는 다음과 같이 말합니다.

• 성화 聖化
신의 은총으로 의롭게 된 사람
이 성령으로 말미암아 거룩하
게 됨.

"형제 여러분, 나는 그것을 이미 붙들었다고 생각하지 않습니다. 다만 나는 내 뒤에 있는 것을 잊고 앞에 있는 것만 바라보면서 목표를 향하여 달려갈 뿐입니다. 하느님께서는 그리스도 예수를 통하여 나를 부르셔서 높은 곳에 살게 하십니다. 그것이 나의 목표이며, 내가 바라는 상입니다".(필립 3:13–14)

바울로는 자신의 업적(과거)으로부터 철저히 탈출합니다. 그리고 하느님께서 보여 주신 뭔가를 잡으려고 쉼 없이 달려갑니다. 그것은 참된 '나'에 대한 발견이라고 할 수 있습니다. 바울로는 과거나 자신의 업적에서가 아니라 미래에서 참된 '나'를 찾으려 하였고, 예수 그리스도 '안'에, 그리고 그의 '고난'에 '참여'하여, 예수가 그런 것처럼 자신도 '부활'의 신앙을 살려고 노력하였습니다.(필립 3:11)

바울로는 '나'로 살기 위해 과거를 버리고 단지 새로운 가능성이었을 뿐인 '모험의 길'에 뛰어들었습니다. 그는 바로 이 새로운 가능성에 자기를 내맡겼을 때 그리스도를 만났고, 그리스도 안에서 자기를 발견할 수 있는 길이 있음을 깨달았습니다. 그런데 바울로는 '아직' 자기는 그를 못 잡았다고 하면서, '그리스도 예수는 나를 잡으셨다'라고 고백합니다. 그에게는 여전히 '아직도 아니'었습니다.

하느님 앞에 선 존재
바울로는 갈라디아 교회에 격려의 편지를 보냅니다. 편지에는 책임을 다하는 그리스도인의 표상에 대해 구체적으로 적혀 있었습니다. 율법 아래에 있을 때를 '초등학문 아래에 있을 때'라고 하면서 종으로 비유합니다. 그러나 예수 그리스도의 은혜로 말미암아 하느님을 '아빠 아버지'라고 부를 수 있게 되었습니다. 그러므로 다음과 같이 이릅니다.

> "네가 이 후로는 종이 아니요 아들이니, 아들이면 하느님으로 말미암아 유업을 받을 자니라."(갈라 4:7)

종이나 아들은 관계에 의한 존재●입니다. 홀로 종일 수도 없으며, 홀로 아들일 수도 없습니다. 무엇 앞에서의 존재라는 것은 같으나, 어떠한 관계에 서 있느냐에 따라서 질적인 차이가 생깁니다. 한 사람이 종과 아들을 가졌다고 합시다. 이 둘은 그의 명령에 복종하기는 하더라도, 종은 어떤 명령을 받았을 때 왜 그것을 해야 하는지 알지 못한 채 기계처럼 움직입니다. 그 동기나 목적을 모르고 단지 명령받은 일 자체에만 관련합니다. 그러나 아들은 단순히 명령받았으니까 하는 것이 아니라, 그 아버지가 무엇을 원해서 이런 명령을 하는지 물을 수 있습니다.

따라서 하나는 법적인 복종이요, 다른 하나는 자주적인 참여입니다. 그리고 명령받아 일을 수행한 종은 그 일에 대해 책임지려고 하지 않으나, 아들은 아버지 앞에서 책임있는 존재가 되려고 합니다. 바울로는 예수 그리스도의 은혜로 말미암아 사람들이 하느님 앞에서 종이 아닌 아들이 되었다고 말합니다.

● 관계에 의한 존재
사회적 존재와 같은 의미이다. '나'라는 존재가 다른 존재와 아무 연관도 없이 단독으로 살아가는 것이 아니라, 남과 관계를 맺으면서 살아가는 과정에서 다른 차원의 존재로 바뀌는 것을 뜻한다.

또한 바울로는 어린이와 종을 비교합니다. 팔레스타인에서는 12세까지의 어린이를 부모의 예속물로 생각했습니다. 따라서 12세 이하의 어린이에게는 자유 대신 감시와 복종이 있을 뿐입니다. 그러나 12세가 되면 하느님께 바치는 예전*을 행합니다. 그때부터 어린이는 내적으로 부모의 것이 아니라 하느님의 것이 됩니다. 이것은 유다인에게는 율법이며, 다른 민족에게는 종교적 권위를 지닌 자연법이나 관습에 해당하였습니다. 바울로에게 인간은 그리스도를 통하여 아들이 됨으로써 율법이나 자연법 또는 관습법이라는 후견인이 전혀 필요 없게 되었음을 강조합니다.

바울로는 하느님의 자녀가 된 그리스도인에게 어떠한 차별도 더 이상 존재하지 않으며, 교회는 이러한 하느님의 자녀들이 모인 평등공동체임을 강조하였습니다.

> "유다인이나 그리스인이나 종이나 자유인이나 남자나 여자나 아무런 차별이 없습니다. 그리스도 예수 안에서 여러분은 모두 한 몸을 이루었기 때문입니다."(갈라 3:28)

이웃과 더불어 사는 존재

바울로의 삶에서 가장 중요한 것은 그리스도 공동체인 교회를 세우는 일이었습니다. 바울로는 교회를 '그리스도의 몸'으로 표상하였습니다.

> "몸은 하나이지만 많은 지체를 가지고 있고, 몸에 딸린 지체는 많지

● **예전 禮典**

고정된 순서를 따르는 예배 양식. 예배가 음악이라면, 예전은 악보에 비유할 수 있다. 예전에 따라 진행되는 예배를 예전적 예배 또는 예전 예배라고 한다.

만 그 모두가 한 몸을 이루는 것처럼 그리스도의 몸도 그러합니다."(1 고린 12:12)

이것은 다양성 속에서의 일치를 의미하는 것입니다. 바울로는 한 몸에 딸린 귀, 눈, 손, 머리, 발 등에 비유하면서, 이것들은 각자의 역할이 있지만 모두 몸에 붙어 있다고 말합니다. 더불어 사는 것은 한 사람의 지체*가 상호 의존해서 사는 것과 같습니다. 바울로는 교회 공동체에 다음과 같이 권면합니다.

● 지체 肢體
팔다리와 몸을 통틀어 이르는 말.

"기뻐하는 사람이 있으면 함께 기뻐해 주고 우는 사람이 있으면 함께 울어 주십시오."(로마 12:15)

이처럼 더불어 산다는 것이 '너' 없이 '나'가 있을 수 없는 관계이기에 모든 것에는 귀하고 천한 것이 있을 수 없습니다. 바울로는 갈라디아 교회에 보내는 서신에서 "더 이상 종이 아니라, 하느님의 아들이 되었다."라는 것을 강조하면서도 자신은 스스로 종이 될 것을 작정하였습니다.

"나는 어느 누구에게도 매여 있지 않는 자유인이지만 되도록 많은 사람을 얻으려고 스스로 모든 사람의 종이 되었습니다."(1고린 9:19)

바울로는 그리스도인은 예수 안에서 자유인이 되었음을 거듭 강조하였습니다. 그러나 한 몸이 된 이웃과 더불어 살아가기 위해 기꺼이 종이 되겠다고 합니다. 그는 오히려 그리스도의 은혜가 놀랍고 큰 것임을 알지만, 이웃을 위해서 "나는 혈육을 같이하는 내 동족을 위해서라면 나 자신이 저주를 받아 그리스도에게서 떨어져 나갈지라도 조금도 한이 없겠습니다."(로마 9:3)라고 말합니다. 이것이 가능한 까닭은 사랑이 있기 때문입니다. 바울로는 모든 계명을 집약하면, "네 이웃을 네 몸같이 사랑하여라."라는 말이 된다고 하였습니다.(로마 13:9) 이것은 예수의 모습에서도 찾아볼 수 있습니다.(마르 12:31) 더 거슬러 올라가면 모세에게서도 발견되는 모습입니다.(출애 32:32) 바울로는 사랑의 찬가의 결론을 다음과 같이 말합니다.

"그러므로 믿음과 희망과 사랑, 이 세 가지는 언제까지나 남아 있을 것입니다. 이 중에서 가장 위대한 것은 사랑입니다."(1고린 13:13)

예수 그리스도는 '율법의 완성'이며, 율법의 완성은 '사랑'입니다.(로마 13:10) 이것은 바울로의 서신서를 관통하는 중심 주제입니다. 믿음이 하느님 앞에서의 존재 형태라면, 사랑은 더불어 사는 존재의 삶의 양식인 것입니다. 이 둘은 바울로에게서도 불가분의 관계로 나타납니다.

03 보편적 세계 이상과 종말

● ● ● 　바울로는 제국의 수도 로마에 있는 그리스도
인들에게 보낸 편지(《로마인들에게 보낸 편지》)에서 세계에 대한 하느
님의 심판을 선언합니다. 그런데 이 글들은 인간의 죄악성을 추상
적으로 규탄하는 것이 아니라, 구체적인 사실들을 드러내는 것이었
습니다. 그것은 쾌락주의로 부패된 로마 제국에 성행하는, 이른바
변태적 성욕 추구 행위를 일삼는 상류 사회 계층과, 율법을 독점하
고 선민이 아니면서 하느님의 선민이라 자부하는 자들을 정죄하면
서도 정작 자신들은 아는 것과 사는 것이 전혀 다른 유다인들을 염
두에 두고 쓴 것입니다. 동시에 그는 세계 심판을 선고하고 있습
니다.

세계에 대한 하느님의 심판

바울로는 인간이 살아가는 세상이 악마의 지배 아래 놓여 있다고 말합니다.(2고린 4:4) 그러나 예수를 통해 어두운 세상에 '빛'이 들어온 것입니다. 예수를 믿는 신자들의 마음 가운데로 빛이 들어오기 때문에 악마의 지배를 받지 않게 되는 것입니다. 바울로는 세계를 다음과 같이 염세적* 관점으로 이해하고 있습니다.

● 염세적 厭世的
세상을 괴롭고 귀찮은 것으로
여겨 싫어하는 것.

> "올바른 사람은 없다. 단 한 사람도 없다. 깨닫는 사람도, 하느님을 찾는 사람도 없다. 모두가 비뚤어져 쓸모없게 되었다. 선한 일을 하는 사람은 없다. 단 한 사람도 없다. 그들의 목구멍은 열린 무덤이며 그들의 혀는 거짓을 말하고 입술에는 독사의 독이 흐르니 그들의 입은 저주와 독설로 가득하다. 그들의 발은 피 흘리는 일에 날쌔며 간 데마다 파괴와 비참을 남긴다. 그들은 평화의 길을 알지 못하고 그들의 눈에는 하느님을 두려워하는 기색이 없다."(로마 3:10-18)

70인역을 자주 인용하는 바울로는, 아담으로부터 세상에 죄가 들어오게 되었고, 그로 인해 죽음이 왕 노릇을 하게 되었지만, 예수 그리스도의 은총으로 말미암아 죽음을 극복하고 영생에 이르게 되었다고 선언합니다. 바울로는 율법 자체는 악이 아닌 선한 것이며 나아가 거룩한 것이지만, 결과적으로 그것이 사람을 죽이는 역할을 하게 된다고 말합니다. 율법은 본래 모세를 통해 인간에게 주어진 말씀이지만, 그것이 체계화되고 이데올로기가 될 때 사람을 노예로 만들어 버립니다.

"우리도 어렸을 때에는 자연 숭배에 얽매여 종노릇을 하고 있었습니다."(갈라 4:3)

그러나 율법의 완성인 예수 그리스도께서 이 땅에 왔는데도, 아직 그 사실을 모르는 유다인들이 율법에 매어 있음에 안타까워합니다. 바울로는 다음과 같은 말로 그 심정을 대변합니다.

"이제는 여러분이 하느님을 알고 있을 뿐만 아니라, 하느님께서 여러분을 알고 계신데 왜 또다시 그 무력하고 천한 자연 숭배로 되돌아가서 그것들의 종노릇을 하려고 합니까?"(갈라 4:9)

바울로의 구원론

● 피안 彼岸
삶의 진리를 깨닫고 도달할 수 있는 이상적 경지.

흔히 종교적 구원이라고 하면, 피안˙의 세계를 그리며 어지러운 이 세계에서 벗어나는 것을 생각합니다. 예컨대 불교나 힌두교에서는 이 세상의 속박으로부터 벗어나는 '해탈'을 생각해 내었으며, 어떤 그리스도교인들은 신비적 체험(누미노제)을 함으로 환상적인 세계 속으로 들어가려고도 합니다. 그러나 바울로가 말한, 세계에 대한 구원은 탈역사화된 종교를 말하고자 한 것이 아닙니다. 그것은 피안으로의 도피가 아닌 적극적인 삶으로의 초대를 말하고자 한 것입니다. 이는 예수를 통해 세상에 적극적으로 참여하기를 요구하는 것입니다.

바울로의 세계관은 당시 중동 아시아 일대의 사상의 흐름과 마찬가지로 비관적입니다. 그는 〈로마인들에게 보낸 편지〉●에서 세계에 대한 인상을 묘사합니다.(로마 8:18 이하) 그것을 한마디로 요약하자면, '신음하는 피조 세계'로 표현할 수 있습니다. 바울로의 이같은 자연관은 동양인들에게는 낯선 것이 아닙니다.

이른바 자본주의적 현대화는, 자연을 자연스럽게 두지 않고 파괴하고 동력화하여 인간의 이기심을 채우는 데 사용하고 있습니다. 인간만을 위한 것이라는 지배적인 사유를 하는 이들에게는 이러한 자연 존재가 다소 불편하겠지만, 바울로는 이 세계와 인간들의 신음 소리와 더불어 간절한 기다림의 소리를 듣고 있었습니다. 세계는 이 고통 속에서 '영광'의 상태, '해방', 궁극적인 '자유', 즉 구원을 기다립니다. 세계는 슬픔에 차 있지만, 동시에 희망에 차 있습니다. 어떤 이들은 이것을 최후 종말 때에 새 하늘과 새 땅이 열리는 신기한 사건으로 이해하기도 합니다. 그러나 바울로에게 구원은 만물의 해방은 물론 인간 형성과 직결된 것으로서, 물질 자체의 진화나 기계문명의 발달 같은 과정에서 직접 이루어지는 것이 아니라, '참 사람'이 출현할 때에야 가능하다고 말합니다. 바울로는 다음과 같이 말합니다.

"모든 피조물은 하느님의 자녀가 나타나기를 간절히 기다리고 있습니다."(로마 8:19)

● 〈로마인들에게 보낸 편지〉
사도 바울로가 스페인으로 가는 도중에 최초로 방문하고 싶어했던, 로마의 그리스도교 교회를 향해 쓴 편지. 바울로가 쓴 문헌 가운데 가장 길고 교리적으로 중요한 책으로, 〈로마서〉라고도 한다.

세계의 운명은 이제 새로운 인간의 출현에 달린 것입니다. 새로운 인간의 출현은, 예수 그리스도의 출현과 함께 세상에 드러났습니다.

> 하느님께서는 이미 오래 전에 택하신 사람들이 당신의 아들과 같은 모습을 가지도록 미리 정하셨습니다. 그래서 그리스도께서는 많은 형제 중에서 맏아들이 되셨습니다.(로마 8:29)

이 대목은 예수라는 한 인간으로서가 아니라, '그리스도'가 집단의 표상이 되는 것을 의미합니다. 이러한 대목은 예수 그리스도를 단순하게 '하느님의 외아들'이라고 생각하던 관념에서 벗어나게 해줍니다.

참 역사는 그리스도에게서(from), 그리고 그리스도를 향해서(to) 진행됩니다. 그래서 바울로는 이스라엘 역사의 기원에서부터 역사를 말하지 않고, 인류의 조상 아담에게서 역사를 시작하여 그리스도의 출현을 거쳐 세계 역사의 종국의 그날을 역사의 끝으로 삼습니다. 이것은 아담의 죄로 시작된 역사가 그리스도를 통하여 인류 전체의 구원으로 끝남을 뜻합니다. 또 이것은 그리스도가 세상에 옴으로써 새로운 기준이 마련되었음을 선언합니다. 그리스도의 나타남으로 율법은 끝이 났고, 그를 믿는 사람은 누구든지 하느님과 올바른 관계를 맺게 되었습니다.(로마 10:4) 그래서 바울로는 그리스도를 중심으로 이루어질 새 사람의 공동체를 바라보고 있습니다. 그는 이것을 새로운 이스라엘 또는 그리스도의 몸, 또는 교회라고 부릅니다. 바로 하느님의 나라, 하느님의 주권이 완전히 지배하는 새로운 현실을 말합니다. 그것이 이루어질 때가 바로 '주의 날'이라고 바울로를 천명합니다.

> "주님의 날이 마치 밤중의 도둑같이 온다는 것을 여러분이 잘 알고 있기 때문입니다."(1데살 5:2)

그리스도인이 된다는 것은, 그 개인의 구원과 더불어 세계 역사의 완성을 위해 초대됨을 의미합니다. 예수 그리스도가 모든 인간의 표본이 된 것입니다. 그를 따르는 사람들은 하느님의 맏아들 예수 그리스도를 잇는 하느님의 아들과 딸 들입니다.

원시 교회의 선교 대상

원시 교회의 선교 대상은 〈고린토인들에게 보낸 편지〉에서 잘 드러나고 있습니다. 〈고린토인들에게 보낸 편지〉에 따르면 선교 대상은 지도급에 있던 인사들이 아니라 밑바닥 생활을 하는 사람들을 주 대상으로 했음을 알 수 있습니다. 바울로는 다음과 같이 말합니다.

로마의 산타마리아 마조레 성당
원시 교회를 대표하는 바실리카 중의 하나이다.

> "형제 여러분, 여러분이 하느님의 부르심을 받았을 때의 일을 생각해 보십시오. 세속적인 견지에서 볼 때에 여러분 중에 지혜로운 사람, 유력한 사람, 또는 가문이 좋은 사람이 과연 몇이나 있었습니까?"(1고린 1:26)

바울로는 하느님이 이러한 사람들을 선택한 것은 모두 계획 안에 있는 것이라고 말합니다. 이유는 의외로 간단합니다. 그것은 세상의 지혜 있는 사람들을 부끄럽게 하기 위하여 미련한 자들을 선택한 하느님의 경륜입니다.(1고린 1:27) 여기서 '세상'이라고 한 것은 낡은 세계, 즉 기성 체제를 말합니다. 기존 체제에서 볼 때 초창기의 그리스도인들은 하잘것없는 무리들이었습니다. 그리스도교 비판의 선구자로 알려진 켈수스•는 178년에 쓴 글에서 그리스도교도에 대하여 다음과 같이 서술했습니다.

"그들은 문화인, 지식인 들에 대해 악의를 품고, 배우지 못한 어리석은 자들만 모아놓고 교회를 만들고 있다. 그들의 생업을 보면 대개 양털깎기, 신발 고치기, 세탁업 같은 것으로서 미천한 것들이다."(켈수스, 〈참된 강론〉)

그러나 원시 교회의 구성원들에 대하여 바울로는 사회적 신분이나 지식 따위로 판단하지 않겠다고 선언하고 있습니다.(2고린 5:16) 어떤 사람이라도 차별 없이 대해야 한다는 원시 교회 지도자들의 가르침은, 차별대우를 받아오던 계급에게 혁명적인 일이었을 것입니다.

그리스도교의 복음은 사회 신분에 대해서는 별 관심이 없다는 사실이 드러났습니다. 바울로는 그리스도 안에 있으면 이미 자유인이나 노예의 구별이 의미가 없어진다는 신념이 있었습니다.(갈라 3:28) 그는 모든 기준을 그리스도 사건으로 삼았습니다.

• 켈수스 Publius Juventius Celsus
율리아누스와 함께 로마 전성기를 대표하는 법학자(67?∼130?). 개념의 정식화에 뛰어나 여러 법의 정의와 근거를 만들어 냈다. 하드리아누스 황제의 자문관과 프로크루스 학파의 학교장을 지냈으며, 《사법해설》(39권)을 저술하였다.

"노예라도 부르심을 받고 주님을 믿는 사람은 주님의 자유인이 되고, 자유인이라도 부르심을 받은 사람은 그리스도의 노예가 되는 것입니다."(1고린 7:22)

바울로의 관심은 역사 속의 예수를 어떻게 소개하느냐보다, 어떠한 방법으로 그리스도를 그가 살고 있는 사회의 시대 언어로 바꾸어 선교할 것인지와 그리스도교를 정착시킬 것인가에 있었습니다. 바울로는 그리스도교라는 새로운 종교 공동체를 기존 문화권에서 공인받도록 하기 위해 변증적 구원론* 내지 그리스도론* 전개에 노력을 기울일 수밖에 없었습니다. 이를 위하여 우선 탈유다화하는 일과 동시에 헬레니즘 영역에 토착화시키는 작업이 중요했습니다.

바울로에 의하면, 하느님은 사회적으로 미천하고 보잘것없는 사람들에게 더 관심이 많았습니다. 그 이유는 하느님께서 평등한 세상을 원하시기 때문입니다. 바울로는 다양성 속에서의 평등을 몸에 비유하여 다음과 같이 말합니다.

"이렇게 하느님께서도 변변치 못한 부분을 더 귀중하게 여겨 주셔서 몸의 조화를 이루게 해주셨습니다. 이것은 몸 안에 분열이 생기지 않고 모든 지체가 서로 도와 나가도록 하시려는 것입니다."(1고린 12:24−25)

● 변증적 구원론
예수를 믿어야 구원을 받는다는 것을 이론적으로 설명하고 체계적으로 옹호하는 학설.

● 그리스도론
삼위일체론과 함께 예수 그리스도에 관한 신학적 이론 및 학문. 그리스도론의 중심 문제는 그리스도를 인간임과 동시에 인간의 죄를 구원할 신이라고 보아야 하는지이다.

개신교, 천주교, 동방교회의 역사

그리스도교는 가톨릭교회라는 이름으로 속사도 시대부터 성장하여 오다가 1054년도에 여러 가지 문제로 인하여 로마교회를 중심으로 하는 서유럽(서방)의 가톨릭교회와 콘스탄티노플교회(이스탄불)를 중심으로 하는 동방정교회로 분열되었습니다. 속사도 시대란, 사도들이 다 돌아가시고 사도의 직제자들이 이를 이어받아 교회를 계속 성장시킨 시기를 말합니다.

속사도 시대부터 성장해 온 교회는 아시아와 유럽, 아프리카에 걸쳐 5대 교회가 있었습니다. 로마교회, 알렉산드리아교회, 안티오키아교회, 예루살렘교회, 그리고 300년대 이후에 생겨 동로마제국의 지역을 관할한 콘스탄티노플교회 등입니다. 이 교회들은 관할 구역을 서로 정하여 그 지역 안의 사람들에게 복음을 전하고, 또한 신자들을 이끌었습니다. 이러한 교회들은 서로 연합하여 하나의 교회를 유지하였는데, 이 교회가 가톨릭교회입니다. 그러나 이슬람의 수립과 팽창, 로마교회와 프랑크왕국의 연계 등으로 네 개 교회와 로마교회 사이에 분열이 발생합니다. 그래서 현재 이 다섯 총대주교구 가운데 네 개는 정교회가, 나머지 하나인 로마교회는 로마가톨릭교회가 사도 전승의 근거로 선언하고 있습니다. 이후 로마교회는 로마교회 대주교를 교황으로 승격하여 교황을 중심으로 한 로마가톨릭교회로 변화하였고, 4개 교회는 이슬람의 영향으로 동방정교회로 발전하였습니다.

동방정교회는 로마가톨릭교회의 교황청처럼 초국가적인 조직은 없으며, 그리스정교회나 러시아정교회처럼 국가별 또는 민족별로 각각 별도의 체제가 갖추어져 있습니다. 각 지역의 교회는 나라를 단위로 하여 신앙과 정신과 전통을 공유하는 동시에 독립성과 자주성을 인정하면서 느슨한 제휴 관계를 유지하고 있습니다.

동로마제국이 건재하던 시절에는 그리스정교회가 중심이었으며, 1453년에 동로마제국이 오스만제국에 정복당한 후에는 정교회의 중심이 러시아제국으로 옮겨져 러시아정교회가 중심이 되었습니다. 주로 정교회는 동유럽과 아시아(주로 시베리아, 중앙아시아)에 퍼져 있으며, 그리스, 러시아, 우크라이나, 벨로루시, 몰도바, 세르비아 몬테네그로, 루마니아, 불가리아, 그루지야, 마케도니아 공화국, 보스니아 헤르체고비나 등이 정교회 국가입니다. 정교회도 다른 그리스도교 종파처럼 중동과 아프리카(이집트, 에티오피아 등 주로 북아프리카)에도 일부 분포되어 있으며, 미국, 캐나다, 오스트레일리아, 뉴질랜드, 대한민국, 일본에도 있습니다. 로마가톨릭교회는 중부와 서부 유럽 국가에서 선교를 활발히

하였습니다.

개신교는 16세기 종교개혁을 계기로 로마가톨릭교회에서 분리하여 성립된 다양한 그리스도교의 분파를 총칭하는 말입니다. 개신교를 프로테스탄트라고도 하는데, 1529년 2월 21일에 열린 독일 슈파이어 의회에서 루터계 제후들과 도시들이 황제 카를 5세 등 로마가톨릭교회 세력의 억압에 항거한 데서 유래하였습니다. 종교개혁가들이 교황을 반대하고 교황에게 반항하였다 하여 그들을 '프로테스탄트(항거자)'라고도 합니다. 또한 종교개혁가들이 각각 창설한 종파들을 기성 가톨릭교회를 개혁하여 만든 종파라는 의미에서 '개신교'라고 이름 붙였습니다.

루터가 독일에서 일으킨 종교개혁은 1526년 이후 독일의 여러 지방으로 확산되었으며, 1530년 독일 루터교회의 〈아우구스부르크 신앙고백〉이 작성된 이후 덴마크 · 스웨덴 · 노르웨이 등 스칸디나비아 3국으로 확산되었습니다. 이 종교개혁은 스위스에서도 일어났습니다. 취리히에서는 츠빙글리, 스트라스부르에서는 부처, 제네바에서는 칼뱅 등이 주로 상공업자와 손잡고 프로테스탄트적 종교개혁에 앞장섰습니다. 이 같은 일련의 교회개혁운동 과정에서 프랑스에서는 위그노전쟁, 독일에서는 30년 전쟁 등과 같은 종교전쟁이 일어나기도 하였습니다. 전쟁은 프랑스의 개입으로 종교개혁가들의 승리로 끝이 납니다. 그 결과 유럽의 종교적 통일성은 무너졌고, 독일에서는 1648년에 베스트팔렌 조약으로 신앙의 자유가 인정되었으며, 유럽에서는 각 분파가 형성되었는데 스위스계의 프로테스탄트를 개혁교회 또는 장로교회長老敎會라고 부릅니다. 이 개혁교회는 프랑스 · 영국 · 스코틀랜드 · 네덜란드 · 헝가리 · 폴란드 등으로 확산되었습니다. 영국에서의 종교개혁은 유럽 대륙과 달리 신학적이라기보다 정치적인 이유로 영국성공회英國聖公會를 성립시켰는데, 그 후 칼뱅주의의 영향을 받아 퓨리턴제파諸派로 나뉘어 각각 장로파 · 회중파會衆派 · 뱁티스트파 · 퀘이커파 · 메노나이트파 등 여러 교회로 성장하였습니다. 이들 프로테스탄트 교회 중에서 잉글랜드의 성공회, 스코틀랜드의 장로교회, 독일의 루터교회, 네덜란드의 개혁파교회 등은 본래 국가와 결부된 국가교회였지만, 퓨리턴 이후에는 교회와 국가가 분리되기 시작하여 이른바 자유교회가 성립하였습니다. 이와 같은 자유교회 제도가 전형적인 방법으로 시행되고 있는 곳이 미국입니다. 따라서 국가교회형의 앵글리칸교회(에피스코팔교회라고도 함) · 루터교회 · 개혁파교회 등도 미국에서는 자유교회화되어 있습니다. 프로테스탄트 교회는 모두가 18세기 말에서 19세기에 걸쳐 적극적으로 해외 전도에 힘써 아시아 · 아프리카 · 남아메리카 등지에 교회와 미션스쿨 · 사회사업단체 등을 창립하였습니다.

7 부

새 하늘 새 땅을 향한 고난의 행진

• • •

The Holy Bible

7부는 예수에게 사랑받았던 제자인 요한의 저작들을 담고 있습니다. 요한은 예수의 제자들 중 가장 어린 나이였으며, 가장 오래 동안 살았던 인물입니다. 그의 저작들이 원시 교회가 세워지고 난 뒤 외부로부터 다양한 도전을 받던 시기에 쓰였기 때문에 1세기 말 교회의 현실을 가늠하는 데 중요한 자료가 됩니다. 특히 4복음서 중 가장 나중에 쓰인 〈요한의 복음서〉는 예수 그리스도에 대한 신성을 강조한 책으로, 그리스도교의 교본이라고 해도 과언이 아닙니다. 더불어 〈요한의 묵시록〉은 《신약성서》 중 가장 마지막에 편집된 책으로 매우 난해한 책입니다. 7부에서는 요한 공동체를 중심으로 원시 교회의 사정을 알 수 있는 중요한 자료들을 살펴봅니다.

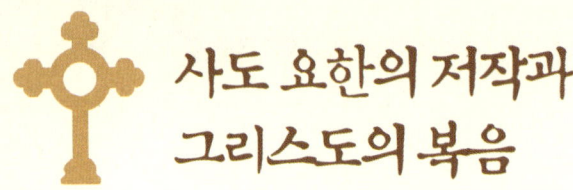

사도 요한의 저작과 그리스도의 복음

원시 교회의 신앙이 무르익어 갈 무렵, 사도 요한은 예수의 활동과 교훈을 깊이 통찰하여 복음의 참뜻을 다시 해석했습니다. 공관복음서가 예수의 역사적인 의미를 다양한 관점에서 포착해 내었다고 한다면, 요한은 공관복음서와는 다르게 범우주적인 전망에서 예수의 삶과 말씀을 풀어내고 있습니다. 그가 기록한 것은 원숙한 신앙인들을 위한 하느님의 말씀으로 인식되고 있는데, 〈요한의 복음서〉, 〈요한의 첫째 편지〉, 〈요한의 둘째 편지〉, 〈요한의 셋째 편지〉, 〈요한의 묵시록〉이 그것입니다.

특히 〈요한의 복음서〉는 신앙인의 눈으로 예수를 재해석한 책이라 하겠습니다. 예수의 모든 사건을 역사적인 선상에서 영적인 신앙의 눈으로 바라봤으며, 신앙적 가치가 있는 사건들만을 취급하여 기록하였습니다.

〈요한의 편지〉역시 사도 요한의 저작으로 보는 것이 보통인데, 그 표현이나 근본 사상에서 유사점을 보이고 있습니다. 요한의 중심 사상은 '육체로 오신 하느님의 아들 예수 그리스도'에 관한 것입니다. 그러므로 요한은, 그것을 시인하지 않는 자들은 적敵그리스도라고 강력하게 선포합니다.(1요한 4:23, 1:7) 이는 서신서에 두드러지게 나타나는데, 당시에 대두된 '영지주의靈知主義'에 대한 교회의 경계심을 진작시키기 위한 것이라 하겠습니다. 교회가 확장됨에 따라 교회 안팎에서 이러한 이단적인 사상이 교회를 위협하기 시작하였습니다. 이때 요한은 각 교회에 올바른 신앙을 갖도록 촉구합니다. 이러한 내용들이 〈요한의 묵시록〉에 구체적으로 언급됩니다.

또 〈요한의 묵시록〉에서는 끊임없이 세상과 싸우는 예수 그리스도를 소개하고 있습니다. 이러한 긴장 관계는 일곱 교회에 보내는 편지에서 구체적으로 드러납니다. 여기에서는 사도 요한의 저작들을 통하여 그리스도의 복음이 어떻게 세계에 선포되는지 살펴보겠습니다.

01 요한 공동체와
〈요한의 묵시록〉

● ● ● 예수의 부활 이후 생겨난 그리스도교 공동체,
즉 원시 교회는 갖은 핍박을 받으면서 성장해 갔습니다. 바울로는
로마의 교회에 보내는 서신에 다음과 같은 글을 적습니다.

"누가 감히 우리를 그리스도의 사랑에서 떼어놓을 수 있겠습니까?
환난입니까? 역경입니까? 박해입니까? 굶주림입니까? 헐벗음입니
까? 혹 위험이나 칼입니까?"(로마 8:35)

이는 어려운 가운데에서도 용기를 잃지 말 것을 당부하는 의미였
습니다. 예수의 제자들은 불의한 세상과 적대적인 관계에 놓일 수
밖에 없었습니다. 그것은 그들의 숙명이었습니다. 따라서 그들은

대체로 순교자의 길을 가야만 했습니다. 그 제자들이 모두 순교하고, 원시 교회 1세대 지도자들이 모두 세상을 떠나는 시점에 그리스도교 내부에서는 신앙과 역사의 조화가 요구되었습니다. 이때 기록된 것이 〈요한의 복음서〉*입니다.

〈요한의 복음서〉의 특징들

〈요한의 복음서〉은 기원후 90~100년 사이에 기록된 것으로 추정하고 있습니다. 물론 반론도 있지만, 〈요한의 복음서〉는 요한의 세 서신(1요한, 2요한, 3요한) 및 〈요한의 묵시록〉과 함께 요한의 저작으로 여겨집니다. 사도 요한은 야고보와 같은 세베데 사람으로, 예수의 제자들 중 총애를 받은 인물입니다. 그는 예수의 변모 사건(마태 17:1이하), 게쎄마니 동산의 기도(26:37) 등 중요한 사건에 늘 동행하였으며, 예수가 십자가에서 숨을 거두기 전에 어머니 마리아를 부탁한 인물이기도 했습니다.

〈요한의 복음서〉는 헬레니즘 문화권 아래 영지주의* 같은 사조들의 영향으로 이원론적 세계관이 지배적이었을 당시에 쓰였습니다. 그래서 빛과 어둠, 참과 거짓, 위와 아래, 삶과 죽음, 영과 육 등이 대조적으로 등장합니다. 이 세계관에서는 '이 세상에 대해서 저 세상이 있다', '보이는 것에 대해서 보이지 않는 실재가 있다' 등의 사고를 기초로 하며, 종국에는 사탄의 세계와 하느님 세계로 구분하여 세계를 바라봅니다.

〈요한의 복음서〉의 내용은 공관복음서와 매우 다르며, 다른 복음

• 〈요한의 복음서〉
〈신약성서〉의 4복음서 중 마지막으로 저술된 책. 12사도 중 제배대오의 아들인 사도 요한이 쓴 것으로 보고 있다.

• 영지주의 靈知主義
헬레니즘 시대에 유행한 종파의 하나로, 그리스도교와 다양한 지역의 이교 교리(그리스, 이집트 등)가 혼합된 모습을 보였다. 영지주의 교리의 특징은 육체를 부정하고 영혼을 긍정적으로 보고, 개인적인 깨달음을 통해 구원받으며, 극단적인 선악의 구원론을 믿는 것인데, 모든 점이 정통 기독교의 입장과 크게 달랐다. 그리하여 이단이라고 비난받아 3세기경에 쇠퇴했으나, 그 뒤에도 다양한 종파의 교리와 사상에 영향을 미쳤다. 그노시스파(Gnosticism)라고도 한다.

〈고뇌하는 그리스도〉
하늘에는 천사들이 십자가를 들고 있고, 예수 그리스도는 게쎄마니 동산에서 천사를 향하여 기도하고 있다. 기도하는 그리스도의 뒤쪽으로 제자 베드로 · 요한 · 야고보가 잠들어 있으며, 멀리서 유다가 로마 병사들을 데리고 그리스도를 체포하러 오고 있다. 그림 속의 죽은 나무와 독수리는 죽음을 상징한다. 안드레아 만테냐, 1455, 런던 국립미술관.

● **필론 Philon Judeaus**
헬레니즘 시대 대표적인 유다 철학자이자, 최초의 신학자. 그리스 철학과 유다인의 유일신 신앙을 융합하고자 했다. 고대 그리스도교 신학, 철학 사상의 형성과 뒷날의 신플라톤주의에까지 영향을 미쳤다.

서를 보충하고 있음을 알 수 있습니다. 〈마르코의 복음서〉는 예수의 족보를 생략하고, 〈마태오의 복음서〉는 아브라함으로부터 시작하는 족보를 소개하며, 〈루가의 복음서〉는 인류의 시조 아담으로까지 올라갑니다. 이에 비해 〈요한의 복음서〉은 태초의 하느님 말씀(로고스)으로까지 거슬러 올라갑니다. 이로써 〈마태오의 복음서〉는 유다적 공동체를, 〈루가의 복음서〉는 인류적인 공동체를, 그리고 〈요한의 복음서〉는 우주적 공동체를 표상하고 있음을 알 수 있습니다. 점차적으로 '복음'에 대한 이해가 확장되는 것입니다.

〈창세기〉의 천지 창조 이야기는 '말씀'이 어떻게 해서 천지를 창조했는가에 관한 내용입니다. 〈요한의 복음서〉의 첫머리는 〈창세기〉의 '말씀'이 어떻게 해서 자기를 나타내게 되었는지를 구체적으로 묘사하고 있습니다. 그리스어 '로고스'는 '언어' 또는 '이성'을 뜻하는 말인데, 당시 그리스 철학(스토아학파)에서 말하는 로고스 사상 및 필론●의 로고스 종교 철학으로부터 영향을 받았다고 하지만, 이는 오해입니다. 요한에 의하면 '로고스'는 하느님과 사람 사이의 중간 존재로 하느님과 사람, 하느님과 우주의 중보자라 여겼습니다. 그리고 이를 하느님의 맏아들 또는 제2의 하느님이라고 불렀습니다. 또한 우주의 질서를 지배하는 법칙이라는 뜻에서 '하느님의 사람'으로, 또한 하느님과 사람 사이에 있다 하여 창조, 계시, 신생의 중보자라고 표현하였습니다. 그는 예수 그리스도인 것입니다.

사람들은 흔히 '하느님의 아들'이라고 해서 하느님과 동떨어진

'인간 예수'로, 즉 선지자 정도로 이해하는 경우가 많았습니다. 그러나 요한은 '하느님의 말씀'이 '육신'이 되었음을 선언함으로써, 그러한 이해를 일거에 전복시킵니다. 반면에 가현설*을 주장하던 영지주의자들은 예수를 지나치게 신적인 존재로 이해함으로 '인간'이 되신 그리스도를 유령으로 만들어 놓았습니다. 이에 대하여 요한은 다음과 같이 말합니다.

> "'말씀이 사람이 되셔서 우리와 함께 계셨는데, 우리는 그분의 영광을 보았다. 그것은 외아들이 아버지에게서 받은 영광이었다. 그분에게는 은총과 진리가 충만하였다."(요한 1:14)

유다 민족의 전통적 관념인 '하느님 나라'라는 말은 그들이 이해하기 어려운 언어였습니다. 그래서 요한은 '생명' 또는 '영생'이라는 말로 바꾸어서 불렀습니다. 결국 하느님의 아들 예수를 '로고스(말씀)'라고 표현함으로써 당시 눈높이에 맞춘 신학적 해석이 〈요한의 복음서〉에 나타난 것이라고 하겠습니다. 교회가 헬레니즘 문화와 더불어 호흡하지 않으면 당대 사람들에게 하느님의 복음을 전파하기가 쉽지 않았기 때문입니다.

〈요한의 복음서〉는 그 구상과 표현에서 상징어가 많이 사용됩니다. 즉 하나의 사건을 언급하고 그 사건을 계기로 종교적 논의를 전개해 나가는 방식입니다. 예를 들면, 사마리아 우물가에서 여인에게 물을 달라고 청한 사건을 기록한 다음 그것을 계기로 '생명수'라는 종교적 논의를 전개합니다. 또 광야에서 수천 명을 먹인 사건을

● 가현설 假現說
초기 그리스도론 이단교리로, 예수 그리스도가 단지 인간의 모습만 가지고 있을 뿐인 순전히 신적 존재라고 여기는 이론. 대표적으로 그노시스파와 카타리파가 주장했다.

서술한 후, '생명의 떡'에 관한 이야기로 풀어갑니다. 예수의 설교에도 '생명의 떡', '참포도나무', '선한 목자' 등 상징적인 말이 등장합니다. 이와 같은 것은 공관복음서에 기록된 예수의 많은 비유와 그 성격이 다릅니다.

저자 요한은 이 책을 쓴 목적에 대해서 구체적으로 묘사해 두었습니다. 그 목적은 다음과 같습니다.

> 이 책을 쓴 목적은 다만 사람들이 예수는 그리스도이시며 하느님의 아들이심을 믿고, 또 그렇게 믿어서 주님의 이름으로 생명을 얻게 하려는 것이다. (요한 20:31)

즉 예수를 구주救主로 믿고 영생을 얻게 하려는 종교적 목적에서 쓴 것입니다. 더 나아가 당시에 그리스도교를 잘못 이해한 사람들과의 논쟁적인 관심에서 그리스도교를 올바르게 변증하려는 의도가 있었습니다.

공관복음서와의 관계

공관복음서에 따르면 예수는 공생애 중 예루살렘에서의 고난 주간을 빼면 갈릴래아 지방에서 대부분의 생애를 보냈습니다. 또한 예루살렘 방문을 예수가 생애 가장 마지막에 한 일로 기록하고 있습니다. 그러나 〈요한의 복음서〉에 의하면 예수는 적어도 세 차례나 예루살렘에 올라간 것으로 기록되어 있습니다. (2:13, 5:1, 7:10)

그 중 7장 10절에 나오는 예루살렘을 방문 기록에 따르면, 장막절*(7:2)에서 봉헌절*(10:22)을 거쳐 그의 죽음을 가져온 해방절*까지 머물렀습니다. 즉 그가 확실하게 두 차례의 해방절을 지킨 것으로 보아 2~3년의 공생애를 보냈음을 알 수 있습니다.(2:13, 6:4) 그런데 공관복음서에 기록된, 그가 제자들과 익어가는 밀밭 사이를 지났다는 기록(2, 23)을 토대로 공생애 기간을 측정할 경우, 1년도 안 되게 공생애를 보냈다는 결론이 나옵니다.

공관복음서는 예수의 활동 가운데 병을 고쳐 준 이야기를 여러 번 소개하는데, 특히 그중에서 귀신 쫓은 이야기가 중요하게 다룹니다. 그런데 〈요한의 복음서〉의 예수는 귀신 추방을 한 번도 한 일이 없고 가버나움의 한 관리의 아들을 치유한 것(4:46이하)과 5천 명을 먹이는 기적과 바다 위를 걷는 기적(6:1이하, 16이하) 외의 다른 것은 없습니다. 〈요한의 복음서〉는 치유하는 일 자체에 관심의 초점을 두지 않고, 그것을 계기로 예수가 누구인가라는 물음에 집중합니다. 그리고 공관복음서에 없는 기적 이야기들이 있는데, 가나의 혼인 잔치에서 행한 기적(2:1이하), 베싸이다 연못에서의 치유(5:1이하), 소경을 눈 뜨게 한 일(9:6이하) 그리고 죽은 나자로를 살려 일으키는 이야기(11:1이하)입니다. 모두 긴 이야기로, 역시 사건 자체보다 그것을 계기로 예수가 어떤 인물인지에 대하여 집중해서 살피고 있습니다. 제자를 부르는 이야기 또한 공관복음서와 차이가 있습니다. 사람들과의 교류에 있어서 니고데모,*(31 이하) 사마리아 여인,(4:1이하) 음행하다 잡힌 여인(8:1이하, 오래된 사본에는 없음)과의 만남 등 공관복음서에서 볼 수 없는 개인적인 만남이 많이 이루어

• 장막절 帳幕節
이집트를 탈출한 이스라엘 사람들이 40년 동안 광야에서 장막 생활을 했는데, 이를 기념하기 위한 유다인의 절기(명절). 히브리어로 '수코트(Sukkot)'라고 부르며, '초막절'이라고도 한다.

• 봉헌절
유다인들이 셀레우코스 왕조 안티오코스 4세 에피파네스에 대해 반란을 일으킨 사건과 기원전 164년에 성전을 다시 봉헌한 일을 기념하는 절기. 히브리어로 '하누카(Hanukkah)'라고 한다.

• 해방절
오순절, 장막절과 더불어 유다교의 3대 축일 중 하나인 유월절의 다른 이름. 히브리어로 '파스카(Pascha)'라고 한다.

• 니고데모
《신약성서》에 나오는 산헤드린(최고의회) 의원인 바리사이파 사람. 〈요한의 복음서〉 3장 1절 이하 예수 그리스도와의 대화에서 그리스도교의 중요 교의인 '중생(重生)', 즉 '다시 태어남'에 관해 논한다. 그리스도가 신(야훼)의 최종적 계시자임을 드러내지는 못하였으나, 고급 관리인 그가 예수를 만나 교의에 관한 중요한 질문을 하고 긍정적으로 받아들인 사실은 주목할 만하다.

집니다.

〈요한의 복음서〉에서 예수가 활동한 장은 몇 막의 연극 무대를 보는 듯합니다. 세례 요한의 증거, 니고데모와의 대화, 사마리아 여인과의 대화, 베짜다 연못에서 이러한 사건들로 인해 연유된 토론, 5천 명을 먹인 후 계속 전개되는 생명의 떡에 관한 설교, 유다인과의 소경론, 나자로의 죽음을 계기로 전개되는 마리아와 마르다 자매와의 대화 등은 각기 평균 한 장 정도의 분량을 차지하며, 14장부터 17장까지에는 유명한 고별 설교가 전개됩니다.

주목할 만한 것은 공관복음서에서 볼 수 있는 그 많은 특유의 비유들이 〈요한의 복음서〉에서는 단 하나도 기록되지 않았다는 것입니다. 널리 알려진 비유인 선한 목자 이야기(10:7이하)와 포도나무 이야기(15:1이하)도 직유법적인 공관복음서의 이야기와 성격이 판이하게 다릅니다. 또한 공관복음서의 언어는 수난사를 빼면 단편적 이야기가 계속 이어집니다. 한 가지 이야기를 길게 서술한 것은 세례 요한의 처형 과정뿐입니다. 그 짧은 이야기 속에서 예수의 말은 대부분 한 마디씩입니다. 이에 비해 〈요한의 복음서〉의 언어는 당시 철학 사상를 내포하고 있기 때문에 사변적이지만 지적知的입니다. 공관복음서가 히브리적 사고의 지평에서 쓰인 것이라고 한다면, 〈요한의 복음서〉은 그리스적 사고의 지평에서 쓰인 것이라고 하겠습니다.

● 히브리적 사고는 통합적이고 신본중심적(神本中心的)이며 의미를 중요시하고, 그리스적 사고는 분석적이며, 인본중심적(人本中心的)이며 사실을 중요시한다.

요한의 서신서

〈요한의 복음서〉와 〈요한의 편지(1, 2, 3서)〉는 목회자의 교서敎書와 같은 것으로서, 설교적인 권면이 주제입니다. 대략 1세기 말에서 2세기 초에 쓰인 작품이 확실합니다. 지금부터 요한의 서신서를 구체적으로 살펴보도록 하겠습니다.

〈요한의 첫째 편지〉는 교회에 사상적 분열을 일으킨 거짓 교사들이 계속 분파를 조장하는 데 대한 논박과 계몽 및 교인 단속을 위해 쓰였습니다. 이 거짓 교사들은 영지주의자들이었습니다. 당시 영지주의 사상은 소아시아 지역에 널리 확산되고 있었습니다. 그들은 직관을 통해 스스로 하느님을 알 수 있다고 말하며, 이것을 참된 지식이라고 믿었습니다. 그들은 예수 그리스도의 죽음을 통해서가 아니라 본질에 대한 지식을 통해 인간이 그리스도 안에서 구원받는다고 주장했습니다.

영지주의자들은 영육이원론靈肉二元論에 빠져 영靈만을 높이고, 육肉은 경시하였습니다. 이들은 예수가 일시적인 현상으로 이 땅에 온 것이라는 가현설을 주장하기에 이릅니다. 그 결과 금욕주의나 은둔주의에 빠지는가 하면, 그들 가운데 죄를 죄로 여기지 않는 사람도 생겨났습니다.

〈요한의 첫째 편지〉에서는 참 그리스도인과, 거짓 그리스도인을 구분하는 방법에 대해 세 가지를 언급합니다.

첫째, 일상생활에서 나타나는 도덕 행위를 살펴보면 안다는 것입니다. 참 그리스도인의 생활은 바른 행위와 불가분의 관계를 갖고

있음을 강조합니다.(1:5–2:5, 3:1–10)

둘째, 사도전승의 교리를 시인함으로써 만족하는 것이 아니라, 성령으로 말미암아 그리스도 안에 거함으로 내적 증거를 강조하고자 합니다.(2:18–20, 4:1–6, 5:1, 10)

셋째, 형제애를 실천하는지의 여부가 그리스도 신앙의 참과 거짓을 가릴 수 있다는 것입니다. 그러므로 다음과 같이 권고합니다.

"사랑하는 자들아, 우리가 서로 사랑하자. 사랑은 하느님께 속한 것이니, 사랑하는 자마다 하느님으로부터 나서 하느님을 알고, 사랑하지 아니하는 자는 하느님을 알지 못하나니, 이는 하느님은 사랑이심이라."(1요한 4:7–8)

율법의 완성은 '사랑', 즉 예수 그리스도임을 믿는 사람들에게 그 열매로 사랑의 행위가 드러나므로 참과 거짓을 분별할 수 있게 된다는 것입니다. 그런데 이 거짓 교사들(영지주의자)은 위에서 언급한 세 가지 중에 하나도 부합되지 않았습니다. 따라서 요한은 그들을 '적그리스도'라고 고발합니다. 오늘날에도 이와 같은 영지주의적 이단 사상을 가진 종파들이 많이 있습니다. 새로운 지식을 가져야만 '진리'를 소유하는 것처럼 신자들을 감언이설로 꼬드기지만, 《성서》에 따르면, 참 그리스도인에게는 예수 그리스도라는 빛을 통해서 '사랑의 행위'가 드러난다는 것입니다.

〈요한의 둘째 편지〉와 〈요한의 셋째 편지〉는 그 분량으로 보나 내용, 문체, 동기 등으로 보나 같은 시기에 쓰인 것으로 보입니다.

특히 끝인사, 이단자와의 싸움, 진리를 좇아 행할 것에 대한 당부 등이 그렇습니다. 저자는, 여러 가지 이견이 있지만 역시 사도 요한인 것으로 판단됩니다. 장로라는 표현을 들어 '요한 공동체의 장로'가 저자일 것이라 평가하는 이들이 있지만, 사도가 자신을 장로라고 이른 것은 큰 문제가 아닙니다.

이 서한은 사도 시대•에서 교회 시대로 바뀌는 시기를 역사적 배경으로 한 짧은 편지입니다. 사도 시대에는 순회 선교사가 있어 여러 교회를 방문하며 얼마 동안씩 체류하면서 가르치고 격려했지만, 이제부터는 각 지방 교회가 고정된 목회자를 요구하는 시기가 되었습니다. 이 전환기에 그 지방 교회를 자기 일터로 만들기 위하여 불순한 순회 선교사들이 자주 찾아와 교인들 앞에 자기를 자랑하며 지금까지 듣지 못한 새 진리를 자기가 독점한 것 같이 선전했습니다. 그중에서 동양의 신비사상과 서양 철학을 혼합하여 교리를 만들어 낸 영지주의 교사들이 기세를 올리고 있었습니다. 〈요한의 둘째 편지〉에 나타난 주제 역시 이러한 교사들을 거부하라는 경고였습니다. 이자들에게는 하느님이 계시지 아니하며, 그들이 곧 적그리스도라고 고발합니다. 특히 예수가 육체로 오신 것을 부인하려는 전도자들을 단호히 거부하라고 가르쳤습니다.

> "만일 누가 여러분을 찾아가서 이 교훈과 다른 것을 전하거든 그를 집 안으로 받아들이지도 말고 인사도 하지 마십시오."(2요한 1:10-11)

이단 교리를 받들고 이를 선전하는 영지주의 교사들에 대하여 이

• 사도 시대
그리스도교 초창기의 한 시기를 가리키는 말. 성령강림절(오순절)을 시작으로 예수의 직제자(直弟子)인 사도들이 살아서 활동하던 시대. 즉 원시 그리스도교 시대의 최초 한 시기를 말한다.

웃을 접대하는 태도를 취하지 말며, 친밀감의 표시로 "평안할지어다."라고 인사도 나누지 말라는 것입니다. 이것은 사랑이 없는 행위처럼 보이지만 믿음을 지키는 길이라고 언명합니다. 당시에는 여관제도가 발달하지 않았으므로 손님에게 가정을 개방하는 것이 보통이었습니다. 예수를 믿는 사람들은 특히 나그네들에게 친절하였기 때문에 그러한 사람을 경계하라고 이르는 것입니다.

〈요한의 셋째 편지〉의 받는 이는 가이오인데, 이 사람이 고린토 출신의 가이오(로마 16:23)인지, 마케도니아 출신의 가이오(사도 19:29)인지, 데르베 출신의 가이오(사도 20:4-5)인지 확실하지가 않습니다. 집필 시기는 순회 선교사들이 늘어나는 시점으로 추정됩니다. 아마도 수신자 가이오는 순회 선교자들의 숙식을 돌봐주는 사람이었을 것입니다.

요한은 앞서 자기가 신임하는 순회 선교사 한 사람을 이 교회에 보내면서 잘 대접할 것을 부탁했습니다. 그러나 그 교회에 디오드레페*라는 유력자가 교회의 지도권을 독점할 생각으로 편지의 발신인인 장로와 그가 보낸 순회 선교사를 배척했을 뿐만 아니라, 자기 말을 거역하는 교인들을 축출하기까지 했습니다. 그러므로 손님에게 친절한 가이오에게 서신을 보내어 이 순회 선교사들을 환대해 주기를 부탁한 것입니다.

〈요한의 둘째 편지〉에는 순회 선교사들을 가정에 들이지도 말고 인사도 하지 말라고 했으나, 〈요한의 셋째 편지〉에는 순회 선교사를 받아주지 않았다고 책망했습니다. 물론 전자는 영지주의 선교사요, 후자는 요한이 신임하는 자라는 차이가 있습니다. 다른 관점에

● 디오드레페
지방 교회의 명망가. 〈요한의 셋째 편지〉에는 디오드레페를 지배자, 잔인한 혀를 가진 자라고 고발한다.

서 이 서신서를 분석해 보면, 사도 시대와 다르게 이제는 지방 교회의 자주성이 주장되고 있으며 디오드레페는 그 교회의 장로로서 이 자주운동의 선구자였을지도 모른다는 추측이 가능합니다. 결론적으로 순회 선교사들의 시대가 지나가고 있음을 우리에게 보여 줍니다. 이것은 1세기 말에서 2세기 초의 정황입니다.

묵시문학과 〈요한의 묵시록〉

〈요한의 묵시록〉이 쓰일 당시는 네로 황제*의 박해가 지나가고 도미티아누스 황제*의 박해가 행해지고 있던 때였습니다. 박해를 받고 있는 신자들에게 격려와 위로가 필요했습니다. 초기 그리스도교 시대의 박해자는 유다교인이었습니다. 그러나 기원후 64년 네로 황제의 우발적인 그리스도인 박해 이후, 교회는 로마 제국과 정면으로 부딪힐 수밖에 없었습니다. 그것은 그리스도교의 존립과 연관된 급박한 사안이었습니다. 특히 기원후 81년에서 96년까지 재위한 도미티아누스 황제는 전국적으로 황제 예배를 강요했습니다. 이에 그리스도인은 무저항적으로 항거했는데, 이는 오히려 그들이 더 조직적이고 심각한 박해를 받는 결과를 초래했습니다.

〈요한의 묵시록〉은 파트모스 섬에 유배 중이던 사도 요한이 쓴 것으로 판단됩니다. 이 책을 쓴 동기에 대해 저자는 다음과 같이 말하고 있습니다.

이 책은 예수 그리스도께서 계시하신 일들을 기록한 책입니다. 하

• 네로 황제
로마 제국의 제5대 황제이자, 율리우스-클라디우디우스 왕조의 마지막 황제. 64년에 로마에 대화재가 발생하여 민심이 혼란스러워지자, 소수 종교인 그리스도교에 책임을 뒤집어 씌워 대학살을 행한 그리스도교 박해자이다.

• 도미티아누스 황제
로마 황제(재위 81~96). 베스파시아누스 황제의 아들이다. 즉위 초기부터 전제적 경향이 짙어 86년부터 자신을 '주인이자 신'이라고 부르게 하고, 그리스도교도를 박해하였다.

느님께서 곧 일어날 일들을 당신의 종들에게 보이시려고 그리스도에게 계시하셨고 그리스도께서는 당신의 천사를 당신의 종 요한에게 보내어 알려 주셨습니다.(묵시 1:1)

이 책은 일곱이라는 완전수를 뼈대로 하여 구성되었습니다. 즉 일곱 인봉, 일곱 나팔, 일곱 대접 등으로 표현됩니다. 여느 묵시문학의 경우와 같이 상징적인 의미가 많이 포함되어 있으며, 문장의 어순이 고의적으로 불규칙하게 배열되어 있습니다. 그렇기 때문에 해석하는 데 어려움이 많은 책으로 유명한데, 이는 박해자인 권력자들이 박해의 구실을 찾지 못하게 하기 위한 의도인 것으로 판단됩니다. 이 글은 한편으로 신도들에게 위로의 글이 되었으며 다른 한편으로는 권력자들의 멸망을 예언하고 있음에도, 세상 사람들에게 봉해진 신비한 책으로 간주되었습니다.

〈요한의 묵시록〉이 형식과 사상적인 면에서 영향을 받은 것은 《구약성서》의 묵시문학입니다. 특히 〈다니엘〉, 〈이사야〉, 〈에제키엘〉 및 〈즈가리야〉 중 예언 부분에 해당하며, 그 밖에 〈요엘〉,* 〈출애굽기〉 등까지 《구약성서》에서 관계없는 장절이 드물 정도입니다. 이는 당시 유행하던 계시문학(〈발룩의 계시록〉, 〈에녹서〉,* 〈제2에즈라〉, 〈이사야 천기〉, 〈모세승천기〉* 등)에서 구조와 형식을 가져온 것으로 여겨집니다. 유다인이 많은 박해를 받고 고난을 겪으면서도 미래의 메시아 왕국을 기대한다는 점에서 이들 묵시문학도 구약과 신약의 중간을 연결하고 있다고 볼 수 있습니다. 그러면서도 이 책의 중심에는 예수 그리스도가 놓여 있습니다. 그리고 이 세상의 종

• 〈요엘〉
《구약성서》의 12예언서 가운데 두 번째 책. 대부분 운문체이며, 내용은 메뚜기떼로 인한 재난과 회개의 촉구, 거룩한 영의 부으심, 열국에 대한 심판 등이다.

• 〈에녹서〉
《구약성서》의 외경 중 에녹의 이름을 붙인 문서. 외경 중에서 분량이 가장 많은 책으로, 108장이다. 원문은 히브리어로 생각되나, 현존하는 것은 에티오피아어(〈제1에녹서〉)로 기록된 것이고, 소수의 단편이 그리스어와 라틴어로 쓰여 있다.

• 〈모세승천기〉
모세가 죽기 직전 여호수아에게 말하는 방식으로 구성된, 이스라엘의 미래에 관한 예언서. 《성서》 정경에 포함되지 않은 위경으로, 모세 시대부터 메시아 시대까지의 이스라엘 역사를 예언하거나 또는 교훈조로 말하고 있다.

말이 오면 그리스도가 재림*하여 세상을 다시 세울 것을 소망의 정점으로 한다는 점이 다른 예언이나 묵시문학과 다릅니다.

유다의 묵시문학은 '메시아가 와서 전 세상을 다시 세운다는 것', '메시아 도래 직전에 적그리스도가 나타난다는 것', '땅 위의 예루살렘은 하늘의 예루살렘의 모형이라는 것', 이 세 가지가 중심 테마입니다. 〈요한의 묵시록〉은 위의 줄거리를 그대로 채용하였지만, 다른 점이 있다면 하느님이 중심이라기보다 예수 그리스도가 절대 주권자라는 것과 교회와 예배가 관심의 중점이라는 점입니다. 그런데 요한은 묵시문학의 일반적 기대를 뒤집어 엎습니다.

> "하느님이 아들을 세상에 보내신 것은 세상을 단죄하시려는 것이 아니라 아들을 시켜 구원하시려는 것이다. 그를 믿는 사람은 죄인으로 판결받지 않으나, 믿지 않는 사람은 이미 죄인으로 판결을 받았다. 하느님의 외아들을 믿지 않았기 때문이다."(요한 3:17-18)

요한 역시 묵시문학의 요지처럼 초자연적인 심판을 기대하지만, 심판의 때가 올지라도 예수 그리스도를 믿는 사람은 심판받지 아니하고 믿지 않는 자는 이미 심판을 받은 것이라고 말합니다. 이것은 묵시문학의 심판관을 재해석함으로써 비신화화*한 것입니다. 심판은 분명히 있으나, 그것은 어디까지나 인간의 영역 안에서 이루어진다는 것입니다. 그리고 심판의 기준이 달라졌습니다. 율법의 '의'에 따라서 심판받는다는 유다 묵시문학적 사상이, 예수 그리스도를 믿느냐 안 믿느냐로 심판의 기준이 달라진 것입니다.

• 재림 再臨
그리스도교에서 때가 이르면 다시 인간을 심판하러 예수가 이 세상에 나타남을 일컫는 말.

• 비신화화非神話化
옛 문화에 담겨 있는 신화적 사고의 틀을 없애고 그 본질적 의미를 밝히는 것. 독일의 성서학자 루돌프 불트만이 처음 제안했다.

02 적그리스도와의 투쟁

● ● ● 〈요한의 묵시록〉은 《성서》의 마지막 책입니다. 《구약성서》과 《신약성서》를 한 권의 책으로 볼 때 〈창세기〉는 역사의 '시작'이 됩니다. 이 책은 인간 역사의 타락으로 고난의 여정을 거치다가 마침내 종말을 고하고 전혀 다른, 새로운 세계를 보여 줍니다. 이 마지막 임무를 〈요한의 묵시록〉이 다하는 셈입니다. 그러나 이 책은 오랫동안 천대받았고 심지어 《성서》로서 적합하지 않다는 평가까지 받아 왔습니다. 그 내용이 《신약성서》의 다른 책들과 너무도 대조적이고, 그리스도교의 핵심 내용이 빠져 있으며, 지나치게 불가사의한 표현으로 가득 차 있기 때문입니다.

학계에서는 그리스도교가 엷게 채색된, 유다의 묵시문학에 불과하다는 혹평을 내리기도 했습니다. 그러나 묵시문학이 담고 있는 역사적 의미를 생각한다면 〈요한의 묵시록〉에서 새로운 가치를 재발견할 수 있을 것입니다.

〈요한의 묵시록〉의 시대적 배경

〈요한의 묵시록〉이 쓰일 당시 로마 제국은 다양한 매체를 통해서 제국주의적 식민지 지배를 합법화하고 정당화하는 때였습니다. 로마 제국의 중요한 선전 매체는 성전, 기념비, 비문, 축제, 연설, 동전, 그리고 운동경기 등이었습니다. 이러한 내용은 로마 제국의 이익을 위해 신화로 재구성되어 사람들에게 각인되었습니다.

270년경 로마 제국 도미티아누스 황제의 얼굴이 새겨진 동전

제국이라는 신화는 로마 제국이 가장 강력한 제국이라는 것, 승리라는 신화는 무력과 살상을 통한 로마 제국의 승리를 의미합니다. 따라서 동전에는 무력을 통한 황제들의 승리를 정당화하는 승리의 여신이 새겨졌고, 황제들의 이름에는 승리자라는 호칭이 붙었습니다. 그러나 평화라는 신화는 피로 물든 거짓 평화였습니다. 로마의 평화는 제국의 중심에 있는 권력자들과 식민지의 토착 귀족들과 협력자들에 의해서 만들어진 질서와 안전을 뜻했는데, 이는 제국의 국경선에 배치된 군사력에 의해서 그리고 제국 내부에 있는 반란자들에 대한 무서운 무력 진압에 의해서 유지되었습니다. 믿음이라는 신화는 종교적 형태로 나타났습니다. 로마 제국에 충성하는 자들은 신앙을 가진 자들로 간주되는 반면, 충성하지 않는 자들은 신앙심이 없는 자들로 취급되었습니다. 구원이라는 신화 역시 로마 황제가 자국민과 예속된 민족들에게 식량과 복지와 안전을 보장해

동전에 새겨진 승리의 여신

요한 묵시록의 일곱 교회

준다는 것을 의미하였고, 마지막으로 영원이라는 신화는 영원한 황제, 영원한 로마 제국을 선전하는 데 사용되었습니다.

소아시아의 중요한 일곱 도시들인 에페소, 스미르나, 베르가모, 티아디라, 사르디스, 필라델피아, 그리고 라오디게이아는 이러한 제국의 선전이 펼쳐지는 중심지였습니다. 그리하여 이 일곱 도시에 세워진 일곱 교회들마저 대부분 로마 제국의 문화적 선전에 타협하여 교회의 정체성을 상실할 위험에 처해 있었습니다. 〈요한의 묵시록〉은 이와 같은 시대 상황 속에서 다음과 같은 하느님의 음성을 듣고 쓰인 기록입니다.

"네가 보는 것을 책으로 기록하여 에페소, 스미르나, 베르가모, 티아디라, 사르디스, 필라델피아, 라오디게이아 등 일곱 교회에 보내어라."(묵시 1:11)

일곱 교회를 향한 편지

요한은 하느님의 심판에 의해 로마 제국이 망할 것이라고 예견함과 동시에, '천년 왕국'이 도래하여 하느님의 참된 평화의 시대가 올 것을 예고합니다.(20:1 이하) 그는 이때에 그리스도인들, 특히 소아시아에 있는 일곱 교회의 신도들이 어떻게 준비해야 하는지에 대하여 구체적으로 지시하고 있습니다.

〈요한의 묵시록〉은 하늘에 있는 예수가 지금 세계와 교회 안에 현존하고 있다는 점을 강조합니다. 당시 교회의 본질은 사랑, 믿음, 섬김 그리고 저항이었습니다.(묵시 2:19) 여기서 '인내'로 번역된 그리스어 '휘포모네hupomone'의 의미는 수동적인 인내를 의미하는 것이 아니라, 로마 제국의 유혹과 압제에 굴복하지 않고 끈질기게 버티는 저항을 의미합니다. 만약 어떤 교회가 이 네 가지 요소들 중에서 한 가지라도 부실해진다면, 그 교회는 그리스도교적 정체성을 유지하기 어려울 것입니다. 저항의 차원에서는 충실하였지만 사랑이라는 차원에서 부실했던 교회가 에페소 교회였습니다. 요한을 통해 하느님은, 만일 에페소 교회가 그 점을 회개하지 않는다면 직접 와서 '촛대를 그 자리에서 옮길 것'이라고 경고합니다. 또한 베르가모 교회에는 안디바스라는 순교자가 있었지만, 니골라오당*을 따르는 자들도 있었습니다.(묵시 2:15)

《성서》에 따르면 니골라오당의 가르침은 발람*의 가르침(묵시 2:12)과 여예언자 이세벨의 가르침(묵시 2:20)과 마찬가지로 현상 유지를 위해서 제국주의를 정당화하는 로마 제국의 선전에 타협했습니다. 그리하여 예수는 "만일 회개하지 않으면, 내가 속히 너에게로 가서 내 입에서 나오는 칼을 가지고 그들과 싸우겠다."(묵시 2:16)라고 말하였습니다.

천상의 예수는 그리스도인의 반제국주의 활동을 비난하는 친로마적인 유다인들을 가리켜 '사탄의 무리에 속한 자들'(묵시 3:9)이라고 불렀습니다. 그리고 제국주의의 체제를 정당화하는 신화들을 선전하는 로마 제국에 대항하지 못한 라오디게이아 교회를 향하여 회

• 니골라오당 Nicolas
《신약성서》 에페소 교회에 있었던 니골라오를 추종하던 무리들로, 이들은 그리스도가 싫어하는 행위를 했다. 니골라당이라고도 한다.

• 발람
이스라엘 무당. 물질에 눈이 어두워 이스라엘 민족을 저주하려는 탐욕을 가진 자이다.

개할 것을 강력하게 요구합니다.

> "나는 네가 한 일을 잘 알고 있다. 너는 차지도 않고 뜨겁지도 않다. 차라리 네가 차든지 아니면 뜨겁든지 하다면 얼마나 좋겠느냐! 그러나 너는 이렇게 뜨겁지도, 차지도 않고 미지근하기만 하니, 나는 너를 입에서 뱉어 버리겠다."(묵시 3:15-16)

〈악마를 무찌르는 성 미가엘〉
루카 조르다노, 1664년경, 빈 미술사 박물관.

라오디게이아 교회에 속한 그리스도인 개개인은 부자로 살기를 원하고, 동시에 그리스도인으로 살기를 원하였습니다. 그들은 결국 짐승의 참된 추종자도 아니고 어린양 예수의 참된 추종자도 아니었던 것입니다.

승천한 예수는 일곱 교회들의 장단점을 개별적으로 지적하면서 교회의 쇄신을 위해서 회개를 요구합니다. 그리고 마지막에는 로마 제국의 유혹과 압제에 굴복하지 않은 자들에게, 대안적 세계를 상징하는 새 예루살렘에 참여할 수 있는 권리를 상으로 약속합니다.

적그리스도와의 투쟁

〈요한의 묵시록〉에는 적그리스도를 소개하고 있습니다. 이들은 하느님에 대적하는 자들이 분명합니다. 미가엘°과 사탄이 하늘에서 큰 전쟁을 벌입니다. 이 전쟁의 승리자는 천사들입니다. 그리하여 사탄은 패하여 하늘에서 축출됩니다. 그는 땅에 내려와 '자기 때가 얼마 남지 않은 것을 알고' 땅의 교회를 괴롭힙니다. 땅에서는

● **미가엘**
《성서》와 《꾸란》에 등장하는 대천사. 성모 마리아와 세례 요한 그리고 예수의 탄생을 예언한 것으로 묘사되며, 그리스도교 초기부터 이방인과 싸우는 교회의 군대를 돕는 자로 여겨졌다.

두 짐승이 나타나 대혼란을 일으킵니다. 이 두 짐승을 로마의 두 황제로 해석하기도 하는데, 성도들이 짐승의 칼에 죽습니다. 성도들이 그 짐승에게 우상의 이름으로 맹세하거나 경배하는 것을 거부했기 때문이었습니다.(13:1-18)

세상의 죄악이 극도에 이르고, 하느님의 진노의 잔이 일곱 번 지상에 쏟아집니다. 그리하여 지상에 재난이 계속됩니다.(15-16장) 바빌론이 멸망하자(17:1, 18:24) 이어 〈할렐루야〉 찬양 4곡이 울려 퍼집니다.(19:1-10) 이제는 승리한 그리스도 앞에 사탄이 결박되고 만민이 하느님 앞에서 대심판을 받습니다. 새 예루살렘이 강림하여 하늘 나라가 땅에 완성됩니다.(19-21) "아멘, 주 예수여 오시옵소서!(마라나타!)"라는 외침으로 막이 닫힙니다. 그리스도와 교회의 승리, 순교자와 성도의 영광, 악의 궁극적 패배, 하느님 나라의 완성 등이 〈요한의 묵시록〉의 주제입니다.

〈대천사 미가엘과 가브리엘의 이콘〉
시나이 산 카타리나 수녀원, 12세기.

당시 도미티아누스가 16년간 통치하는 동안 그 폭정이 극에 다다랐습니다. 그는 도시를 세우기 위해 건설작업을 멈추지 않았던 인물입니다. 오늘날 유명한 로마 광장, 베스파시아누스 신전 건설, 자신의 웅대한 궁전 그리고 어느 길로 가도 로마에 도달한다고 할 만큼의 도로가 그의 시대에 건설되었습니다. 그런데 이에 필요한 재정을 조달하기 위해서는 희생자가 생겨날 수밖에 없었습니다. 그는 점령지와 반탈취적 교역을 강요했고, 자기들의 물건을 강매했으며,(묵시 18:11-24) 점령 지역의 생산까지 제한함으로써 자신들이 만든 상품을 독점화했습니다. 그는 앞서 카이사르 아우구스투스에게서 시작된 로마 종교 정비와 수립을 완성하고자 했습니다. 그것은 거의 자동적으로 카이사르 숭배와 직결되었습니다. 카이사르 신전 건축과 더불어 거기에 제물을 바칠 것을 강요하고, 86년부터는 자신을 '신'이며 '주'라고 부르도록 강요했습니다. 이에 반항한 사람은 억눌린 자들과 원로원, 귀족층이었습니다. 많은 헬레니스트*와 철학자도 항거하다가 잔인하게 숙청, 처형되었습니다. 여러 곳에서 저항운동이 시작되었고, 이는 정면적인 종교 탄압으로 확대되었습니다.

도미티아누스는 카이사르와 로마를 거스르는 모든 것을 배격했는데, 유다교와 그리스도교도 예외일 수 없었습니다. 더욱이 우상 숭배를 절대 거부하는 전통이 강한 이들에게 박해는 자명한 것이었습니다. 특히 기원후 93년부터 96년까지 그리스도교 박해가 극심했던 시기였는데, 도미티아누스는 누이의 딸인 도미틸라*와 그의 남편 클레멘스를 함께 처형합니다. 이유는 그들이 그리스도인이었기 때문입니다. 이는 당시 그리스도교에 대한 도미티아누스의 감정을 분명하게 보여 준 사건입니다. 이를 다른 면에서 보면 그리스도교가 이미 카이사르 황실에 깊숙이 영향을 끼칠 만큼 무서운 세력이었음을 말해 줍니다.

• 도미틸라
가톨릭 성인. 로마 황제 티투
스와 도미티아누스의 질녀였다
고 한다. 그리스도교 신자라는
사실이 밝혀져 판다타리아 섬
으로 추방되어 오랜 유배 생활
을 했다. 테라치나에서 화형에
처해져 순교했다.

이 책의 저자인 요한이 파트모스 섬에 간 것은 박해를 피하기 위함이었습니다. 이를 통해 당시 교회의 투쟁이 적그리스도인 권력자들을 향한 것이라는 사실을 알 수 있습니다. 권력자들은 그들의 부정과 부패를 지적하고 대항하는 그리스도인을 처형해야만 했던 것입니다.

범우주적 사랑의 공동체

03

　　● ● ● 〈요한의 복음서〉는 예수의 삶과 세계가 인간
과 만나는 하느님의 이야기라고 말합니다.

　　말씀이 사람이 되셔서 우리와 함께 계셨는데 우리는 그분의 영광을
　　보았다. 그것은 외아들이 아버지에게서 받은 영광이었다. 그분에게는
　　은총과 진리가 충만하였다.(요한 1:14)

　　요한은, 예수 그리스도를 태초에 세상을 지은 하느님의 말씀이며
이 말씀이 육신이 되어서 이 땅에 왔음을 선언합니다. 말씀(로고스)
이 육신이 되었다는 말은 하느님이 육신이 되어 우리 가운데, 즉 인
간의 역사 속으로 들어왔다는 것입니다.

요한의 로고스

〈가나의 결혼식〉
제라드 다비드, 15세기경, 프랑스 루브르 박물관.

그리스도교에서는 궁극적 존재인 하느님이 유한한 존재인 인간의 몸을 입어서 이 땅에 왔다는 것을 '성육신成肉身'이라고 표현합니다. 〈요한의 복음서〉는 이러한 인간적인 예수상을 끊임없이 강조하고 있습니다. 이것은 요한이 목격한 예수의 모습이었습니다.

세례 요한은 한마디로 "그는 흥하여야 하고 나는 쇠하여야 한다."(요한 3:30)라고 결론 맺습니다. 요한은 가나의 혼인 잔치에서 낡은 술(유다교)은 이미 그 수명이 끝났고, 예수가 물로 술을 만들어 연회를 열었다고 말합니다. 그리스도교의 축제와 같은 기쁨의 때가 왔음을 밝히고 있는 것입니다. 〈요한의 첫째 편지〉에서도 역시 성육신 사상을 짙게 내포하며 새것에 대하여 증언하고 있습니다.

그 말씀은 천지가 창조되기 전부터 계셨습니다. 우리는 그 말씀을 듣고 눈으로 보고 실제로 목격하고 손으로 만져 보았습니다.(1요한 1:1)

성육신을 부정한 영지주의자들은 인간 예수가 곧 하느님의 아들이라는 사실을 인정할 수 없었습니다. 그래서 인간 모양으로 나타난 것뿐이라든가, 임시로 하느님의 영이 예수에게 깃든 것이라는 등의 이단설을 제기했습니다. 요한은 '예수 그리스도께서 육체로 오신 것'을 시인하지 않는 자들을 적그리스도라고 공박했습니다.

예수는 단순한 윤리 교사나 선지자로 오신 것이 아닙니다. 그는 생명을 가지고 이 세상에 왔을 뿐만 아니라, 참된 생명을 이끌었습니다. 또한 예수 자신이 영원한 하느님의 생명입니다.(요한 6:35, 11:25, 14:6) 그는 빛을 가져왔을 뿐만 아니라, 그 자신이 곧 빛이며,(요한 8:12) 곧 진리라고 했습니다.(요한 14:6) 예수는 하느님의 말씀을 가져오고 우리에게 전했을 뿐만 아니라, 예수의 인격 그 자체가 곧 영원한 하느님의 말씀입니다. 실로 '말씀이 육신이 되어' 온 이가 곧 인간 예수 그리스도입니다. 이와 같은 성육신, 예수의 삶과 십자가의 죽음과 부활은 매우 중요한 그리스도교의 진리입니다.

요한의 종말 사상

요한의 종말 사상은 이 세계의 종말을 의미합니다. 마귀가 지배하는 옛 세계는 지나가고 하느님이 지배하는 새 세계가 도래한다는 것입니다. 예수는 '하느님 나라가 온다'라는 말로써 이를 표현했습니다. 하느님 나라는 국가와 같은 영토 개념이 아니라, 하느님이 지배하는 통치의 때를 의미합니다. 문제는 이 하느님의 통치가 언제 실현되느냐 하는 것입니다. 예수는 하느님 나라를 선포하면서, 하느님 나라는 '이미 왔다', '미래에 올 것이다'라는 양론을 모두 언급하셨습니다. 이 말뜻은 예수가 세상에 옴으로써 하느님 나라가 이미 왔으며 하느님의 통치가 이미 시작되었으나, 그 완전한 성취의 날은 미래에 기대해야 한다는 이중 구조를 가지고 있습니다.

아직 도래하지 않은 하느님 나라는 원시 교회에 와서 이 세계의 심판을 고하는 종말 사상으로 발전해 갑니다. 이는 유다교 묵시문학이 반영된 결과입니다. 이러한 종말 사상은 《신약성서》 전반에 걸쳐 드러나는데, 바울로도 하늘의 나팔 소리와 함께 주께서 강림하시고 죽은 자들이 일어나고 공중에서 주를 영접하는 종말을 그렸으며,(1데살 4:16-17) 우리 모두가 그리스도 앞에서 선악에 따라 심판을 받게 되리라고 믿었습니다.(1고린 15:15이하, 1고린 5:15)

그러나 이와 같은 종말은 없었습니다. 구름을 탄 인자는 나타나지 않았으며, 역사는 여전히 진행되었습니다. 이때부터 종말론에 대한 새로운 해석이 일어났습니다. 그것은 먼저 바울로에게서 나났으며, 요한에 와서 본격적으로 전개됩니다. 바울로는, 종말을 기대하는 하느님 나라는 "성령(그리스도) 안에서 의와 평강과 희락이라."라고 확신했습니다.(로마 14:17) 따라서 그는, 우리는 그리스도 안에서 이미 옛 세계(죄와 이 세상)의 종이 아니라 자유로운 하느님의 자녀가 된 것(갈라 4:6-7)이라고 말합니다. 요한 역시 미래가 삶이 완성되는 날이 될 것이라 기대합니다.(묵시 20-22) 하지만 이는 우주적인 파국을 기대하는 묵시문학적 종말을 기대하는 것이 아니라 각자가 세상의 삶을 끝내는 미래를 기대했습니다.

원시 교회와 함께 바울로에게 '현재'는 그리스도의 부활과 세상의 종말이 기대되는 재림 사이의 중간 때를 말합니다. 그러나 요한에게 '현재'는 예수의 영광된 십자가와 이 세상 신앙인들의 삶의 종말 사이 중간 때를 의미합니다. 원시 교회는 예수가 말한 종말의 때를 잘못 인식하여 《성서》에서조차도 수정하고 있는 것을 볼 수 있습니다. 예수의 종말 선언은 '바로 여기, 바로 지금'이라는 인식으로 변형되어야 할 것입니다.

새 세계와 새 사람

세상은 본래 악한 존재가 아니었습니다. 세상은 하느님이 창조한 것이기 때문입니다. 그러나 세상이 구원을 요구하는 존재로 변한 것은 '온 세상은 악한 자 안에 처한 것'이기 때문입니다.(1요한 5:19) 악한 자 안에 처한 세상이란 물질적인 이 세계라기보다는 인간의 세계를 의미합니다. 따라서 하느님이 세상을 사랑하여 독생자를 보내시고 구원하려는 것은 물질 세계가 아니라 인간 세계입니다.

어둠이 지나가고 참 빛이 이미 비치고 있기 때문입니다.(1요한 2:8)

<십자가를 지고 가는 그리스
도>
루벤스, 1634, 암스테르담 미
술관.

위의 말은 그리스도가 옴으로 어두운 옛 세계는 지나가고 새로운 빛의 세계가 이미 전개되고 있다는 뜻입니다. 다시 말해 옛 세상의 가치 표준으로 생각하고 인생을 사는 존재가 아니라, 하느님이 주는 새로운 지식의 빛에 비추어 모든 것을 이해하고 살아가는 존재로 변해야 한다는 것입니다. 하느님의 지식은 그리스도의 말씀을 통하여 우리에게 주어집니다. 그리스도의 말씀이란, 하느님이 인간에게 주는 지식이며, 이 지식을 내 것으로 받아들이는 것이 곧 말씀을 듣는 것이며, 이것이 신앙입니다.

'참 빛'(1요한 2:8; 요한 1:9)인 예수 그리스도, 곧 하느님 말씀에 비추기 전에 우리는 자신을 제대로 이해하지 못했습니다.

"여러분은 세상이나 세상에 속한 것들을 사랑하지 마십시오. 세상을 사랑하는 사람에게는 그 마음속에 아버지를 향한 사랑이 없습니다."(1요한 2:15)

일시적 사물과 자기 욕망의 대상 그리고 자기 자신의 힘, 이러한 것들로 자기의 안전성을 찾고, 행복과 생명을 스스로 구성하여 살려는 모든 노력이 곧 옛 자기를 이해하는 것입니다. 유다인이 율법의 행위로 의로움을 구하려는 자기 의존 역시 옛 자기 이해에 속합니다. 그러나 하느님의 말씀인 그리스도를 받아들이는 것은 이러한 예전의 자기 이해를 버리고 새로운 자기 이해를 시작하게 합니다. 새로운 자기 이해란 세상과 자기 자신을 신뢰하는 삶, 또 스스로 만든 모든 안전성을 포기하고 하느님의 힘에만 의존하려는 삶입니다. 〈요한의 복음서〉에서 예수는 니고데모에게 다음과 같이 이릅니다.

"정말 잘 들어 두어라. 누구든지 새로 나지 아니하면 아무도 하느님의 나라를 볼 수 없다."(요한 3:3)

여기에서 거듭나야만 한다는 의미는 '지금 여기'에 서 있는 내 생각과 모습을 완전히 바꾸어야 한다는 말입니다. 그리고 욕망에서 기인하는 자기 의지를 꺾고 새로운 양식, 즉 세계를 사랑으로 창조한 하느님의 심정으로 세계를 바라보는 마음을 갖는 것을 말합니다.
그렇다고 해서 세상으로부터의 도피나 금욕주의를 의미하는 것은 아닙니다. 내적 초월을 의미하는 것입니다. 바울로의 표현을 빌리자면, '마치 없는 것 같은 정신'으로 세상사에 관여하는 것을 뜻합니다.(1고린 7:29-31) 내적 초월은 결코 이 세상에 대한 무관심을 의미하는 것이 아닙니다. 오히려 적극적인 자세로 세상에 참여하는 것을 의미합니다. 그래서 그리스도인에게 가족은 혈연으로 맺어진 관계만을 의미하는 것이 아니라 하느님께서 창조하신 모든 세계, 즉 범우주적인 가족을 포함하는 것입니다.

요한의 저작에 나타나 있는 예수에 대한 믿음은 '범우주적 사랑의 공동체'를 지향합니다. 범우주적 사랑의 공동체는 하느님과 인간 그리고 자연까지도 모두 하나됨을 의미합니다.

그리고 요한의 저작에서 말하는 그리스도인이란, 그리스도 안에서 하느님과 사귐(코이노니아 •)을 가진 사람을 가리킵니다. 그리스도 안에서의 진정한 사귐이란 하느님께서 인간이 되어 이 땅에 오셔서 인간을 섬긴 것과 같이, 낮은 곳으로 가서 섬기는 것을 의미합니다. 예수는 그러한 섬김의 본이 되시기 위하여 제자들의 발을 씻겨 준 후, 그들에게 "너희들도 이와 같이 하라."(요한 13:14-17)라고 가르쳤습니다. 하느님은 세상을 구원하기 위하여 친히 인간이 되어서 이 땅에 오셨습니다. 《성서》는 이것을 믿고 행하는 사람에게는 복이 있다고 가르칩니다. 하느님의 꿈은 인간뿐만 아니라 모든 세계를 포괄하는 '범우주적 사랑의 공동체'를 이루며 사는 것입니다. 《성서》는 그러한 하느님의 꿈에 모든 이들을 초대하고 있습니다.

주 예수의 은총이 모든 사람에게 내리기를 빕니다.(묵시 22:21)

네 안에 나 있다!

● 코이노니아 Koinonia
사귐 또는 친교를 뜻하는 그리스어를 영어식으로 표기한 말. 《신약성서》에서 자주 등장하는데, 그리스도를 믿는 사람들의 친교나 모임의 이상적인 상태를 말한다.

〈제자들의 발을 씻어 주심〉
조반니 아고스티노 다 로디, 1500, 베네치아 아카데미아 미술관.

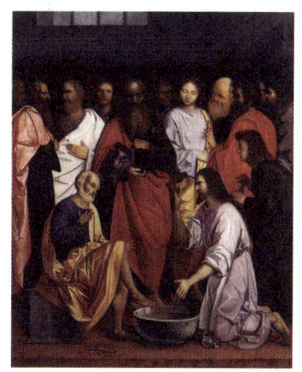

《성서》무오류설이란 무엇인가

《성서》무오류설을 말하기 위해서는 《성서》의 기계적 영감설이 요청되기 때문에 축자영감설逐字靈感說을 거론하지 않을 수 없습니다. 축자영감설은 말 그대로 계시받은 사람이 하느님께서 전한 메시지를 기계처럼 그대로 적었다는 것입니다. 축자영감설의 창시자는 교부敎父 이레니우스입니다. 교회의 역사적 신앙은 언제나 《성서》의 절대무오류를 확신하였습니다. 종교개혁자들은 《성서》를 유일한 전거로 삼고 있기 때문에 영감을 강조했으나, 엄격한 축자영감은 아니었습니다. 루터나 칼뱅은 《성서》의 문자 자체를 영감 받은, 하느님의 말씀으로 보지 않았습니다.

축자영감설을 지지하는 이들은 《성서》의 원본이 문자적으로 오류가 없다고 보기 때문에, 《성서》의 문자적 해석을 최선의 해석으로 보거나 《성서》 내용을 과학적 사실이나 역사적 사실이라고 해석합니다. 축자영감설의 근거로 종종 제시되는 성경 구절은 〈디모테오에게 보낸 둘째 편지〉 3장 16절에서 17절까지입니다. 그 밖에도 〈갈라디아인들에게 보낸 편지〉 3장 16절, 〈베드로의 둘째 편지〉 1장 21절 등에 근거를 뒷받침하는 내용이 있습니다. 축자영감설을 주장하는 사람들은 《성서》에 과학적 오류가 없다고 단언합니다. 창조 설화나 신화에 대해서도 통속적 또는 시적 표현이기 때문에 과학적으로 오류라고 생각할 것이 아니라고 주장합니다. 또한 《성서》는 보좌 위에 앉아 계신 분의 목소리 이외의 다른 아무것도 아니기 때문에 어떤 곳은 더하고 어떤 곳은 덜한 것이 아니라고 주장합니다.

축자영감설을 부정하는 이들은 〈디모테오에게 보낸 둘째 편지〉의 3장의 구절이 《구약성서》에 대한 언급일 뿐 《성서》 전체에 대한 언급은 아니라고 주장합니다. 그러나 이 경우 《구약성서》는 문자적으로 해석해도 되는가에 대한 의문을 해결하지 못합니다. 한쪽에서는 위 구절이 《성서》 전체에 대한 영감을 가르치나, 문자적인 해석을 뒷받침하지는 않는다고 합니다. 축자영감설은 우리가 읽는 《성서》가 원본을 번역한 것이 아니라는 사실에서도 논리적인 오류가 있습니다. 《성서》 사본에는 "다른 사본에는 이런 내용이 있다."라는 주석이 있는데, 여기에서 다른 사본을 베껴 쓰는 과정에서 추가된 문장이 있다는 사실을 알 수 있습니다. 또 사본번호 앞에 P(p는 'papyrus'의 약자)를 붙여 구분하는 사본들마다 모두 내용이 다르다는 점에서도 오류가 있습니다. 이러한 근거를 들어 축자영감설을 부정하는 이들은 '성서무오류'가 하느님이 원하시는 것이라면 하느님이 무슨 기적을 써서라도 원본을 보존하셨을 것이며, 모든 구원받을 자에게는 모든 원본을 해득할 능력까지도 부여하셨을 것이라고 주장합니다.

《성서》 무오류설에 따르든 그렇지 않든 《성서》의 목적은 "너희는 《성서》 속에 영원한 생명이 있는 것을 알고 파고들거니와 그 《성서》는 바로 나를 증언하고 있다."(요한 5:39)라고 한 바와 같이 우리에게 영생을 얻게 하려는 것이요, 영생은 예수를 증거하기 위한 것입니다. 결론적으로 《성서》는 창조 세계를 구원하기 위한 증언입니다. 그러므로 《성서》를 읽고 예수를 만나 그분을 믿고 구원을 얻었다면 우리가 성경에 기대한 것은 모두 얻은 셈입니다.

속도보다 중요한 방향,
그러나 더 소중한 나

　오늘 우리가 사는 시대를 '속도의 시대'라고 합니다. 시간을 다투어 새로운 제품이 나오고 남보다 뒤지지 않기 위해 끊임없이 달립니다. 하지만 그처럼 가속되는 경쟁의 끝은 어디일까요? 《성공하는 사람들의 일곱 가지 습관》을 쓴 스티븐 코비Stephen R. Covey는 《소중한 것을 먼저 하라 First Things First》라는 책에서 시계보다 나침반의 중요성을 말합니다. '얼마나 빨리 가느냐보다 어디로 가느냐'라는, 방향의 중요성을 강조합니다. 옳은 지적입니다. 그러나 좀 더 깊이 생각해 보면 더 중요한 것이 있습니다. 그것은 바로 그 방향을 선택하고 결단하는 '자신'입니다. 아무리 기능이 뛰어나고 정확한 나침반이라 할지라도, 나침반이 나를 대신해서 선택해 주고 나처럼 결단할 수 있는 것은 아니기 때문입니다.

　《성서》는 단순한 인생지침서나 성공처세술에 관한 책이 아닙니다. 여러분들이 앞서 보았듯이 《성서》는 내 안의 진정한 나를 찾기 위한 자아 발견의 책이며, 또한 진정한 나를 실현할 수 있도록 도와주는 자아 실현의 책입니다. 아브라함과 모세, 다윗이 위대한 인물로 평가받을 수 있었던 것은 그들이 자아를 발견하는 고된 시련의 과정을 겪었기 때문입니다. 그리고 그것은 자기 안에 실존적인 투쟁만이 아닌 세상을 창조하고 주관하는 절대자인 신과의 만남에서 비롯된 것입니다. 절대자 신을 만나기 위해 그들은 인간의 겉모습과 태어난 환경, 재능을 넘어 그 자신의 본질과 진실된 자아를 찾기 위한 여행을 결단했습니다. 자기의 소유와 존재를 스스로 구분할 수 없는 사람은 이 길을 떠나기 어렵습니다. 《성서》에서 아브라함을 '믿음의 조상'이라고 말하는 이유가 바로 여기에 있습니다.

《성서》에 등장하는 많은 이는 자기 소유와 존재를 구분하지 못해서 결국에는 자기 삶을 잃어 버리고 불행한 최후를 맞습니다. 이를 《성서》에서는 '소유적 인간의 심판과 죽음'이라고 말합니다. 그 심판과 죽음의 최후 자리에서 한 마디로 정리하고 새로운 삶의 길을 열어 준 이가 예수입니다.

"사람이 온 세상을 얻는다 해도 제 목숨을 잃는다면 무슨 이익이 있겠느냐?" (마태 8:36)

"그러므로 나는 분명히 말한다. 너희는 무엇을 먹고 마시며 살아갈까, 또 몸에는 무엇을 걸칠까 하고 걱정하지 마라. 목숨이 음식보다 소중하지 않느냐? 또 몸이 옷보다 소중하지 않느냐?"(마태 6:25)

필자는 "인간은 마치 비탈길 위의 세워 둔 수레와 같다."라는 속담을 좋아합니다. 먹을 것과 마실 것, 입을 것만을 추구하는 이에게는 먹고 배설하는 동물적 인간만이 보일 것입니다. 그러나 눈에 보이지 않고 손에 붙잡지 못할지라도 하느님 나라와 의로움이라는 절대 가치를 추구하는 이들에게는 동물적 차원을 넘어서 참된 인간 존재의 모습이 보일 것입니다. 예수는 바로 그 참된 자아의 모델입니다. 예수가 위대한 것은 그가 남다른 능력을 가지고 대단한 것을 이루었기 때문이 아닙니다. 십자가에 매달리는 고난까지 감수하면서 그가 참된 자아를 찾고 실현하는 길을 보여 주었기 때문입니다. 따라서 우리는 《성서》 이야기를 통해 다음의 것들을 배울 수 있습니다.

첫째, 참된 자아를 찾는 길을 결코 포기해서는 안 된다는 것입니다. 인간은 스스로 되돌아보고 자신에 대해 끊임없는 물음을 가져야 합니다. 자기 존재에 대한 의문과 물음 없이는 인간의 수레바퀴는 자꾸 밑으로 굴러갈 수밖에 없기 때문입니다. 《성서》는 우리로 하여금 내가 누구인가를 묻게 해줍니다. 그리고 나는 어디에서 와서 왜 사는가? 나의 길은 무엇이고 나의 존재 가치는 무엇인가를 끊임없이 묻고 생각할 수 있게 해줍니다.

둘째, 《성서》의 이야기를 통해 나의 존재에 대한 새로운 발견과 놀라운 가치 창조의 삶을 추구할 수 있습니다. 처음부터 대단한 존재는 없습니다. 고난과 시련의 과정에서 인간은 새로운 자아를 찾고 자기 속에 감춰진 보물 같은 능력과 소질, 재능을 개발하게 됩니다. '성장통'이라는 말이 있듯이 커 가고 성숙하기 위해서는 반드시 아픔과 절망의 계단을 오르게 됩니다. 여러분이 청소년기에 겪는 실패는 하나의 경험이고 새로운 것을 창조할 수 있는 기회임을 《성서》는 말하고 있습니다.

셋째, 《성서》는 나 자신도 잘 몰랐던 모순되고 뒤죽박죽인 나를 나보다 더 잘 이해하고 사랑해 주는 멘토, 예수를 만나게 해줍니다. 내가 아무리 가난해도 예수만큼은 가난하지 않습니다. 내가 아무리 힘들어도 무거운 십자가를 지고 사형장으로 가는 예수만큼은 아닙니다. 나는 내 잘못으로 인해 때로 비난을 받고 오해를 받지만, 예수는 잘못도 없이 미움과 죽임을 당하였습니다. 그러하기에 예수만은 나를 이해해 주고 내 마음을 위로해 줄 수 있습니다. 자칫 타인과 세상에 의해 구속되거나 끌려가는 노예의 삶이 될 수 있는 삶을, 자기만의 개성과 멋을 가진 자유로운 삶으로 살아갈 수 있도록 해주는 선물 같은 책이 《성서》입니다.

《성서》, '나를 읽어 주는 책(The Book that Reads me)' 그 안에서 우리는 진실한 나를 발견할 것입니다. 그리고 있는 그대로의 나를 사랑하게 되고, 내 주변의 모든 창조 세계를 경쟁자나 정복의 대상이 아닌 친구로 사랑하게 되며, 들풀이나 돌멩이 하나까지도 소중하게 생각하는 새로운 존재의 삶을 살게 될 것입니다.

분열 이스라엘 왕조 계보

남유다

북이스라엘

1050

1000

950

르호보암
아비얌
아사

여로보암 1세
나답
바아사

900

여호사밧

엘라
지므리(시므리)
오므리
아합
아하지야(아하시야)
요람

850

여호람
아하지야(아하시야)
아달리야(아달랴)
여호아스(요아스)

예후
여호아하즈(여호아하스)

800

아마지야(아마샤)
우찌야(아사랴)

여로보암 2세
즈가리야(스가랴)
살룸
므나헴

750

요담
아하즈(아하스)
히즈키야(히스기야)

브가히야
베가
호세아

700

므나쎄(므낫세)

650

아몬
요시아
여호야킴
여호야긴
시드키야(시드기야)

600

참고문헌

김재준, 《성서해설》, 집문당, 1982.

김정준, 《구약성서의 이해》, 평민사, 1978.

문익환, 《히브리 민중사》, 삼민사, 1990.

성서와 함께 편집부, 《성서지도》, 성서와함께, 1989.

안병무, 《역사와 해석》, 대한기독교출판사, 1980.

이병학 외, 《새내기, 성서 속에서 길을 찾다》, 한신대학교출판부, 2010.

이석우, 《명화로 만나는 성경은 새롭다》, 예영커뮤니케이션, 2005.

전경연, 《원시기독교와 바울》, 대한기독교출판사, 1982.

조병호, 《성경통독 이렇게 하라》, 땅에쓰인글씨, 2004.

게르트 타이쎈, 손성현 옮김, 《성서, 어떻게 가르칠 것인가》, 동연, 2010.

게르하르트 글로에, 손규태 옮김, 《신약성서의 맥, 모든 날들의 날》, 한국신학연구소, 1994.

닉 페이지, 김성웅 옮김, 《바이블 맵》, 포이에마, 2009.

데이버드 오르드, 강우식 옮김, 《새로운 눈으로 보는 성서》, 바오로딸, 1996.

미셸 끌로브노, 김명수 옮김, 《새로운 성서 읽기》, 한국기독교장로회신학연구소, 1997.

바트 어만, 민경식 옮김, 《성경 왜곡의 역사》, 청림출판, 2006.

베르너 켈러, 조원영·장병조 옮김, 《역사로 읽는 성서》, 중앙북스, 2009.

베르너 피르스터, 문희석 옮김, 《신구약 중간사—포로시대부터 그리스도까지》, 컨콜디아, 1975.

에디드 딘, 이우정·안상님 옮김, 《성서로 본 여인의 지혜》, 종로서적, 1991.

울리히 두크로, 손규태 옮김, 《성서의 정치 경제학》, 한울, 1997.

존 드레인, 서희연 옮김, 《성경의 탄생》, 옥당, 2011.

존 브라이트, 김윤주 옮김, 《이스라엘의 역사》, 분도출판사, 1979.

클라우스 베스티안, 손규태 옮김, 《구약성서의 맥, 첫날과 하루》, 한국신학연구소, 1993.

테리 홀, 배웅중 옮김, 《성경파노라마》, 규장문화사, 2010.

펄 벅, 홍근수 옮김, 《스토리 바이블》, 성문학사, 1974.

한스 R. 웨버, 연규홍 옮김, 《성서, 나를 읽는 책》, 예영커뮤니케이션, 2007.

찾아보기

동서양 고전 연표

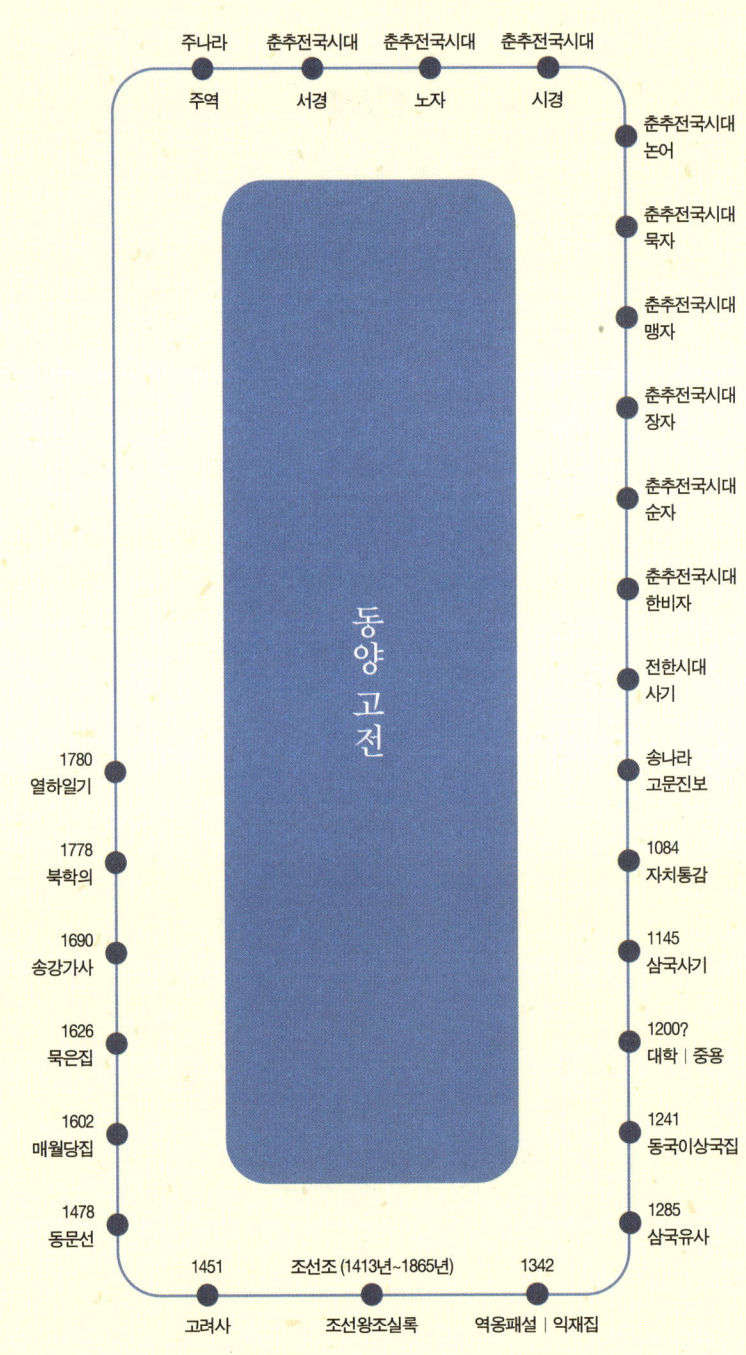

주나라 — 주역
춘추전국시대 — 서경
춘추전국시대 — 노자
춘추전국시대 — 시경

춘추전국시대
논어

춘추전국시대
묵자

춘추전국시대
맹자

춘추전국시대
장자

춘추전국시대
순자

춘추전국시대
한비자

전한시대
사기

송나라
고문진보

1084
자치통감

1145
삼국사기

1200?
대학 | 중용

1241
동국이상국집

1285
삼국유사

동양 고전

1780
열하일기

1778
북학의

1690
송강가사

1626
묵은집

1602
매월당집

1478
동문선

1451
고려사

조선조 (1413년~1865년)
조선왕조실록

1342
역옹패설 | 익재집

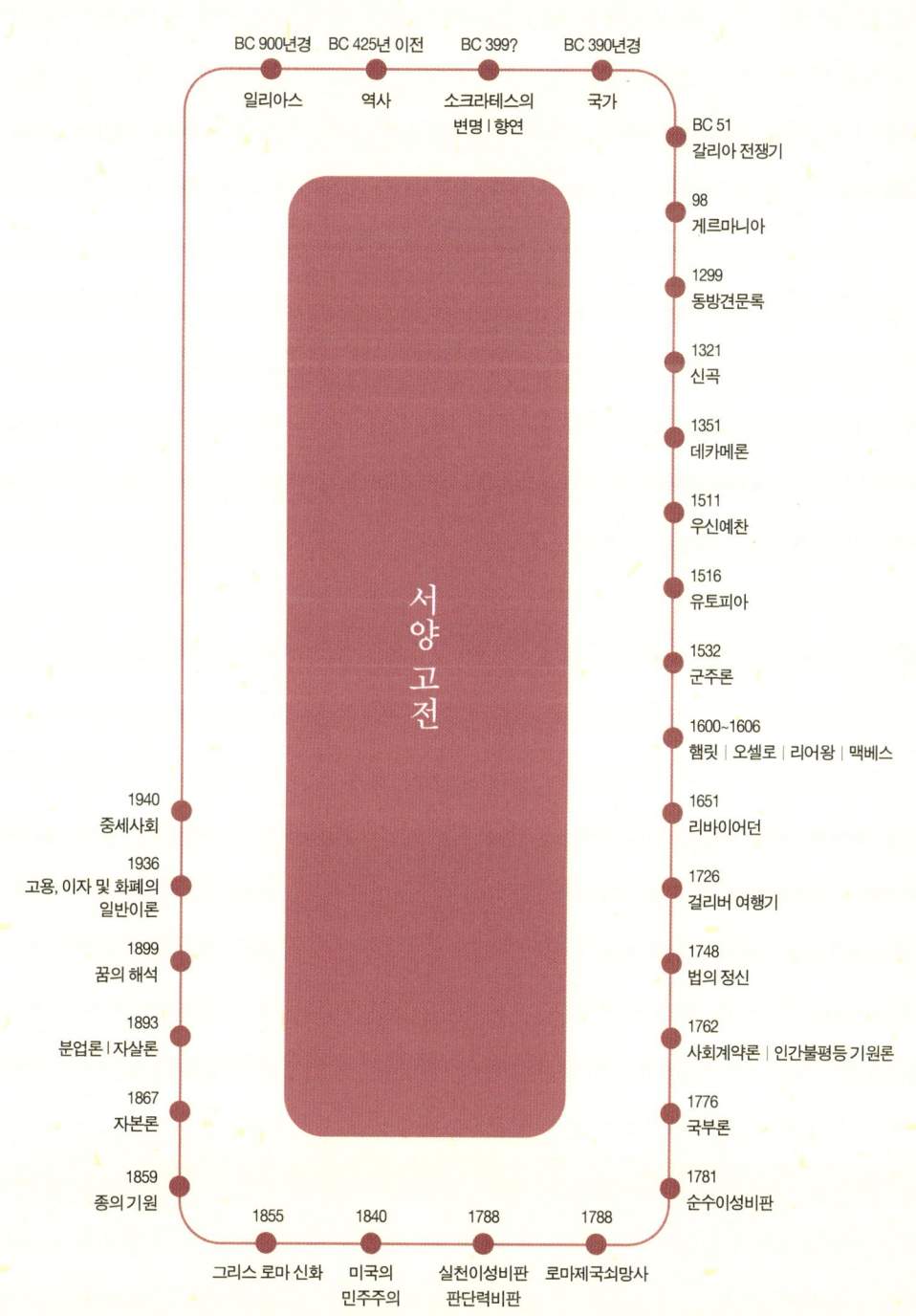

BC 900년경 — 일리아스

BC 425년 이전 — 역사

BC 399? — 소크라테스의 변명 | 향연

BC 390년경 — 국가

BC 51 갈리아 전쟁기

98 게르마니아

1299 동방견문록

1321 신곡

1351 데카메론

1511 우신예찬

1516 유토피아

1532 군주론

1600~1606 햄릿 | 오셀로 | 리어왕 | 맥베스

1651 리바이어던

1726 걸리버 여행기

1748 법의 정신

1762 사회계약론 | 인간불평등 기원론

1776 국부론

1781 순수이성비판

서양고전

1940 중세사회

1936 고용, 이자 및 화폐의 일반이론

1899 꿈의 해석

1893 분업론 | 자살론

1867 자본론

1859 종의 기원

1855 그리스 로마 신화

1840 미국의 민주주의

1788 실천이성비판 판단력비판

1788 로마제국쇠망사